Cleddyf ym Mrwyn yr Iaith.

Y MEDDWL A'R DYCHYMYG CYMREIG

Golygydd Cyffredinol: Gerwyn Wiliams

Y MEDDWL A'R DYCHYMYG CYMREIG

Cleddyf ym Mrwydr yr Iaith?

Y Bwrdd Ffilmiau Cymraeg

Kate Woodward

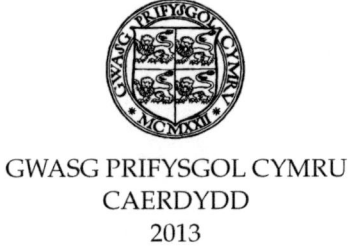

GWASG PRIFYSGOL CYMRU
CAERDYDD
2013

www.gwasgprifysgolcymru.org

Mae cofnod catalog i'r llyfr hwn ar gael gan y Llyfrgell Brydeinig.

ISBN   978-0-7083-2592-6
e-ISBN   978-0-7083-2593-3

Datganwyd gan Kate Woodward ei hawl foesol i'w chydnabod yn awdur y gwaith hwn yn unol ag adrannau 77 a 79 Deddf Hawlfraint, Dyluniadau a Phatentau 1988.

Cysodwyd gan Wasg Dinefwr, Llandybïe, Sir Gaerfyrddin
Argraffwyd gan CPI Antony Rowe, Chippenham

I fy nheulu

Cynnwys

Diolchiadau

Hoffwn achub y cyfle i ddiolch i nifer o bobl a'm cynorthwyodd yn ystod y broses o ymchwilio ac ysgrifennu'r gyfrol hon.

Yn gyntaf, hoffwn ddiolch i'r Athro Ioan Williams, am ei arweiniad a'i gyngor ers cychwyn y gwaith; Iestyn Hughes a staff Archif Genedlaethol Sgrin a Sain Cymru; Jen Pappas o Lyfrgell S4C; staff Llyfrgell Genedlaethol Cymru (yn enwedig staff arwrol Ystafell Ddarllen y De), Llyfrgell Hugh Owen, Archifdy Caernarfon, y Llyfr-gell Brydeinig a Llyfrgell y BFI. Carwn ddiolch i Christophe Dupin, Prifysgol Queen Mary, Llundain, am fy nghynorthwyo gydag ymchwil i adran ranbarthol y British Film Institute; Peter Tyndall, am ganiatáu i mi fynediad at gasgliad llawysgrifau Cyngor Celfyddydau Cymru yn ystod ei gyfnod fel prif weithredwr; Menna Richards, am ganiatâd i weld casgliad y BBC, a Geraint Talfan Davies am ganiatâd i weld papurau Aneirin Talfan Davies. Rwy'n ddiolchgar hefyd i Glyn Tegai Hughes am roi i mi nifer o bapurau Cymdeithas Celfyddydau Gogledd Cymru, a charwn ddiolch iddo yntau, yn ogystal â Gwyn Thomas, Wil Aaron, Gwilym Owen, John Walter Jones, Eirwen Williams ac Elwyn Williams am eu haelioni a'u parodrwydd i rannu eu hatgofion.

Hoffwn ddiolch i Anwen Jones, Elin Haf Gruffydd Jones, Kate Egan, Paul Newland, Jamie Medhurst, Rhodri ap Dyfrig a Gerwyn Wiliams am eu cymorth, eu cefnogaeth a'u cyfeillgarwch.

Carwn ddiolch i gronfa gynadleddau Prifysgol Aberystwyth a chronfa ymchwil yr Adran Astudiaethau Theatr, Ffilm a Theledu am gyllid i deithio i nifer o gynadleddau, lle cefais gyfleoedd i drafod amryw o'r syniadau a geir yn y gyfrol hon. Rwy'n ddyledus hefyd i gronfa Syr David Hughes-Parry ac i'r Adran Astudiaethau Theatr, Ffilm a Theledu am gefnogaeth ariannol a ganiataodd i'r gyfrol hon weld golau dydd.

Yn olaf, ond bwysicaf, hoffwn ddiolch i fy nheulu bendigedig, ac i Elwyn yn arbennig, am eu cefnogaeth a'u cariad.

Rhestr Luniau

1. Cefin Roberts (Llew), Marged Esli (Mair) a J. O. Roberts (Goronwy) yn ffilmio *Teisennau Mair* (Gareth Wynn Jones, 1979).
2. Cefin Roberts (Llew) a Marged Esli (Mair) yn ffilmio *Teisennau Mair* (Gareth Wynn Jones, 1979).
3. Y cyfarwyddwr Gareth Wynn Jones gyda Dafydd Hywel (Huw Handi Twls) ac Elliw Haf (Bet).
4. John Pierce Jones (O.G.) yn ystod y ffilmio.
5. Y teulu Vaughan yn *O'r Ddaear Hen* (Wil Aaron, 1981): J. O. Roberts (Arthur Vaughan), Valerie Wynne-Williams (Dr Miriam Vaughan) a Bethan Jones (Anna Vaughan).
6. Y stŷnt ddramatig ar ddiwedd *O'r Ddaear Hen.*
7. Arthur Vaughan (J. O. Roberts) yn gelain wedi'r ddamwain angheuol.
8. Un o brif olygfeydd *Madam Wen* (Pennant Roberts, 1982).
9. John Pierce Jones a Marged Esli mewn golygfa o *Madam Wen.*
10. Marged Esli fel Madam Wen.
11. Charles Williams ac Ian Saynor yn ffilmio un o'r golygfeydd tafarn.
12. Elen Roger Jones a Marged Esli yn ystod y ffilmio.
13. Un o olygfeydd dramatig *Madam Wen.*
14. Y criw cynhyrchu a'r actorion Janet Aethwy ac Iestyn Garlick.
15. John Ogwen yn *Madam Wen.*

Lle na nodir enw'r ffotograffydd yn yr adran luniau, gwnaed pob ymdrech i ddod o hyd i ddeiliad yr hawlfraint.

Talfyriadau

BFI (1933–)
Sefydlwyd y British Film Institute ym 1933 fel cwmni preifat gyda'r
bwriad o hyrwyddo ffilmiau. Mae'r BFI wedi derbyn arian cyhoeddus
ers ei sefydlu. Cyn 1965, daeth yr arian oddi wrth y Cyfrin Gyngor
a'r Trysorlys, ac wedi hynny daeth oddi wrth adrannau diwylliannol
y llywodraeth.

BFfC (1971–86)
Ffurfiwyd y Bwrdd Ffilmiau Cymraeg o dan adain Cymdeithas
Celfyddydau Gogledd Cymru yn dilyn Ysgol Breswyl ar '[G]yfryngau
llenyddol newydd' yng Ngregynog yng Ngorffennaf 1970. Gweith-
redai ar y cychwyn o dan yr enw Panel Ffilmiau Gregynog. Ym 1972
mabwysiadodd yr enw Bwrdd Ffilmiau'r Gogledd, ac yn fuan wedyn
fe'i newidiwyd i Fwrdd Ffilmiau Cymraeg. Diddymwyd y bwrdd
ym mis Medi 1986.

CCC (1967–94)
Dyfarnwyd ail siarter i CCPF ym 1967, ac yn sgil hyn dechreuodd
Cymru a'r Alban weithredu pwyllgorau lled annibynnol. Galwyd y
pwyllgor yng Nghymru yn Gyngor Celfyddydau Cymru (Welsh
Arts Council).

CCC (1994–)
Ymrannodd CCPF ym 1994 a ffurfiwyd tri chyngor annibynnol, sef
Cyngor Celfyddydau Lloegr, Cyngor Celfyddydau yr Alban a Chyngor
Celfyddydau Cymru (Arts Council of Wales).

CCGC (1964–94)
Sefydlwyd Cymdeithas Celfyddydau Gogledd Cymru ym 1964.
Roedd yn ariannu mudiadau a chlybiau celfyddydol yng ngogledd
Cymru, ac yn hyrwyddo gwyliau ac arddangosfeydd celfyddydol a
diwylliannol. Roedd gan y gymdeithas nifer o is-bwyllgorau, gan
gynnwys rhai celf, llenyddiaeth, cerddoriaeth a drama. Syr Ben Bowen
Thomas oedd cadeirydd cyntaf CCGC.

CCPF (1945–94)

Ym 1945 cyhoeddwyd y byddai gwaith CEMA yn parhau wedi'r rhyfel o dan yr enw Cyngor Celfyddydau Prydain Fawr (Arts Council of Great Britain), ac y byddai'n derbyn cyllid oddi wrth y llywodraeth. Dyfarnwyd Siarter Frenhinol iddo ar 9 Awst 1946. Cadeirydd cyntaf CCPF oedd John Maynard Keynes.

CEMA (1940–5)

Ym 1940, yn ystod yr Ail Ryfel Byd, sefydlwyd CEMA (Committee for the Encouragement of Music and the Arts) er mwyn rhoi cymorth cyllidol i fudiadau celfyddydol a oedd yn wynebu anawsterau wrth geisio cynnal eu gweithgarwch. Ariannwyd y pwyllgor gan y Pilgrim Trust. Cadeiriwyd CEMA gan yr Arglwydd De La Warr, llywydd y bwrdd addysgol.

Pwyllgor Cymru (1945–67)

Bu gan CEMA bwyllgorau ymgynghorol yng Nghymru a'r Alban, ac yn sgil siarter 1946 roedd gofyn i CCPF sefydlu pwyllgorau ar gyfer Cymru a'r Alban. Gwnaed hyn yng Nghymru mewn ymgynghoriad â'r Ysgrifennydd Addysg. Pwyllgorau ymgynghorol oedd y rhain. Cadeirydd cyntaf Pwyllgor Cymru oedd yr Arglwydd Harlech, a oedd hefyd yn aelod o gyngor CCPF. Erbyn 1965 roedd gan Bwyllgor Cymru is-bwyllgorau ym meysydd drama, celf, cerdd a llên.

1

Braenaru'r Tir

Cyflwyniad

Yn eu cyfrol *The Media in Wales: Voices of a Small Nation*, dywed David M. Barlow, Philip Mitchell a Tom O'Malley: '[It is] difficult to see how any account of the history and development of the media in Wales can be told without recourse to the idea of "struggle".'[1] Bwriad y gyfrol hon yw gwyntyllu hanes un asiantaeth anghofiedig a sefydlwyd yn unswydd er mwyn cynhyrchu ffilmiau Cymraeg eu hiaith. Wrth ddatguddio hanes y sefydliad, dadleuir yma fod sefydlu'r Bwrdd Ffilmiau Cymraeg (BFfC) (1971–86) yn rhan o'r frwydr dros ddiogelu a gwarchod yr iaith Gymraeg a yrrwyd gan ysfa caredigion yr iaith i sicrhau parhad iddi. Gyda ffigyrau cyfrifiadau 1961 a 1971 yn tystio i ddihoeni graddol niferoedd y siarad-wyr Cymraeg, a chyda'r broses ddemocrataidd yn profi'n bur aneffeithlon, roedd sefydlu'r bwrdd yn un ymgais ymhlith nifer i geisio diogelu ac ymrymuso'r iaith trwy ddulliau diwylliannol.

Wrth ddarlunio hanes yr ymgais hon i broffesiynoli cynhyrchu ffilmiau Cymraeg, dadlennir y modd yr oedd gan rymoedd allanol rôl allweddol yng ngallu'r bwrdd i wireddu ei ddyheadau. Roedd y broses o ddatblygu ffilmiau Cymraeg ar drugaredd cyfundrefn gyllidol a reolid y tu hwnt i Glawdd Offa ac a oedd wedi'i thrwytho mewn syniadaeth a ddyrchafai uwch ddiwylliant, gwerthoedd metropolitan a Seisnigrwydd goruwch unrhyw werthoedd eraill. Dadleuir felly y gellir dehongli hanes y BFfC fel ymgorfforiad o densiynau a oedd yn ganlyniad i frwydrau rhwng systemau grym. Yn ogystal, bu sefydlu S4C ym 1982 yn garreg filltir allweddol yn hanes y cyfryngau Cymraeg, a chafodd dyfodiad y sianel effaith bellgyrhaeddol ar wanychu gwaith a statws y bwrdd, gan arwain yn y pen draw at ei ddiddymu.

Trefn y gyfrol

Yn y bennod agoriadol, ystyrir y maes ymchwil yng ngoleuni nifer o theorïau diwylliannol diweddar, trwy gynnig rhesymau am y berthynas broblematig a fu erioed rhwng y cyfrwng ffilm a Chymru. Olrheinir hefyd yr ymdrechion ysbeidiol a fu i gynhyrchu ffilmiau Cymraeg cyn dyfodiad y BFfC. Cyflwynir sail gysyniadol y gyfrol yn yr ail bennod, wrth archwilio cysyniadau sy'n canoli ar 'bŵer' fel ffordd o ddeall natur hegemonaidd strwythurau diwylliannol. Cyfeirir yn benodol at waith Michel Foucault er mwyn arddangos y modd y mae asiantaethau megis y British Film Institute (BFI) a chynghorau celfyddydau Prydain Fawr a Chymru yn rheoli'r hinsawdd gelfyddydol trwy ffafrio rhai mathau o gelfyddyd dros fathau eraill.

Ym mhenodau tri a phedwar, olrheinir cyd-destun sefydlu'r bwrdd fel parhad naturiol i waith yr arloeswyr ffilm Cymraeg cynnar, sef Syr Ifan ab Owen Edwards a John Roberts Williams, gyda'r ymdrech i sicrhau parhad yr iaith yn wythïen hollbresennol yn natblygiad y ffilm Gymraeg o'r dechrau un. Dadansoddir y brwydrau â'r cyrff cyllido, brwydrau a ddeilliai o *raison d'être* ieithyddol y bwrdd. Edrychir ar benllanw'r cynhyrchu llwyddiannus a gafwyd rhwng 1978 a 1982 ym mhenodau pump a chwech, wrth ddehongli'r ffilmiau yng nghyd-destun hanes y sefydliad, eu dylanwadau, yn ogystal ag ymagweddiad cynulleidfaoedd a'r wasg tuag atynt. Ym mhennod saith, edrychir ar y ffactorau a oedd i gyfrif am edwino terfynol y bwrdd, wrth asesu hefyd i ba raddau y llwyddwyd i gyrraedd yr amcanion a osodwyd ar ei gyfer, ac archwilio'r gwaddol a adawyd ar ei ôl. Yn ystod y pum mlynedd ar hugain diwethaf, gwelwyd nifer o gyrff a sefydlwyd er mwyn datblygu ffilmiau yng Nghymru yn mynd i'r gwellt.[2] Fe fydd y gyfrol hon yn ceisio tafoli'r rhesymau dros y methiannau niferus trwy ganoli ar yr unig fudiad a sefydlwyd yn unswydd er mwyn cynhyrchu ffilmiau Cymraeg.

Cymru a ffilm

Dywedodd Wil Aaron ym 1979:

> Ni chafodd y ffilm fawr o groeso yng Nghymru erioed. Yn fychan dwy neu dair blwydd oed, yn drewi braidd o gin a chwys y ffeiriau, rhedodd yn syth i wrthdrawiad ag Evan Roberts a Diwygiad 1904/5 ac fe'i maeddwyd yn dost. Bu fyw; ond mae'n dal yn rhwystredig i'r dydd heddiw.[3]

Roedd yn llygad ei le wrth honni na fu yna berthynas ffrwythlon erioed rhwng y cyfrwng ffilm a Chymru, ond erbyn heddiw, ni ellir dal Evan Roberts a'r Diwygiad Methodistaidd ysgytwol yn llwyr gyfrifol am ddatblygiad simsan y cyfrwng yng Nghymru. Proses ddigon astrus fu cynhyrchu ffilmiau yng Nghymru erioed, a cheir cymhlethdodau wrth geisio trafod ffilm yng Nghymru o safbwynt cenedlaethol. Fel y dangosir yn y bennod hon, wrth i'r cysyniad esblygu, cyfyngwyd y drafodaeth ar sinemâu cenedlaethol i wledydd mwyaf grymus y byd, heb unrhyw ystyriaeth i'r ffaith y gellid ffurfio sinema genedlaethol ystyrlon mewn cenhedloedd bychain.

Mae Cymru, fel pob cenedl fechan, wedi wynebu rhwystrau niferus ym maes ffilm. Ceir problemau ymarferol economaidd a strwythurol wrth geisio cynhyrchu ffilm, ac yn gysylltiedig â hynny, mae yna her barhaol o ystyried y math o bortread o Gymru a geir ac a gafwyd ar y sgrin fawr. At hynny, mae safle Cymru o fewn Prydain Fawr, a'r berthynas hanesyddol hegemonaidd rhyngddi a Lloegr yn golygu bod y cysyniad o'r genedl ac o hunaniaeth Gymreig wedi bod yn un eithriadol o gymhleth erioed.

Ffilm a'r cenedlaethol

Mae'n arwyddocaol bod y syniadau cynharaf am ffilm fel endid cenedlaethol wedi ymddangos mewn cyfnod pan oedd gwledydd yng ngyddfau'i gilydd. Ys dywed Pierre Sorlin:

> The cinema was born, it developed and reached its peak in a world divided by harsh national oppositions; a world where nations were often conceived of as living entities, collective bodies whose defence and expansion seemed worth sacrificing the individuals who made them up.[4]

Priodol felly oedd i'r cyfrolau cyntaf a drafodai ffilm fel endid cenedlaethol ymddangos yn y gwledydd hynny a fu'n cystadlu'n ffyrnig i ymestyn eu hymerodraethau diwydiannol. Ymddangosodd cyfrol arloesol Lewis Jacobs *The Rise of American Film: A Critical History* (1930) yn yr Unol Daleithiau, ac ychydig flynyddoedd yn ddiweddarach gwelodd cyfrol Oskar Kalbus, *Vom Werden Deutscher Filmkunst* (1936), olau dydd yn y Drydedd Reich. Defnyddiodd Lewis Jacobs y term 'sinema genedlaethol' am y tro cyntaf, a defnyddiodd ddull cronolegol wrth ganolbwyntio ar arloeswyr cynnar y diwydiant, dyfodiad sain, y stiwdios a'r *auteurs* nodedig. Dibynna'r gyfrol yn helaeth ar y syniad bod cenedl-wladwriaethau yn ganlyniad naturiol, organig i ddatblygiad esblygiadol. Dangosodd y gellid cydblethu dimensiynau diwydiannol a diwylliannol y sinema mewn un astudiaeth, wrth iddo honni y ceid ethos cenedlaethol a oedd yn gyrru'r diwydiant ac yn llywio'r math o ffilmiau a wnaed. Yn fuan wedi'r Ail Ryfel Byd, cyhoeddwyd nifer o gyfrolau a ddefnyddiodd gwaith Lewis Jacobs fel glasbrint – rhai a ganolai ar hanesion ffilm cenedlaethol ac a asesai gyrhaeddiad y diwydiannau ffilm Gorllewinol dros hanner canrif.[5]

Wrth symud y tu hwnt i fyd y ffilm, bu'r 1960au yn gyfnod o drafodaethau brwd ynglŷn â'r cysyniad o genedl a'r cenedlaethol mewn amrywiaeth eang o feysydd. Ym Mhrydain, cafwyd ymryson ar ddadfeiliad Prydeindod ymysg golygyddion a chyfranwyr y *New Left Review*, yn eu plith Tom Nairn a Perry Anderson. Teimlodd y Cymry Cymraeg effaith y trafodaethau, a chyfrannwyd atynt wrth glustnodi rhifyn cyfan o *Efrydiau Athronyddol* ym 1961 i drafod y syniad o genedl. Effeithiodd y dadleuon a'r dadansoddi hyn ar y gwaith a ymddangosodd mewn cyfnodolion ffilm megis *Screen* ond, mewn gwirionedd, ni theimlwyd gwir effaith y trafodaethau tan y 1980au, pan gydnabuwyd astudiaethau ffilm fel maes ymchwil academaidd ddilys.

Yn ystod y 1980au, cafwyd newidiadau sylfaenol a phellgyrhaeddol o fewn y diwydiannau cyfathrebu. Roedd y cysyniad o globaleiddio yn un a oedd wedi magu pwysigrwydd (heb fod wedi ei ddiffinio'n bwrpasol) ac, o ganlyniad, cwestiynwyd priodoldeb astudio ffilmiau fesul gwlad. Yn y cyd-destun hwn, ymddangosodd nifer o draethodau allweddol mewn cyfnodolion Prydeinig a aeth i'r afael â goblygiadau trafod y sinema fel arferiad diwylliannol cenedlaethol. Ar yr un pryd, roedd academyddion mewn gwledydd Gorllewinol megis Ffrainc, yr Eidal, yr Almaen ac Awstralia hefyd yn ceisio ailddyfeisio hanes y sinema mewn perthynas â thiriogaeth genedlaethol, ac roedd y gymuned academaidd ehangach, ym meysydd gwleidyddiaeth a hanes, yn cwestiynu pendantrwydd ffurfiannau cenedlaethol. Y glasbrint a ddefnyddiwyd er mwyn codi'r cwestiynau hyn yn ystod y 1980au oedd gwaith Ernest Gellner, *Nations and Nationalism* (1983).[6] Dadleuodd Gellner: 'It is nationalism which engenders nations, and not the other way round,' ac esboniodd ddyfodiad cenedlaetholdeb yn nhermau 'a breakwater of differential industrialisation' a ddeilliodd o'r angen am symudoledd galwedigaethol a ddaeth yn sgil technoleg fodern. Dywed Perry Anderson: 'But the more fluid the social structure, the more unitary is the culture it requires of its agents, as they shift and intermesh positions in an increasingly complex and mutable division of labour.'[7]

O fewn y traddodiad ffilm Prydeinig, ystyrid y berthynas rhwng ffilm a hunaniaeth genedlaethol yn un glòs ac amhroblemus. Gan amlaf, ystyrid bod 'sinema genedlaethol Prydain' yn gyfystyr â 'sinema genedlaethol Lloegr'. Roedd gweithiau o eiddo Jeffrey Richards ar y 1930au, Charles Barr ar stiwdio Ealing, a gwaith Raymond Durgnat ar y cyfnod wedi'r Ail Ryfel Byd yn hyrwyddo'r syniad o ddadansoddi ffilmiau yng nghyd-destun y 'genedl' a 'hunaniaeth genedlaethol'.[8] Yn ogystal, dechreuodd gwaith Benedict Anderson fagu pwysigrwydd yn y maes, wrth ffurfio asgwrn cefn gwaith nifer o feirniaid.[9] Yn ei gyfrol ddylanwadol *Imagined Communities*, dadleuodd fod cenedl yn 'imagined political community and imagined as inherently limited and sovereign',[10] a darparodd y cysyniad canolog hwn sbardun syniadol i doreth o waith. Wrth drafod dechreuadau cenhedloedd Ewrop, honnodd mai cyfathrebu cyfryngol a oedd wrth wraidd ffurfio ymwybyddiaeth neu hunaniaeth genedlaethol: 'What in a positive sense, made the new communities imaginable was a half-fortuitous, but explosive, interaction between a system of production and productive relations (capitalism), a technology of communication (print), and the fatality of human linguistic diversity.'[11] Yn ôl Benedict Anderson, safonid iaith frodorol trwy gyfrwng iaith brint. Canolodd ar waith Gutenberg, a'r modd y lledaenwyd iaith safonol newydd trwy gyfrwng llyfrau a phapurau newydd. Gwelodd y cyfryngau print yn rymoedd hanfodol wrth siapio ymwybod cenedlaethol, gan eu bod yn medru cyfathrebu â chymuned ddychmygol genedlaethol yn absenoldeb cenedl-wladwriaeth. Amlygwyd felly bwysigrwydd y cyfrwng cyfathrebol – yn yr ystyrir ehangaf – yn y broses o greu cymuned ddychmygol. Er nad oedd sôn am y ddelwedd symudol yn ei waith, mae'n glir pam y mabwysiadwyd ei syniadau mewn ffordd mor frwd. Wrth ddadlau bod 'derbyn' cyfathrebu cyfryngol yn dorfol yn creu ymdeimlad o gymuned genedlaethol, dangosodd y modd y llunnir ymdeimlad o berthyn trwy gyfrwng syniadau sy'n cylchredeg o fewn diwylliant, wrth greu, yn ei eiriau ef, '[a] deep, horizontal comradeship'.[12]

Defnyddiwyd gwaith Benedict Anderson felly fel sail i ran helaeth o'r gwaith a gyhoeddwyd ar sinemâu cenedlaethol yn y Gorllewin. Fodd bynnag, roedd y syniadau a ddatblygwyd yn y trafodaethau hynny yn gwbl anaddas ar gyfer trafod y sinema mewn gwledydd bychain. Daw hyn i'r amlwg wrth ddatgymalu gwaith mwyaf dylanwadol y maes. Yn ei gyfrol *Waving the Flag*, sy'n canoli ar y sinema Brydeinig (er bod y drafodaeth, mewn gwirionedd, wedi'i chyfyngu i Loegr a ffilmiau o Loegr), awgryma Andrew Higson bum polisi economaidd y gallai sinemâu cenedlaethol eu mabwysiadu i'w hamddiffyn eu hunain rhag tra-arglwyddiaeth Hollywood. Gellir eu crynhoi yn y dull canlynol:

dosbarthu ac arddangos ffilmiau Hollywood; cystadlu'n uniongyrchol â Hollywood; creu cynyrchiadau rhad sy'n targedu'r farchnad ddomestig, a chynhyrchu ffilmiau celfyddydol ar gyfer marchnad ryngwladol; sicrhau mesurau diogelu ar ffurf cwotâu, a sicrhau arian er mwyn annog cynyrchiadau cenedlaethol; a chydweithio rhyngwladol.[13]

Mae'r rhesymau pam na ellir mapio'r fath fformiwla ar wlad fechan yn niferus. Cynhyrchu ffilmiau rhad, gorddibynnu ar nawdd y llywodraeth a cheisio cydweithio yn rhyngwladol fu'r unig ffyrdd o gynhyrchu mewn gwledydd bychain erioed. Nid yw sefydlu cwotâu yn bosibl gan fod lefelau cynhyrchu fel arfer yn isel dros ben, ac ni fyddai ffilmiau domestig fyth yn medru ffurfio mwy na chanran fechan iawn o'r farchnad arddangos. Yn ogystal, mae'r awgrym ynghylch cystadlu â Hollywood yn gwbl afrealistig, gan nad oes gan wledydd bychain adnoddau cyllidol digonol i gystadlu yn erbyn gafael haearnaidd Hollywood ar y farchnad ryngwladol.

Ers cyhoeddi cyfrol Andrew Higson, ac yng ngoleuni pwysigrwydd cynyddol y cysyniad o globaleiddio, ailedrychodd nifer o academyddion, gan gynnwys Stephen Crofts, John Hill a Paul Willemen, ar y cysyniad 'cenedlaethol' yn ystod y 1990au. Sylwodd Stephen Crofts y ceid bellach '[a] growing lack of congruence between nations and states' ac awgrymodd y dylid sôn am 'states and nation-state cinemas rather than nations and national cinemas'.[14] Cydsyniodd John Hill wrth faentumio bod y syniad o'r genedl Brydeinig yn chwalu yn wyneb amrywiaeth cynyddol y Deyrnas Unedig, gyda chyfarwyddwyr du, Asiaidd, Albanaidd a Chymreig ymhlith eraill yn herio fersiynau cul o Brydeindod. Fodd bynnag, nid bwrw ymaith y syniad o sinema genedlaethol yn llwyr a wnaeth John Hill, ond dadlau y gellid manteisio ar lacrwydd y cysyniad er mwyn hyrwyddo amrywiaeth. Yn hytrach na sôn am un sinema genedlaethol Brydeinig felly, dywed y dylid cydnabod bodolaeth amrywiaeth o sinemâu cenedlaethol o fewn un genedl.[15] Dadleua fod diffinio sinema genedlaethol fel cysyniad digyfnewid a 'phur' yn tanseilio'r grym sydd gan ffilmiau i ailddychmygu'r cenhedloedd o fewn y Deyrnas Unedig.[16] Tra ymdrechodd Higson i ddehongli un sinema genedlaethol bur, ddigyfnewid a pharhaol, gwelodd Hill fod gan y cysyniad y gallu i adlewyrchu'r cymhlethdodau cynyddol sy'n rhan annatod o'r cysyniad o genedl.

Ond mae rhai beirniaid yn cwestiynu a yw'r cysyniad o'r cenedlaethol yn berthnasol o gwbl bellach mewn byd lle mae grym globaleiddio yn prysur wanychu'r hen syniad o'r genedl fel tiriogaeth ac iddi economi, gwleidyddiaeth a diwylliant unigryw. Mae cyfalaf rhyngwladol, dadreoli marchnadoedd a symudoledd daearyddol gweithluoedd yn erydu hen ffiniau cadarn sydd bellach yn hylifol ac ansad. Yn ogystal, mae rhwydweithiau cyfathrebu wedi esblygu'n bwerau byd-eang sy'n hwyluso busnes, gwybodaeth, adloniant a ffyrdd eraill o groesbeillio diwylliannol. Mewn ymateb i hyn, datblygodd maes newydd o astudio ffilmiau o bersbectif trawsgenedlaethol, a hynny ymhlith damcaniaethwyr ym meysydd cymdeithaseg, damcaniaeth ôl-drefedigaethol ac astudiaethau diwylliannol. Fodd bynnag, er gwaetha'r duedd hon, honnir y canlynol gan Will Higbee a Song Hwee Lim: 'the national continues to exert the force of its presence even within transnational film-making practices'.[17] Mewn cyhoeddiad diweddar, 'An atlas of world cinema', mae Dudley Andrew yn cloi ei drafodaeth trwy gadarnhau dilysrwydd y cenedlaethol, ond gan awgrymu cyfeiriad newydd i'r arfer o ddiffinio ffilmiau yn ôl tiriogaethau daearyddol:

> Let me not be coy. We still parse the world by nations. Film festivals identify entries by country, college courses are labelled 'Japanese Cinema', 'French Film', and textbooks are coming off the presses with titles such as *Screening Ireland, Screening China, Italian National Cinema,* and so on. But a wider conception of national image culture is around the corner, prophesied by phrases like 'rooted cosmopolitanism' and 'critical regionalism'.[18]

Er gwaethaf hyn, mae'r cysyniad o sinema genedlaethol yn parhau fel thema ym myd astudiaethau ffilm Saesneg eu hiaith, ac o fewn diwylliant ffilm byd-eang yn gyffredinol. Mae diddordeb academyddion Gorllewinol yn sinema'r byd wedi ymestyn cyrhaeddiad y maes y tu hwnt i'r pwyslais hanesyddol ar Ogledd America ac Ewrop, ac aethpwyd ati i gofleidio sinemâu cenedlaethol allddodol ac ôl-drefedigaethol yn Asia, Affrica ac America Ladin.

Cymru a Phrydeindod

Thema sy'n llifo trwy'r gyfrol hon yw'r triongl o densiynau rhwng y cysyniadau o Gymru, Lloegr a Phrydeindod. Wrth fyfyrio ar y berthynas rhwng Cymru a Phrydain, honnodd Gwyn Alf Williams, awdur y gyfrol ddylanwadol *When Was Wales?*, fod Cymru yn 'genedl schizophrenig'.[19] Wrth gyfeirio at ddeuoliaeth yr hunaniaeth Gymreig, dadleuodd fod y profiad Cymreig yn gwbl gysylltiedig â'r profiad o fod yn Brydeiniwr ers dyddiau Owain Glyndŵr. Dadleuodd fod Glyndŵr wedi gosod deuoliaeth wrth galon y cysyniad o Gymru, rhywbeth a fu ar gynnydd er cyfnod y Normaniaid: 'Nid oedd dim gobaith bellach am ysgariad oddi wrth y Saeson. Byddai'n rhaid byw gyda hwy a rhannu eu bywyd. Ar yr un pryd, byddai'n rhaid, rywfodd, cadw personoliaeth briodol. Daeth y gwrthdrawiad hwn i fod yn nodwedd barhaol bywyd Cymru.'[20] Aeth nifer ati i archwilio natur sgitsoffrenig Cymru. Dywedodd Alfred Zimmern cyn gynhared ag 1921:

> the Wales of to-day is not a unity. There is not one Wales; there are three . . . There is Welsh Wales; there is industrial or, as I sometimes think of it, American Wales; and there is upper class or English Wales. These three represent different types and different traditions.[21]

Trafododd J. R. Jones natur y tensiynau a geir rhwng Cymru, Lloegr a Phrydain yn ei gyfrol *Prydeindod* (1966), lle y pwysleisiodd yr angen i ddeall Prydeindod fel syniadaeth sy'n annog y Cymry i feddwl eu bod yn meddu ar rym cyfartal o fewn fframwaith Prydeindod, a hynny er gwaetha'r ffaith bod eu sefyllfa yn seithug.[22] Ugain mlynedd yn ddiweddarach, honnodd Denis Balsom fod modd rhannu Cymru yn dair tiriogaeth wahanol a oedd yn gartref i dri math o Gymro: y Cymro Cymraeg; y Cymro di-Gymraeg; a'r Prydeiniwr yng Nghymru.[23] Dangosodd fod gan bob un o'r tri eu teyrnas ddaearyddol yng Nghymru, gyda siroedd y gorllewin a'r gogledd yn 'Fro Gymraeg', a chymoedd diwydiannol y de yn 'Gymru Gymreig'. Defnyddir y gair 'British' er mwyn dynodi llefydd lle'r oedd yr ymdeimlad o arwahanrwydd Cymreig yn bur wan. Ar y cyfan, tiriogaeth y gororau a enwir yn 'Gymru Prydain', a'i natur ffiniol, yn rhagweladwy efallai, yn esgor ar ymdeimlad o hunaniaeth ddeuol. Yng ngwaith J. R. Jones a Denis Balsom, cyfeirir at 'Brydeindod' fel cysyniad negyddol, ond nid pob ymchwilydd yng Nghymru sy'n cytuno. Yn ei gyfrol nodedig *Wales! Wales?*, adleisiodd Dai Smith waith J. R. Jones wrth ddadlau yn rymus y nodweddid hunaniaeth Gymreig yr ugeinfed ganrif gan ymwybyddiaeth ddeuol – un 'Gymreig' ac un 'Brydeinig'. Fodd bynnag, gwêl unrhyw ymdrech i ddatgymalu'r profiad Cymreig o'r profiad Prydeinig fel ymdrech i danseilio hanes gweithwyr cyffredin, a phwysigrwydd Prydeindod iddynt fel grym unol mewn cyfnodau o galedi.[24]

Mae cyndynrwydd nifer yng Nghymru i ddefnyddio'r term 'Prydeinig' yn deillio'n bennaf o'r canfyddiad o hegemoni Lloegr o fewn Prydain, a'r hanes ymerodraethol a berthyn iddi. Erbyn heddiw, ceir dadansoddiad ôl-drefedigaethol o'r term 'Prydeindod', a dadleuir ei fod yn label camarweiniol sy'n llwyddo i guddio hegemoni Lloegr.[25] Dangosodd

Michael Hechter cyn gynhared â 1975 y modd y gellid dehongli'r gwledydd Celtaidd – Cymru, yr Alban ac Iwerddon – fel trefedigaethau Prydeinig.[26] Ond mae'r drafodaeth yn un ddadleuol. Yn un o'r cyfrolau cyntaf erioed i fynd i'r afael â theorïau ôl-drefedigaethol, dywedodd awduron *The Empire Writes Back*: '[the] complicity [of Wales and Scotland] in the British imperial enterprise makes it difficult for colonized peoples outside Britain to accept their identity as post-colonial'.[27] Wrth wrthod y label ôl-drefedigaethol i Gymru fel tiriogaeth, gwêl Chris Williams amwysedd y theorïau fel cyfle euraidd sy'n cynnig posibiliadau cyffrous: 'It should not take long for us to recognize that any parallels that might be drawn between Wales and any other former "non white" colonies . . . are little more than self-indulgent and potentially offensive illusions.'[28] Fodd bynnag, trwy gyfrwng yr amwysedd gellir manteisio ar 'a variety of concepts and reading practices that can be productively applied to contexts that go beyond the older, selective areas of concern which preoccupied critics of Commonwealth literature'.[29] Yn yr un modd ag yr awgrymir gan Bill Ashcroft a'i gydawduron – 'Post-colonial studies might best be regarded now as a term for a body of diverse and often contesting formulations of the cultural production of colonized people rather than a discipline or methodology *per se*' – mae Chris Williams yn defnyddio amrywiaeth cynhenid y theorïau fel modd o gyfiawnhau ystyried Cymru yng nghyd-destun astudiaethau ôl-drefedigaethol.[30] Mae'r diffyg consenws, a diffyg diffiniadau caeth wedi arwain at gyfiawnhau cymhwyso'r theorïau i gyd-destunau amrywiol.

Y ffilm yng Nghymru: cynhyrchu a phortreadu

Fel y mae datblygiad diweddar y Dragon International Studios yn profi, ceir sialensiau niferus wrth geisio cynhyrchu ffilmiau yng Nghymru. Yn 2001 cafwyd ffanfer o ddatganiad er mwyn cyhoeddi'r cynllun i adeiladu stiwdios ffilm gwerth £330 miliwn ar hen safle glofaol yn Llanharan. Datganodd Richard Attenborough, cadeirydd y cynllun, y byddai'r prosiect yn rhoi Cymru wrth galon y diwydiant ffilm Prydeinig. Cafwyd problemau o'r cychwyn, wrth ddenu arian ac yn sgil darganfod pathewod prin ar y safle a enwyd gan rhai yn 'Valleywood'. Yn 2008 rhoddwyd y prosiect yn nwylo gweinyddwyr gan fod ganddo eisoes ddyled o £15 miliwn. Yn 2009 defnyddiwyd y safle i ffilmio *Ironclad* (Jonathan English, 2011), ffilm hanesyddol a leolwyd yn y drydedd ganrif ar ddeg. Gobaith y gweinyddwyr oedd y byddai *Ironclad* yn denu mwy o gwmnïau cynhyrchu i ddefnyddio'r safle, ond ymddengys bellach y bydd y safle yn cael ei werthu. Methiant felly fu ymdrech ddiweddar i greu diwydiant ffilm yng Nghymru. Er y daw budd economaidd i Gymru wrth i ffilmiau megis *The Edge of Love* (John Maybury, 2008) a *Lara Croft Tomb Raider: The Cradle of Life* (Jan De Bont, 2003) ddewis Cymru yn gefnlen, mae creu ac arddangos ffilmiau sy'n mynegi'r profiad Cymreig yn anodd. Mae ffilmiau o Gymru, ar yr adegau prin pan maent yn ymddangos, yn gorfod brwydro am sylw mewn marchnad sy'n ffyrnig o gystadleuol. Cafwyd perthynas hir, losgachol o agos rhwng y ffilm a'i chwaer gyfrwng, y teledu, a dibynnwyd yn helaeth hefyd ar arian cyhoeddus prin. Ond hyd yn oed pan ystyrir bod ffilmiau Cymreig wedi llwyddo, prin y maent yn gweld golau dydd.

Ceir esiamplau niferus o gymhlethdodau cyllidol cynhyrchu ffilmiau yng Nghymru, a'r diffyg sylw a roddir iddynt wedi iddynt gael eu rhyddhau. Pan addaswyd *House of America* (Marc Evans, 1997), drama lwyfan boblogaidd Ed Thomas, ar gyfer y sgrin fawr, roedd y ffilm – a oedd yn ymdrin â hunaniaeth Gymreig ac ôl-ddiwydiannu wedi Thatcheriaeth – yn fwy llwyddiannus yn denu arian o'r Iseldiroedd na chan Gyngor Celfyddydau Cymru, HTV a'r Loteri Genedlaethol. Sbardunwyd Ed Thomas gan y sefyllfa ddadlennol hon i ddisgrifio Cymru fel 'healthy "despite culture", things happen despite what's going on'.[31] Cyfeirio a wnâi at y ffaith bod ffilmiau'n cael eu cynhyrchu er gwaethaf absenoldeb strwythur ariannu clir ar eu cyfer. Yn ogystal, er gwaetha'r ffaith i *Hedd Wyn* (Paul Turner, 1992) lwyddo yn ôl ffon fesur Hollywood, a chael ei henwebu am wobr Academi yng nghategori'r ffilm dramor orau ym 1994, ni lwyddwyd erioed i'w dosbarthu yn eang i sinemâu yng Nghymru na Lloegr. O ganlyniad i'r sefyllfa druenus hon, mae pobl Cymru yn gyffredinol yn bur anwybodus ynglŷn â'u hetifeddiaeth a'u diwylliant ffilmig.

Tra mae cyfarwyddwyr yng Nghymru yn gorfod dioddef anawsterau economaidd, maent hefyd yn brwydro yn erbyn y modd y portreadwyd Cymru yn y gorffennol. Yn ystod y 1930au a'r 1940au cynhyrchwyd nifer o ffilmiau gan stiwdios yn Hollywood ac Ealing a ddelweddai Gymru ar y sgrin fawr. Yr enwocaf o'r rhain oedd *How Green Was My Valley* (John Ford, 1941), y ffilm a esgorodd ar fyrdd o archdeipiau gan gynnwys glowyr a'u hwynebau yn ddu yn canu ar eu ffordd adref o'r pwll glo i dai teras moethus. Llwyddodd Ford, â'i bortread o Gymru a hidlwyd trwy brism Hollywood, i gipio'r wobr am ffilm orau'r flwyddyn dan drwyn Orson Welles a *Citizen Kane* (1941) yng ngwobrwyon yr

Academi ym 1941. Fel y mae sawl beirniad ffilm wedi'i nodi, glanhawyd y cwm Cymreig traddodiadol, a adeiladwyd ar gyfer y ffilm yng nghwm San Fernando, Malibu, o bob arlliw o lwch a bryntni gan ei Hollywoodeiddio yn llwyr. Er mwyn cydio yn nychymyg a chalonnau'r byd, llunnid darlun o gymuned ac iddi dai teras ac ynddynt nenfydau uchel, llenni moethus a byrddau yn gwegian dan bwysau bwydydd dirif, ac, yn rhyfeddach fyth, efallai, lofa wedi ei lleoli ar ben bryn. Y ddelwedd hirymarhous a geir yn *How Green Was My Valley* yw'r llif diddiwedd o lowyr, yn un corff, yn cerdded trwy'r cwm ar eu ffordd adref o'r pwll. Mae ffilmiau eraill, megis *A Run for Your Money* (Charles Frend, 1949), *The Proud Valley* (Pen Tennyson, 1940), *Valley of Song* (Gilbert Gunn, 1953), *The Corn is Green* (Irving Rapper, 1945) ac *Only Two Can Play* (Sidney Gilliat, 1962), yn rhan o gorff ehangach o ffilmiau sy'n fyrdd o'r ystrydebau arferol. Amlygodd John Humphreys y rhwystredigaeth sy'n deillio o'r portreadau gwyrdroëdig hyn:

> We are defined in the English mind by our national caricature. The daftest cliché in the film director's manual – coal dust covered men singing in perfect harmony as they trudge back to the cottages from the pit – may fade away now the pits have closed. But don't bank on it . . . And why must they all have IQs of 10 but be very very cunning? And why must half the characters sound as though they're Peter Sellers imitating a doctor from Madras?[32]

Yn ogystal â'r diffyg isadeiledd ar gyfer cynhyrchu ffilmiau, a'r modd y portreadwyd Cymru yn y gorffennol, mae dwyieithrwydd yn destun diddorol wrth wyntyllu cysyniadau sy'n ymdrin â sinema genedlaethol. Mae sefyllfa ieithyddol Cymru yn bell o fod yn unigryw, ond wrth edrych ar sefyllfaoedd ieithoedd cyffelyb, gellir archwilio rôl dwyieithrwydd a'r tensiynau sy'n codi ym maes sinema genedlaethol, a oedd yn wreiddiol yn gysyniad a adeiladwyd ar sail gwledydd uniaith.

Iaith a sinema genedlaethol

Yng nghyd-destun Iwerddon, dywed Martin McLoone: 'film-making in the Irish language remains a marginal activity and the debate about film being an expression of "national culture" as well as an "industry" has done little to change the situation'.[33] Mae ymdrin â'r iaith mewn perthynas â sinema yn Iwerddon yn arbennig o gymhleth. Mae'r sinema gyfoes 'frodorol' yn Saesneg ei hiaith, a mesur llwyddiant yw sylw a chlod o'r Unol Daleithiau. Gan mai Saesneg yw iaith y diwydiant ffilm rhyngwladol, gellir dadlau bod gan Iwerddon fantais fasnachol sylweddol, a gwelwyd llwyddiannau rhyngwladol megis *My Left Foot* (Jim Sheridan, 1989) a *The Crying Game* (Neil Jordan, 1992). Fodd bynnag, awgryma rhai, fel Bob Quinn, fod yna bris diwylliannol uchel i'w dalu am y fath berthynas rhwng yr Ynys Werdd a Gwlad y Ffatrïoedd Breuddwydion: 'Ireland has long been a figment of the American imagination', dadleuodd, 'reciprocally now, Irish film-makers see America as their only salvation'.[34] Tra mae sinema iaith Saesneg yn dominyddu unrhyw ddatblygiadau Gwyddelig felly yn Iwerddon, yng Nghanada ceir hollt uniongyrchol rhwng dau ddiwydiant sy'n bodoli mewn dwy iaith gwbl ar wahân, ac sydd felly'n awgrymu deuddiwylliannedd o fewn un genedl. Dywed Christopher Gittings am y sefyllfa o safbwynt ffilm:

> Over the last four decades, Québec has increasingly resisted dreaming the federalist dream of nation and Québec film-makers have refused to live by proxy; conversely they have focused on creating their own national mythology, their own national cinema. Simultaneously, film-makers in Anglophone Canada were also developing their own distinctive national mythology for the cinema.[35]

Ysgogodd y gwahaniaethau sylfaenol hyn un beirniad o Québec i ysgrifennu am sinema Canada fel un a luniwyd gan ddwy sinema ddargyfeiriol – un Ganadaidd ac un Québecois.

Mytholeg ddeublyg sydd wrth galon Canada fel cenedl felly, a hanes o ddeuddiwylliannedd, sydd, yn ôl rhai, yn cuddio gwir hanes cynfrodorol y genedl. Wrth ystyried Iwerddon a Chanada, diddorol yw nodi'r ffaith yr estynnwyd gwahoddiad i Herb Schiller, gan y Conradh na Gaeilge (mudiad sy'n hyrwyddo'r iaith Wyddeleg yn Iwerddon a thrwy'r byd), i draddodi darlith ar yr hyn a elwid ganddo yn 'New modes of cultural domination'. Yn ei ddarlith, nododd Schiller y problemau dyrys a wynebodd Canada, gan fod cyfran helaeth o'r boblogaeth yn gwylio llawer iawn mwy o deledu o'r Unol Daleithiau na rhaglenni a wnaethpwyd yng Nghanada. Un o'r rhesymau a oedd i gyfrif am hyn, meddai, oedd y diffyg rhwystr ieithyddol, a hawliodd y dylid ystyried yr iaith Wyddeleg yn arf amhrisiadwy gan ei bod yn ymgorffori gwahaniaeth diwylliannol: 'In their mother tongue the Irish people have a powerful defence mechanism against cultural domination.'[36] Adleisiodd cynnwys y ddarlith erthygl a gyhoeddwyd gan Glyn Tegai Hughes yn *Efrydiau Athronyddol* ym 1961, a aeth ati i drafod y cysylltiad dyrys rhwng iaith a hunaniaeth.[37] Dywedodd nad yw rhannu iaith yn nodwedd angenrheidiol i genedligrwydd, ac mai rhywbeth gweddol newydd yw'r cysylltiad rhyngddynt. Fodd bynnag, hawliodd mai'r iaith Gymraeg a greodd y teimlad o arwahanrwydd rhwng y Cymry a'r Saeson, a hynny cyn i unrhyw ymdeimlad pendant o genedligrwydd dyfu. Ymhellach, dywedodd, 'gan nad oedd sefydliadau ar wahân yn bod gan Gymru wedi'r Canol Oesoedd . . . a chan nad yw ei daearyddiaeth hi yn ei hymneilltuo . . . nid oedd fawr o ddim ganddi ond ei hiaith i'w gwneud yn dalaith arbennig'.[38] Dadleuodd Glyn Tegai Hughes fod rhannu traddodiadau cyffredin yn bwysicach wrth greu ymdeimlad o genedligrwydd, ond y gellid defnyddio iaith fel arf er mwyn cadw'r hyn y byddai Gwyn Alf Williams yn ei alw'n 'bersonoliaeth briodol' wrth i genedl ddod dan warchae gwlad arall.[39] Fel y gwelir yn ail ran y bennod hon, o'r dechrau un, ceisiwyd cynhyrchu ffilmiau Cymraeg fel un arf yn y frwydr honno.

Dechreuadau'r ffilm Gymraeg: cyfle ynteu bygythiad?

Yr *entrepreneur* Arthur Cheetham (1864–1936), a aned yn Derby ond a ymgartrefodd yn y Rhyl, a agorodd sinema gyntaf Cymru, a hynny yn Central Hall y dref honno ym 1906. Cyn dyfodiad y sinemâu, dangosid darluniau byw amrwd gan ddynion sioe a osodai eu hoffer mewn neuaddau mewn trefi a phentrefi, neu mewn bocsys symudol lle câi pobl gyfle i gael cip ar luniau symudol. Buan iawn y sylweddolwyd gwerth y sinema fel adloniant, a'r posibilrwydd o fanteisio ar y cyfrwng i wneud elw sylweddol. Tyfodd nifer y sinemâu yn gyflym yng Nghymru, ac erbyn 1934 caed 321 o adeiladau sefydlog a lle i ychydig dan 250,000 o bobl eistedd ynddynt.[40] Teyrnasodd y pictiwrs lleol dros fywyd cymdeithasol Cymru rhwng 1920 a 1950 fel gweithgaredd adloniant cyhoeddus mwyaf poblogaidd yr oes. Cyn gynhared â 1926, nododd B. Ifor Evans mewn erthygl yn y *Western Mail*: 'the cinemas are certainly more numerous than the theatres and possibly more numerous than the churches'.[41] Dyma oes aur y cyfrwng felly, gyda thrip i'r sinema wedi tyfu'n rhan greiddiol o fywydau pobl ac yn ddigwyddiad cyson yng nghalendr wythnosol y cyfnod.[42] Cyfatebai'r nifer a fynychai sinema ym 1934 i bob dinesydd ym Mhrydain Fawr yn ymweld â'r sinema ugain o weithiau'r flwyddyn. Erbyn 1946, roedd y ffigwr wedi codi 70 y cant, i 34 o ymweliadau'r flwyddyn.[43] I bob pwrpas, roedd tueddiadau'r gynulleidfa yng Nghymru yn adlewyrchu'r patrwm Prydeinig, ond y prif wahaniaeth rhwng Cymru a gweddill Prydain oedd natur yr adeiladau eu hunain. Tra oedd cwmnïau mawrion yn dechrau dominyddu'r cyfrwng wrth agor cadwyni o sinemâu a elwid yn 'balasau breuddwydion' yn ystod y 1930au, prin iawn oedd y buddsoddiad yng Nghymru.[44] Roedd ymweliad â'r sinema yng Nghymru yn dal i gylchdroi o gwmpas sinemâu bychain, megis y Rialtos, y Plazas, y Tivolis a'r Gems, a reolid gan ddynion busnes lleol neu fudiadau'r glowyr. Yr hyn a oedd yn nodedig am y profiad o fynychu'r sinema yng Nghymru yn ystod y cyfnod hwn oedd y gwrthgyferbyniad trawiadol rhwng y profiad cymdeithasol a'r profiad diwylliannol a geid.[45] Yn gymdeithasol, roedd y sinema wedi ymwreiddio mewn traddodiadau lleol, a'r adeiladau yn hygyrch, yn gyfarwydd a chyfleus. Fodd bynnag, roedd y ffilmiau a oedd wrth fodd y cynulleidfaoedd yn rhai estron ac wedi eu hysgaru'n llwyr oddi wrth draddodiadau lleol. Yn anad dim, ffilmiau Americanaidd a ddangosid, ac roedd y ffilmiau *Western*, a'r naratifau rhamantus, melodramataidd yn cynnig dihangfa dros dro wrth drawsblannu'r gynulleidfa i fyd cyfareddol ac ecsotig. Roedd adloniant dihangfaol rhad, a gyflwynid mewn awyrgylch cyfarwydd a chyfeillgar, yn gyfuniad hudol, pwerus, wrth i'r cytiau chwain digon llwm agor cil y drws i fyd o foethusrwydd a golud atyniadol. Mynegwyd y gwrthgyferbyniad rhwng gerwinder bywyd y werin a'r hyn a ymddangosai ar y sgrin gan Tilsli, yn ei awdl arobryn yn moli'r glöwr yn Eisteddfod Genedlaethol Caerffili 1950: 'A swyn mwyn y sinemâu – yn troi'i fryd / I ffoi ennyd o fyd ei ofidiau.'[46] O ganlyniad i lwyddiant a phoblogrwydd ysgubol y cyfrwng newydd, dechreuodd nifer o feirniaid uchel-ael gyfeirio at y sinema fel ffurf ar gyffur, a gelwid y mynychwyr mwyaf brwd yn adictiaid a chanddynt orddibyniaeth ar eu dogn wythnosol o'r cyffur seliwloid. Erbyn 1951, roedd y sinema yn rhan mor annatod o fywyd cymdeithasol trefi a phentrefi ledled Cymru ag oedd y pulpud a'r pyllau glo, gyda 352 o sinemâu yng Nghymru yn darparu gwasanaeth ar gyfer dwy filiwn a hanner o bobl.[47]

Digon cymysg oedd yr ymateb i'r cyfrwng yn y papurau newydd, ond mae'n nodedig fel y fframiwyd y trafodaethau gan y naill ochr a'r llall ar werth y cyfrwng mewn termau cenedlaethol. Datganodd B. Ifor Evans fod yna gyfleoedd mawr i Gymru fentro i dir y 'palasau breuddwydion'.[48] Mynnodd y dylid taflu ymaith y natur Biwritanaidd a gyflyrai'r Cymry i weld y celfyddydau a drama fel ffrwyth gwaith y diafol. Cydnabu Evans deyrnasiad hollalluog yr UDA ar sgriniau arian y byd, ond gwelodd, er gwaethaf hynny, fod lle i Gymru adrodd ei straeon a'i hanesion ei hun. Mynnodd fod gan Gymru'r cyfuniad perffaith o dirwedd gyfoethog, treftadaeth genedlaethol werthfawr a chwedlau Arthuraidd ac iddynt apêl oesol. At hynny, dywedodd, 'we have vivid and vital conditions in our contemporary life which could be converted into strong dramatic situations'.[49] Ond, er gwaethaf ei frwdfrydedd, gwyddai B. Ifor Evans mai talcen caled fyddai ennill cefnogaeth y rheini a welai'r sinema fel grym pechadurus a oedd yn gyfrwng annheilwng i fynegi bywyd Cymreig. Croniclir y farn hon yn ddramataidd mewn cerdd o eiddo'r bardd Gwernogle, 'O! Gochel y Cinema'. Gwaith y diafol oedd y sinema i Wernogle a'i debyg, 'synagog Satan' ac 'athrofa drygioni' a oedd yn wrthun i'r gwerthoedd traddodiadol Cymreig a ymgorfforid yn y capel a'r Saboth.[50] Trawodd Evans yn ôl, gan fynnu, 'it is a fallacy to condemn any instrument because that instrument is at times abused. One might as well condemn all music because one dislikes some piece of jazz played by some hack orchestra in a dance hall.'[51] Mynnodd fod gan y sinema botensial i esblygu yn un o ddiwydiannau mawr y byd, ac roedd am sicrhau y byddai Cymru yn rhan o'r twf hwnnw: 'the cinema is a medium through which a small nation can express itself to the world. Few foreigners will master our language, but through this silent language of the film we can tell the world much of our customs and our history.'[52]

Cefnogwyd safbwynt B. Ifor Evans gan erthygl olygyddol yn yr un rhifyn o'r papur a rybuddiodd na ddylid ymdrin â ffilm yn yr un modd ag yr ymdriniwyd â'r ddrama yng Nghymru, ac y dylid osgoi gadael i hen ragfarnau ddallu'r genedl i'r posibiliadau celfyddydol a'r cyfleoedd i arddangos Cymru i weddill y byd.[53] Cafwyd sylw deifiol yng nghynffon yr erthygl hon a gyfeiriodd at safle israddol Cymru o fewn y strwythur Prydeinig: 'The question is whether the opportunity will be given to Wales to play a noteworthy part in the building up of a British film industry.'[54]

Flwyddyn wedi i Evans geisio argyhoeddi'r Cymry o botensial ffilm, fe brofodd y cyfrwng chwyldro. Gyda dyfodiad *The Jazz Singer* (Alan Crosland) ym 1927 daeth sŵn a chleber i fyd y sinema, a chyda sŵn, fe ddaeth iaith. Yn ystod y cyfnod mud, allforid ffilmiau o gwmpas y byd yn gymharol ddidrafferth, gan eu bod yn trosgynnu ffiniau ieithyddol. Ond gyda'r garreg filltir newydd hon, codwyd muriau ieithyddol rhwng gwledydd, gyda chanlyniadau cymysg, ond rhagweladwy, i Gymru ac i wledydd a chanddynt ieithoedd lleiafrifol.[55] Erbyn 1932, roedd cri Evans yn ddim ond atgof gwan ymhlith taranu tanbaid y rheini a welai'r sinema yn endid a fyddai'n arwain at ddistryw'r iaith Gymraeg, a Chymru yn y pen draw. Mewn erthygl yn *Seren Gomer*, gwelai'r henadur William George – brawd David Lloyd George – y sinema fel un o'r tri dylanwad afiach a oedd yn trwytho meddwl y genedl trwy sianelau Seisnig. Tybiodd yntau: 'o safbwynt yr Iaith Gymraeg, nid oes dim da i'w ddweud am y Sinema. Ni fedr hi yr un gair o Gymraeg ac y mae ei phoblogrwydd yn ei gwneud yn un o elynion perycla'r Iaith.'[56] Y flwyddyn ganlynol, mynegodd T. P. Ellis ei siom gyda'r hyn a welai fel trawsnewidiad ym mywyd y genedl: 'Nid oes gan Gymru un dyhead na rhagolwg sy'n gyffredin drwy'r wlad. Yr ŷm wedi colli mewn 40 mlynedd pa undeb bynnag oedd gennym', a'r sinema oedd un o'r elfennau a arweiniodd at drawsnewid Cymru yn ei dyb ef.[57] Roedd y sylwadau negyddol ynglŷn â'r sinema wedi eu hangori wrth ddadl ehangach ynglŷn â thranc a pharhad yr iaith Gymraeg. Sylwyd bod yn rhaid gweithredu'n ddiymdroi er mwyn atal y llif o ffilmiau Hollywood rhag boddi sgriniau'r genedl.

Ym 1934, camodd Plaid Cymru i'r adwy, gan gyhoeddi erthygl wybodus a threiddgar Alun Llywelyn-Williams, 'Y cinema a'r Gymraeg: cynllun i Gymru'. Cyn hyn, canoli eu hegni a'u hymdrechion ar y frwydr i gael y Gymraeg ar donfeddi radio'r BBC a wnaeth y Blaid, ond mynnodd Llywelyn-Williams y dylid rhoi sylw brys i'r sinema yn ogystal, canys, 'byth er darganfyddiad y lluniau llafar daeth y cinema yn ddylanwad ym myd iaith'.[58] Yn wahanol i'r sefyllfa yn Lloegr, lle llygrwyd purdeb yr iaith Saesneg gan *slang* y sgrin, roedd yn bosibl i'r sinema '[l]add iaith hollol wahanol iddi hi ei hunan' yn y cyd-destun Cymreig.[59] Ceisiodd Alun Llywelyn-Williams gynnig ffordd ymlaen yn yr ymgyrch i wrthsefyll dylanwad llethol y Saesneg a'r Americaneg ar y Gymraeg. Arddangosir tipyn o wybodaeth ac ehangder meddwl ganddo, wrth iddo gyfeirio at sefyllfaoedd ieithyddol cyffelyb yng ngwledydd Ewrop, gan ymdrin â Norwy yn enwedig. Fodd bynnag, tra gwelai ef gyfle i wrthsefyll y don o Seisnigrwydd, roedd eraill yn fwy pesimistaidd, gan gynnwys J. O. Jones, a ofidiai gymaint am gyflwr y genedl fel y datganodd 'Y mae ar Gymru angen proffwyd': 'Y mae marweidd-dra i'w weld a'i deimlo yn ein gwlad. Collasom sicrwydd mewn sylfaen gadarn. Cul ac arwynebol yw ein diddordeb yn holl gylchoedd bywyd. Mae rhywbeth wedi meddiannu meddwl ac enaid y genedl ac wedi'i llusgo i gors o ddifaterwch ac anobaith.'[60] Ar yr un dudalen, pregeth L. Haydn Lewis oedd 'Nid oes gyfrif am droeon iaith', a thristaodd i'r darluniau cynnar droi yn lluniau llafar, 'a'u rhuthr o sŵn a chlebar i darfu ar y ffilm distaw'.[61] Anobeithiai Lewis wrth gydnabod bod iaith y sinema yn effeithio ar iaith pob rhan o'r gymdeithas:

> Trown at ymadroddion llithrig fel *O.K.* a *Baby*, ac fe welwn fod ffyddloniaid y Cinema, ac yn naturiol yr ifanc, wedi eu llyncu yn eu

crynswth. Nid oes sicrwydd chwaith ai yr ifanc hyn yn unig a'u llyncodd: adroddwyd yn ddiweddar am ryw ddiacon yn y de, pan gawsai flas mawr ar y bregeth, yn dweud allan yn eglur, 'O.K. Frawd.'[62]

Ar y llaw arall, yn ôl Melville Richards, roedd angen 'i'n hiaith lenyddol a'n hiaith lafar ddod yn nes at ei gilydd nag yr ydynt ar hyn o bryd'.[63] Buan y daeth proffwyd i ateb cri J. O. Jones, ac i wireddu gobaith Alun Llywelyn-Williams y gellid '[c]ynhyrchu ar raddfa fechan luniau llafar yn yr iaith Gymraeg ei hun', a hynny ym mherson Ifan ab Owen Edwards, Urdd Gobaith Cymru, a'i fwriad i gwblhau ffilm lafar gyfan gwbl Gymraeg.[64] Canmolwyd menter Edwards gan 'Syr Lawnslod' yn *Y Ford Gron*, a hynny gan ei fod yntau wedi cywilyddio wrth glywed plant 'yn arfer iaith frith o'r ysbwriel a glywir ar ffilmiau rhataf yr Amerig'.[65] Yn fuan wedi hynny, cyhoeddodd 'Cadfridog' yn y *Western Mail* fod Mr J. M. Howell o Aberdyfi, llywydd yr Urdd, wedi cyflwyno £500 er mwyn gwarchod y mudiad rhag colledion yn ystod y flwyddyn gyntaf o greu *talkies* Cymraeg.[66] Fe fu'r ddelfryd o greu *talkie* Cymraeg yn 'impossibility', chwedl Cadfridog, ond dyma gychwyn ar ymgyrch wirioneddol i greu ffilm Gymraeg.

Derbyniodd Ifan ab Owen Edwards o'r cychwyn y byddai colled ariannol na ellid mo'i hosgoi, o ganlyniad i'r sefyllfa dragwyddol o fewn y diwylliant Cymraeg o 'small circulation and financial difficulties'.[67] Ei fwriad oedd prynu nifer o ffilmiau, ond hefyd greu ffilmiau o'r newydd. Gobeithid y byddai pob pentref yng Nghymru wedi gweld un sioe o'r *talkies*, a'r bwriad oedd trefnu taith yng ngaeaf 1935/6, a datblygu'r gweithgaredd i gynnal sioeau misol mewn pentrefi 'Cymraeg' yn ystod y blynyddoedd dilynol. Cydiodd y fenter yn nychymyg nifer. Cafwyd ymateb brwdfrydig dros ben yng ngholofnau llythyrau'r *Western Mail*, yn enwedig oddi wrth 'Caergrawnt', a fynnai mai gorbesimistiaeth oedd rhagweld colled ariannol, ac nad oedd iaith y *talkie* mor bwysig â hynny, wrth enghreifftio Ffrancwyr ac Almaenwyr yn tyrru i weld ffilmiau cyfrwng Saesneg. Ei awgrym felly oedd: 'why not an enterprising Welsh talkie, with English captions, designed for release outside as well as in Wales?'[68] Roedd yn bendant y dylid gochel rhag yr 'awful nightmare' o ddrama lwyfan a ffilmiwyd, ac awgryma Cadfridog (nad oedd yn medru'r Gymraeg) y dylid manteisio ar dirlun ysgubol Cymru. Cytuno ag ef yn llwyr a wnaeth 'T.H.R.' wrth weld y potensial a feddai'r sinema i drosgynnu cyfyngiadau byd y ddrama, a'i bod yn bwysig cofio mai cyfryngau cynhenid wahanol yw'r ddrama a'r ffilm. Cyfeiriodd at ffilmiau tebyg i'r ffilm Almaeneg *The Blue Light*, neu'r ffilm *Man of Aran*

– dwy ffilm a wnaeth yn fawr o dirlun yr Almaen ac Ynysoedd yr Aran.[69]

Erbyn Gwanwyn 1935, roedd J. Ellis Williams a'i grŵp drama yn gweithio yn ddyfal ar 'ddrama sinema' am fywyd yn ardaloedd chwarelyddol Cymru, ac roedd yr Urdd wedi derbyn tomen o lythyrau yn cefnogi'r fenter ieithyddol hon.[70] Wrth ysgrifennu yn y *Western Mail*, gwelodd Ifan ab Owen Edwards gysylltiad rhwng sefyllfa gyfredol Cymru, a'r panig diwylliannol a gafwyd yn Lloegr pan foddwyd y sgriniau gan gynnyrch Americanaidd. Yn Lloegr defnyddiwyd dull cwota er mwyn rheoli a gwarchod rhag toreth o ffilmiau Americanaidd. Sylwodd mai amhosibl fyddai defnyddio'r un dull yng Nghymru, ac roedd ei gynllun, felly, yn rhan o weledigaeth ehangach, sef: 'a Welsh cinema which will save the future of our national system and life'.[71] Roedd ganddo syniadaeth ddiddorol fod yn rhaid i natur a thechneg ffilmiau a gynhyrchid ar gyfer gwledydd bychain fod yn gyfan gwbl wahanol i natur a thechneg a ddefnyddid ar gyfer sinemâu mawrion y gwledydd mwy.[72] Er gwaethaf sôn Edwards am dechneg, menter ieithyddol bur oedd hon, yn hytrach na menter a chanddi wir ddiddordeb yn y cyfrwng a ddefnyddid. Dadlennir ei fwriad yn ei eiriau arwyddocaol:

> I am certain that a Welsh travelling talkie theatre is possible, showing Welsh-speaking films of enthralling interest in any and all the villages of Wales. It is this that we intend to attempt – *not that we have any interest in the film as such,* but we simply want to save the culture and spirit and traditions of Wales from utter disappearance owing to the appearance of the English super-cinema in all parts of our country.[73]

Awgrymwyd iddo y dylid cychwyn cronfa er mwyn cynhyrchu ffilmiau Cymraeg, ond gwrthod y syniad a wnaeth am y tro, gan apelio ar bobl i anfon arian i swyddfa'r Urdd yn Aberystwyth pe baent yn awyddus i gyfrannu at y fenter, a oedd 'in dire need'. Serch hynny, ystyriodd y fenter yn un hollol angenrheidiol er budd iaith a bywyd Cymru: 'a great and happy venture, which may mean a great deal to Wales, Welsh culture and the Welsh language'.[74] Gŵr a chanddo weledigaeth hir-dymor ydoedd, ac roedd yn llygad ei le wrth ragweld y byddai'r ddadl ieithyddol yn ehangu i ofod domestig y cartref gyda dyfodiad y teledu. Gan ystyried mai breuddwyd gwrach ar y pryd fyddai cael gwasanaeth teledu cwbl Gymraeg, gwelodd fod sinema amaturaidd yn fodd i herio byd y teledu. Fe fyddai sefydlu cymdeithas sinemataidd amaturaidd genedlaethol i Gymru, er mwyn cynhyrchu mwy o ffilmiau fel *Y Chwarelwr*, a pharatoi at ddyfodiad y teledu, yn hollbwysig. Yn wir, dyma 'one of the greatest and most urgent needs of the Welsh language to-day . . . The matter in itself is absorbingly interesting; and from a Welsh standpoint it is a matter of national importance.'[75] Erbyn 20 Ionawr 1937, dangoswyd *Y Chwarelwr* dros ddau gant o weithiau, a derbyniodd ganmoliaeth uchel, oblegid, 'It is sincere and rings true, and is completely Welsh.'[76] Delfrydwr oedd Ifan ab Owen Edwards. Gwelodd berygl i Gymru a'r iaith Gymraeg trwy gyfrwng y sgrin arian a'r sgrin fach a rhoes ei fryd ar gychwyn proses a olygai yn y pen draw y byddai cynhyrchu ffilmiau'n datblygu'n weithgaredd cenedlaethol. Ei freuddwyd oedd arddangos cyfoeth traddodiadau Cymru er mwyn addysgu ei phobl am eu treftadaeth, eu cenedl, a hwy eu hunain.

Y gynulleidfa Gymreig

Er gwaethaf ei lwyddiant, ganol y 1930au parhaodd yr anniddigrwydd ynglŷn â'r math o ffilmiau a oedd ar gael i'w gwylio yn y sinemâu yng Nghymru, a'r diffyg ffilmiau a bortreadai'r genedl mewn unrhyw fodd. Yn Rhagfyr 1938, ysgrifennodd D. P. Williams ('Mab-y-Mynydd') erthygl faith ynglŷn â Chymru a ffilm, ac erbyn hynny roedd ei ddadl yn un ddigon cyfarwydd: 'Wales must by this time be almost, if not quite, the last country in Europe which has not tried to use the film as a means of self-expression.'[77] Mynegodd rwystredigaeth nad oedd yn bosibl gweld Cymru ar y sgrin fawr, a gwelodd hynny'n chwithig o ystyried y ddrama naturiol a gynigid gan dirwedd ddramatig Cymru, a'i hanes a'i chwedlau cyfoethog: 'We lay rightful claim to the individual character and culture that go to form a nation. We prove it – not, it is true, nearly as much as we should – in music, drama, verse, prose, pictures, and artistic crafts. Why not the film?'[78]

Gwelodd anghyfiawnder yn y ffaith bod *The Citadel* (King Vidor, 1938), ffilm am bentref glofaol Cymreig, yn cael ei chynhyrchu yn Lloegr, ac mai'r wlad honno fyddai'r gyntaf i arddangos Cymru ar y sgrin fawr ryngwladol. Fodd bynnag, mynnodd y dylid gochel rhag dod o dan ddylanwad gwledydd eraill: 'The important thing', pwysleisiodd, 'is not to ape foreign methods, but to make films that really express Wales'.[79] Gobaith Williams oedd y byddai ton o gyfarwyddwyr Cymreig yn codi a fyddai'n creu ffilmiau rhad, gonest, yn arddangos Cymru yn ei holl ogoniant. Mynnodd y dylid cynhyrchu ffilmiau gefn-wrth-gefn, hynny yw, creu fersiynau Cymraeg a Saesneg o'r un ffilmiau ac wrth ddefnyddio'r un cast. Ond wrth longyfarch y Cardiff Amateur Cine Society ar ei ffilm ddiweddaraf, dywedodd ymhellach: 'the Welshman in me was pained to see this effort wasted on a thriller about a Chinese Cabinet that might equally well have been made in Leeds or Inverness or Norwich'.[80] I ddechrau, enynnodd ei erthygl ymateb cadarnhaol, ond sbardunodd ei eiriau hefyd ddadl ynglŷn â chenedlaetholdeb a ffilm. Anobeithiodd 'Anti-Box Office' ynglŷn â'r ffilmiau a oedd yn frith trwy sinemâu Cymru, ac a ddarluniai'r un hanes bob tro:

> the pioneer conquers or renounces a continent with a nonchalant gesture, hacks his way through impenetrable forests, cleans up a city's criminals without even taking his hat off, foils his country's arch-enemy with a straight left, spans mighty oceans through tempests with a cigarette in his mouth, merely so that he may crush some starry-eyed damsel to his manly chest and hear her say she loves him.[81]

Roedd beirniadaeth 'Anti Box-Office' yn canoli ar ddiddordebau masnachol y sinemâu, a chenfigennai wrth y Ffindir a Norwy a gynhyrchai eu ffilmiau eu hunain ar gyllidebau isel. Mynnodd mai wrth ddilyn esiampl gwledydd bychain eraill y gellid dysgu gwersi pwysig er mwyn bwrw ati i gynhyrchu ffilmiau yng Nghymru a fyddai'n arwain at godi safon y sinema yn gyffredinol. Yn wir, dadleuodd, 'the cinema has such a great potential value for Wales that it should be seriously studied and adapted by some cultural organisation which would safeguard it from the abuse to which it is so easily open'.[82] Roedd ymateb 'Realist' ychydig yn wahanol. Er ei fod yntau hefyd yn bwrw sen ar ffilmiau prif-ffrwd masnachol, mynnai mai gwraidd y drwg oedd archwaeth y cyhoedd amdanynt. Honnai nad oedd unrhyw dystiolaeth a brofai fod awydd ymhlith y cyhoedd i wylio ffilmiau deallusol:

> If the people who live in Wales had the slightest desire to see films which have any cultural, educational or national value, or even films which offer some measure of intellectual entertainment, they could have voiced that desire long ago . . . I do not suggest that the Welsh are less appreciative of good entertainment than the English, but I do maintain that if the Welsh really wanted more intelligent films they could easily get them. They need not make the films themselves.[83]

Wrth sôn am y rheini a reolai'r diwydiant ffilm, dywedodd: 'So far they have operated on the principle that it is easier and more profitable to drag people down intellectually than it is to elevate them.'[84] Nid mynegi unrhyw ddyheadau na nodweddion cenedlaethol oedd prif amcan y sinema i 'Realist' felly, ond annog y Cymry i werthfawrogi adloniant rhyngwladol safonol. I'r perwyl hwn, awgrymodd y dylid sefydlu sinema a gyllidwyd gan y llywodraeth ym mhob tref, yn y gobaith hwn: 'showing a certain proportion of intelligent films each week might succeed in re-educating that section of the population which has not already imbibed too deeply of the weekly drug'.[85] Aeth 'Realist' yn ei flaen i amddiffyn y Cardiff Amateur Cine Society yn wyneb y feirniadaeth o du D. P. Williams ynghylch peidio â chynhyrchu ffilmiau a adlewyrchai'r bywyd Cymreig: 'they make films for their own amusement and not with the idea of contributing to Welsh nationalist propaganda'.[86]

Roedd safbwyntiau 'Anti Box-Office' a 'Realist' yn drawiadol o wahanol, a pharhaodd y drafodaeth rhyngddynt, gan lusgo eraill i'w pair. Amddiffynnodd 'Anti Box-Office' ei safbwynt yn daer, ac ymosododd ar syniad 'Realist' o gael sinema a noddwyd gan y llywodraeth ym mhob tref, gan fynnu bod y cyfrwng eisoes yn dioddef 'enough capitalistic, political, religious, and moral suppressions without putting the millstone of State aid round the neck of a young movement that must have absolute freedom if it is to live at all'.[87] Roedd yn argyhoeddedig y byddai ymweliadau cyson â'r sinema, ac undonedd y ffilmiau, yn sicr o ddiflasu'r gynulleidfa: 'even the most obtuse will begin to see the sameness of the fare dished out and will realise that comedians, beautiful girls, handsome men, palatial flats, and high-powered cars cannot disguise the inherent poverty of the material'.[88] Cyfrannodd eraill i'r ddadl, megis Reginald E. Coath, ysgrifennydd y Cardiff Amateur Cine Society a fynnodd: '[the movement] has at least provided something tangible that can be scathingly attacked and in return cleverly defended'.[89] Anghytunai'n chwyrn gyda D. P. Williams fod cynhyrchu *The Secret of the Chinese Cabinet* yn wastraffus: 'our next film may be *The Secret of the Welsh Dresser*, and perhaps to suit "Anti Box-Office" we will arrange for a stark fact to "pop" out of the dresser'.[90] Yn arwyddocaol, camodd Oliver Bell, cyfarwyddwr y BFI, i ganol y cecru, wrth awgrymu y byddai ffilm ddogfen am Gymru yn profi'n hynod boblogaidd ymysg cymdeithasau ffilm ac yn y byd addysg trwy Brydain.[91]

Ysgrifennodd D. P. Williams ail erthygl ar Gymru a ffilm, ac ynddi fe bwysleisiodd drachefn y pwyntiau a godwyd yn ei erthygl gyntaf. Ond y tro hwn, fe gydnabu'r hyn a welai fel grymoedd deuol a oedd yn bygwth y sinema. Ar y naill law caed ymagweddiad y rheini a welai'r sinema yn ddim mwy nag adloniant dihangfaol, 'a vast intellectual funkhole, a mental dope-den where people afraid or too befuddled to face facts go to escape from the world'.[92] Ar y llaw arall, caed y rheini a ystyriai'r sinemâu yn rhywbeth deallusol, uchel-ael, ond diolchodd

Williams: 'Sex-appeal and highbrowism are not, happily, among the more noticeable failings of Welsh people.'[93] Mewn gwirionedd, dadl am genedlaetholdeb a hunaniaeth Gymreig a gafwyd. Doedd 'Realist' ddim yn ystyried bod cynulleidfaoedd Cymreig yn wahanol i gynulleidfaoedd gweddill Prydain. Sail ei ddadl oedd y dylid annog ac addysgu cynulleidfaoedd i werthfawrogi ffilmiau 'safonol', heb boeni am darddiad y ffilm. Ffurf gelfyddydol bwysig oedd ffilm i 'Realist', yn hytrach na chyfle i fynegi unrhyw beth penodol am unrhyw genedl. Fodd bynnag, roedd 'Anti Box-Office' yn gweld y gynulleidfa Gymreig yn unigryw, ac yr oedd ef yn sicr y byddai cynhyrchu ffilmiau yn ymwneud â Chymru a materion cenedlaethol yn llwyddo i ddatrys nifer o broblemau yn ymwneud â safon a fodolai yn y sinema.

Flwyddyn yn ddiweddarach, roedd un gŵr yn ceisio pontio gweledigaethau ymddangosiadol groes 'Realist' ac 'Anti Box-Office'. Bu Idris Evans yn swyddog ffilm i Gymru i'r Weinidogaeth Wybodaeth yn ystod yr Ail Ryfel Byd, ac ym 1940 roedd yn ceisio hyrwyddo'r syniad o sefydlu cyngor ffilm i Gymru.[94] Roedd yn un o aelodau cyntaf y BFI yng Nghymru, a bu'n ceisio hyrwyddo mudiad o'r fath ers nifer o flynyddoedd. Fe fu'n bresennol mewn cyfarfod cyhoeddus yng Ngholeg Prifysgol De Cymru a Sir Fynwy yng Nghaerdydd yn Hydref 1936, pan amlinellodd Oliver Bell nodau ac amcanion sefydliad o'r fath. Yn bresennol roedd cynrychiolwyr o sefydliadau crefyddol, awdurdodau lleol, gwasanaethau cymdeithasol a sefydliadau cyhoeddus ac academaidd. Yn dilyn y cyfarfod, cefnogwyd y syniad yn frwd gan Harold M. Dowling, un o ohebwyr y *Western Mail*:

> It would be no exaggeration to say that if true national feeling in Wales is to be stimulated and solidified; if the Welsh people as a whole are to be made conscious of their great cultural and natural inheritance; if the tone of Welsh social life is to be raised; if the intellectual standard of the Welshman is to rise and if Wales is to justify its proud boast of being the most educationally-minded people in Europe, the intelligent use of film is not only desirable but absolutely necessary.[95]

Yn ogystal, pwysleisiodd y dylid sicrhau bod y cyngor ffilm yn un gwirioneddol genedlaethol, er mwyn adlewyrchu pob rhan o'r genedl ac er mwyn medru ymateb i'w hanghenion.[96] Er gwaetha'r gefnogaeth frwd a gafwyd gan y *Western Mail*, erbyn 1940 roedd Idris Evans yn dal i ddisgwyl am ei gyngor ffilm yng Nghymru. Roedd yn dân ar ei groen fod yr Alban wedi llwyddo i sefydlu cyngor ffilm ac wedi sicrhau arian oddi wrth y BFI. Rhoddodd y bai yn blwmp ac yn blaen ar ddiffyg gweledigaeth y rheini a oedd yn gyfrifol am addysg yng Nghymru: 'Welsh education authorities missed the film boat years ago and even in the intervening time have merely been rather pathetically paddling after it.'[97] Gwelodd gysylltiad uniongyrchol rhwng archwaeth pobl ifanc am ffilmiau masnachol a'r diffyg addysg ffilm a gaent yn yr ysgol. Mynnai fod gan gyngor ffilm y potensial i gyfrannu'n helaeth at y maes addysgol, wrth greu llyfrgell o ffilmiau a chreu cysylltiadau gydag ysgolion a phrifysgolion, fel bod ffilmiau creadigol ar gael y gellid eu defnyddio fel cymorth addysgu. Roedd yn awyddus i godi safonau gwerthfawrogi ffilm yng Nghymru ond galwodd hefyd ar bobl i ymdrechu i roi Cymru ar y sgrin fawr. Rhagwelodd 'a film production unit of Welsh experts to make films about Wales, her history, culture, tradition and industries. Both Welsh and English copies of the films will be made.'[98] Er gwaetha'r galwadau hyn, ni sefydlwyd cyngor ffilm i Gymru. O ganlyniad, nid oedd strwythurau economaidd na strategol i ganiatáu cynhyrchu ffilmiau o fewn fframwaith proffesiynol.

Yn niffyg unrhyw gyd-destun, felly, nid aeth yr un Cymro ati i efelychu arbrawf a mentergarwch cyffrous Ifan ab Owen Edwards tan ar ôl yr Ail Ryfel Byd ym 1947. Unwaith yn rhagor, rhaid oedd dibynnu ar weledigaeth benderfynol unigolion, gyda John Roberts Williams, golygydd Y Cymro, a'r ffotograffydd a'r golygydd Geoff Charles, yn dilyn ôl ei droed. Cofnodi gweithgareddau'r Urdd a hyrwyddo'r iaith Gymraeg trwy gyfrwng ffilm oedd y sbardun i Ifan ab Owen Edwards, ond y catalydd i John Roberts Williams oedd ei awydd i ddogfennu tirlun a chymdeithas Llŷn ac Eifionydd. Fel Ifan ab Owen Edwards, nid oedd ganddo nemor ddim diddordeb yn y cyfrwng: y bwriad oedd diddanu cynulleidfa, yn hytrach nag ehangu gorwelion y cyfrwng ei hun, a'i nod oedd peri i'w gyd-Gymry werthfawrogi eu hetifeddiaeth, eu gwlad, eu diwylliant a'u hiaith trwy roi ar gof a chadw amryw o draddodiadau ac arferion a oedd yn prysur ddiflannu.[99] Cofnod cyfnod yw Yr Etifeddiaeth, ac yn ddiarwybod i Williams a Charles, roeddent yn dogfennu am byth ffordd o fyw a oedd yn prysur ddiflannu yn ardal Llŷn ac Eifionydd.

Tra oedd Yr Etifeddiaeth yn denu sylw yng ngogledd Cymru, roedd ffilm lafar Gymraeg arall yn cael ei chreu. Y tro hwn, nid gweledigaeth un gŵr oedd wrth wraidd y fenter, nac ychwaith awydd i ledaenu cyrhaeddiad yr iaith Gymraeg. Noson Lawen oedd y ffilm lafar Gymraeg broffesiynol gyntaf, a grëwyd er mwyn lledaenu cenhadaeth y Mudiad Cynilion Cenedlaethol yng Nghymru. Er gwaethaf hynny, o ganlyniad i brinder ffilmiau llafar Cymraeg, bu'n anorfod i'r ffilm fynd yn rhan o'r drafodaeth ynglŷn â'r iaith, i'r fath raddau fel y darllenwyd yr englyn canlynol yn nangosiad cyntaf y ffilm ym Meirion, yn Sinema'r Fforwm ym Mlaenau Ffestiniog:

> Iaith bur, iaith eglur, iaith hyglod – iaith gref,
> Iaith a grym diddarfod;
> Iaith wen annwyl, iaith hen hynod
> Iaith ein beirdd, heb well iaith yn bod.[100]

Darllenwyd y gerdd gan oruchwyliwr y sinema, Mr Glyn Bryfdir Jones, a ddywedodd mai anrhydedd oedd cael dangos ffilm lwyr Gymreig: 'yr oedd y wlad y darlun [sic] yn Gymreig, y caneuon yn Gymreig, a Chymraeg oedd yr iaith o ddechrau'r llun i'r diwedd'.[101] Erbyn 1950, roedd Unol Daleithiau America yn ogystal â Lloegr wedi hen ddarganfod Cymru fel cefnlen ar gyfer eu straeon rhamantus: soniwyd eisoes am *How Green Was My Valley* (1941) o eiddo John Ford ond yn ogystal rhyddhawyd *The Citadel* gan King Vidor ym 1938, *The Proud Valley* gan Pen Tennyson ym 1940 a *The Corn is Green* gan Irving Rapper ym 1945. Hollywoodeiddiwyd cymoedd Cymru, ei chorau a'i glowyr, trwy gyfrwng acenion afrealistig, setiau cyfoethog, ac agwedd nawddoglyd a thrahaus. Diolchwyd ar noson agoriadol *Noson Lawen*, felly, am ffilm a roddai bortread cywir o agwedd ar fywyd yng Nghymru. O'i chymharu â'r ffilmiau hynny symlrwydd *Noson Lawen* oedd ei chryfder, a chwa o awyr iach ar ôl hyrwyddo dros ben llestri Hollywood. 'Gwelsom gymaint o hysbysu ffilmiau Hollywood ag ansoddeiriau ymfflamychol,' nododd *Y Rhedegydd*, 'a dim ond i brofi wedyn, pa fwyaf ymfflamychol yr ansoddeiriau, mwyaf siomedig y ffilm'.[102] Gwelwyd drachefn y posibiliadau i'r Gymraeg ym myd y ffilm, a galwyd am 'o leiaf ddwy ffilm a ystyrid yn "feature" i'w cael bob blwyddyn, a'r rhai hynny'n llwyr Gymreig'.[103] Roedd Sam Jones, cynhyrchydd y ffilm, yn ymwybodol iawn o'r hyn a'i rhagflaenodd ym myd y ffilm Gymraeg, a'i ddyhead wrth wneud y ffilm oedd dangos 'y gellir gwneud ffilmiau o fywyd Cymru yn yr iaith Gymraeg'.[104] Cytunodd *Yr Herald Cymraeg a'r Genedl* gyda'r safbwynt hwn, gan honni bod y ffilm yn arloesi wrth ddangos yr hyn y gellid ei wneud yn Gymraeg. Dywedwyd bod *Noson Lawen* yn tystio i'r ffaith bod yr iaith Gymraeg yn gyfrwng mwy effeithiol na'r Saesneg i ddarlunio bywyd Cymru ar y sgrin fawr:

> Amlygwyd pryder y byddai i'r darlundai a'r lluniau llafar Saesneg orffen lladd yr iaith Gymraeg, ond dangosodd yr antur newydd a llwyddiannus hon y gellir defnyddio'r dechneg fodern hon yn offeryn i ennyn diddordeb newydd yn yr iaith Gymraeg, ac i estyn ei hoedl.[105]

Gwelir, felly, o olrhain y tair ffilm iaith Gymraeg lafar gyntaf, fod tranc a pharhad yr iaith Gymraeg yn rhan annatod o'u creu. Aethpwyd ati i gynhyrchu *Y Chwarelwr* ac *Yr Etifeddiaeth* yn benodol er mwyn gwarchod ac ymestyn cyrhaeddiad yr iaith Gymraeg. Er mai menter fasnachol oedd *Noson Lawen*, roedd y ffaith ei bod yn ffilm iaith Gymraeg, pan oedd y rheini yn brin fel aur, yn golygu bod y ffilm yn cael ei gweld yn yr un modd. Dywedodd Ifan ab Owen Edwards ym 1936 mai ymgais oedd *Y Chwarelwr* i 'ddangos ein pobl ein hunain yn ein hiaith ein hunain i'r Cymry ein hunain'.[106] Gellir dweud mai'r un fu hanes pob ffilm Gymraeg a gynhyrchwyd ers hynny. Pymtheg ar hugain o flynyddoedd yn ddiweddarach sefydlwyd corff a arddelai'r un *raison d'être* ag eiddo Ifan ab Owen Edwards. Fodd bynnag, roedd argyhoeddi'r cyrff cyllido o werth y fenter yn fater arall. Yn y bennod nesaf, archwilir hanes a natur Cyngor Celfyddydau Prydain Fawr (CCPF), Cyngor Celfyddydau Cymru (CCC) a'r British Film Institute (BFI) yng ngoleuni damcaniaethau Michel Foucault, er mwyn deall eu hagwedd tuag at yr ymgais arloesol hon i greu ffilmiau Cymraeg eu hiaith.

Nodiadau

[1] David M. Barlow, Philip Mitchell a Tom O'Malley, *The Media in Wales: Voices of a Small Nation* (Cardiff: University of Wales Press, 2005), t. 29.

[2] Ffilm Cymru (1989–92); Cyngor Ffilm Cymru (1992–7); Sgrîn (1997–2006).

[3] Wil Aaron, 'Ffilm', yn Meic Stephens (gol.), *Y Celfyddydau yng Nghymru 1950–1975* (Caerdydd: CCC, 1979), t. 313.

[4] Pierre Sorlin, *Italian National Cinema* (London: Routledge, 1997), t. 1.

[5] Ymhlith y rhain roedd cyhoeddiad allweddol Siegfried Kracauer, *From Caligari to Hitler: A Psychological History of the German Film* (New Jersey: Princeton, 1947).

[6] Ernest Gellner, *Nations and Nationalism* (Oxford: Blackwell, 1983). Dylanwadodd Gellner ar waith y canlynol: Phil Rosen, 'History, textuality, nation: Kracauer, Burch, and some problems in the study of national cinema', *Iris*, 2 (2) (1984), 69–84; Stephen Crofts, 'Reconceptualising national cinema/s', *Quarterly Review of Film and Video*, 14 (3) (1993), 49–67; John Hill, 'British cinema as national cinema: production, audience and representation', yn Robert Murphy (gol.), *The British Cinema Book* (London: BFI, 2001), tt. 206–13; Paul Willemen, 'The national', yn Paul Willemen, *Looks and Frictions: Essays in Cultural Studies and Film Theory* (London: BFI, 1994), tt. 206–19.

[7] Perry Anderson, 'Max Weber and Ernest Gellner: science, politics, enchantment', yn Perry Anderson, *A Zone of Engagement* (London: Verso, 1992), t. 204.

[8] Jeffrey Richards, *The Age of the Dream Palace: Cinema and Society in Britain 1930–1939* (London: Routledge and Kegan Paul, 1984); Charles Barr,

Ealing Studios (London: Cameron and Tayleur: David and Charles, 1977); Raymond Durgnat, *A Mirror for England: British Movies from Austerity to Affluence* (London: Faber and Faber, 1970).

[9] Ymhlith y rhain mae Marek Haltof, *Polish National Cinema* (Oxford: Berghahn Books, 2002); John Hill, Martin McLoone a Paul Hainsworth (goln), *Film in Ireland, Britain and Europe* (Belfast: The Institute of Irish Studies in association with the University of Ulster and the BFI, 1994); Marsha Kinder, *Refiguring Spain: Cinema, Media, Representation* (North Carolina: Duke University Press, 1997); Martin McLoone, *Irish Film: The Emergence of a Contemporary Cinema* (London: BFI, 2000); Tom O'Regan, *Australian National Cinema* (London: Routledge, 1996); Duncan Petrie, *Contemporary Scottish Fictions: Film, Television and the Novel* (Edinburgh: Edinburgh University Press, 2004).

[10] Benedict Anderson, *Imagined Communities* (London: Verso, 1983), t. 6.

[11] Ibid., t. 46.

[12] Ibid., t. 16.

[13] Andrew Higson, *Waving the Flag* (Oxford: Clarendon, 1995), tt. 9–13.

[14] Stephen Crofts, 'Concepts of national cinema', yn John Hill a Pamela Church Gibson (goln), *The Oxford Guide to Film Studies* (Oxford: Oxford University Press, 1998), t. 386.

[15] John Hill, 'The issue of national cinema and British film production', yn Duncan Petrie (gol.), *New Questions of British Cinema* (London: BFI, 1992), t. 3.

[16] Hill, 'British cinema as national cinema', t. 212.

[17] Will Higbee a Song Hwee Lim, 'Concepts of transnational cinema: towards a critical transnationalism in film studies', *Transnational Cinemas*, 1 (2010), 10.

[18] Dudley Andrew, 'An atlas of world cinema', yn Stephanie Dennison a Song Hwee Lim (goln), *Remapping World Cinema: Identity, Culture and Politics in Film* (London: Wallflower, 2006), t. 26.

[19] Gwyn Alf Williams, 'Twf hanesyddol y syniad o genedl yng Nghymru', *Efrydiau Athronyddol*, 24 (1961), 24.

[20] Ibid.

[21] Alfred E. Zimmern, *My Impressions of Wales* (London: Mills and Boon, 1921), t. 29.

[22] J. R. Jones, *Prydeindod* (Llandybïe: Christopher Davies, 1966).

[23] Denis Balsom, 'The three-Wales model', yn John Osmond (gol.), *The National Question Again: Welsh Political Identity in the 1980s* (Llandysul: Gomer Press, 1985), tt. 1–17.

[24] Dai Smith, *Wales! Wales?* (London: Allen and Unwin, 1984), t. 168.

[25] Kirsti Bohata, *Postcolonialism Revisited* (Cardiff: University of Wales Press, 2004), t. 6.

[26] Michael Hechter, *Internal Colonialism: The Celtic Fringe in British National Development 1536–1966* (London: Routledge and Kegan Paul, 1975).

[27] Bill Ashcroft, Gareth Griffiths a Helen Tiffin, *The Empire Writes Back: Theory and Practice in Post-colonial Studies* (London: Routledge, 2002), t. 31.

[28] Chris Williams, 'Problematizing Wales', yn Jane Aaron a Chris Williams (goln), *Postcolonial Wales* (Cardiff: University of Wales Press, 2005), t. 10.

[29] John McLeod, *Beginning Postcolonialism* (Manchester: Manchester University Press, 2000), t. 243.

[30] Ashcroft et al., *The Empire Writes Back*, t. 199.

[31] Steve Blandford, 'Making *House of America*: an interview with Ed Thomas and Marc Evans', yn Steve Blandford (gol.), *Wales on Screen* (Bridgend: Poetry Wales Press, 2000), t. 71.

[32] John Humphreys, 'Time to blow all the coal-dust clichés away', *Western Mail*, 20 Mawrth 1996, 13.

[33] McLoone, *Irish Film*, t. 15.

[34] Bob Quinn, 'Irish cinema at the crossroads: a filmmakers' symposium', *Cineaste*, 24, 1–2 (1999), 73.

[35] Christopher Gittings, *Canadian National Cinema* (London: Routledge, 2001), t. 105.

[36] Dyfynnir yn McLoone, *Irish Film*, tt. 16–17.

[37] Glyn Tegai Hughes, 'Cysylltiad iaith â'r ymwybyddiaeth genedlaethol', *Efrydiau Athronyddol*, 24 (1961), 31–8. O fewn deng mlynedd i gyhoeddi'r erthygl roedd Glyn Tegai Hughes yn gadeirydd y BFfC.

[38] Ibid., 35.

[39] Williams, 'Twf hanesyddol y syniad o genedl yng Nghymru', 24.

[40] H. E. Browning ac A. A. Sorrell, 'Cinemas and cinema-going in Great Britain', *Journal of the Royal Statistical Society*, cyfres A, 117, 2 (1954), 137.

[41] B. Ifor Evans, 'Wales and the cinema', *Western Mail*, 16 Hydref 1926, 6.

[42] Peter Miskell, *A Social History of the Cinema in Wales 1918–1951* (Cardiff: University of Wales Press, 2006), t. 28.

[43] Browning a Sorrell, 'Cinemas and cinema-going in Great Britain', 133.

[44] Miskell, *A Social History of the Cinema in Wales 1918–1951*, t. 36.

[45] Ibid., tt. 83–104.

[46] Gwilym R. Tilsley, 'Awdl Foliant i'r Glöwr', yn T. J. Morgan (gol.), *Cyfansoddiadau a Beirniadaethau Eisteddfod Genedlaethol Caerffili* (Llandysul: Gwasg Gomer, 1950), tt. 2–8.

[47] Browning a Sorrell, 'Cinemas and cinema-going in Great Britain', 140; Miskell, *A Social History of the Cinema in Wales 1918–1951*, t. 3.

[48] Evans, 'Wales and the cinema', 6.

[49] Ibid.

[50] T. Gwernogle Evans, *Yr Ysgub Aur* (Caerdydd: K. J. Jones, 1939), tt. 139–40.

[51] Evans, 'Wales and the cinema', 6

[52] Ibid.

[53] Golygyddol, 'Wales and the cinema', *Western Mail*, 16 Hydref 1926, 9.

[54] Ibid.

[55] Am drafodaeth lawn ar effaith sain ac iaith ar y sinema, gw. Ginette Vincendeau, 'Hollywood Babel', *Screen*, 29, 2 (1988), 24–39.

[56] William George, 'Brwydr yr iaith yng Nghymru', *Seren Gomer*, 24, 5 (1932), 173.

57 T. P. Ellis, 'Ar arferion Cymru newid ddaeth', *Y Ford Gron*, 3, 9 (1933), 195–6.

58 Alun Llywelyn-Williams, 'Y cinema a'r Gymraeg: cynllun i Gymru', *Y Ddraig Goch*, 8, 5 (1934), 2.

59 Ibid.

60 J. O. Jones, 'Y mae ar Gymru angen proffwyd', *Y Ford Gron*, 5, 9 (1935), 214.

61 L. Haydn Lewis, 'Nid oes gyfrif am droeon iaith', *Y Ford Gron*, 5, 9 (1935), 214.

62 Ibid.

63 Melville Richards, 'Gwaed newydd mewn iaith', yn Aneirin ap Talfan (gol.), *Heddiw*, 5, 5 (1939), 228.

64 Ibid. Er bod ffilm o'r enw *Yr Ymgyrch* yn hawlio cael ei hystyried fel 'Y talkie Gymraeg gyntaf', sylwebaeth a cherddoriaeth yn unig a geir ynddi yn hytrach na lleisiau actorion. Penderfynwyd, felly, 'Os nad yn "talkie", roedd hi'n siwr o fod y ffilm sain gyntaf yn y Gymraeg': Iestyn Hughes, 'Yr Ymgyrch', *Y Casglwr*, 56/7 (1996), 3.

65 'Syr Lawnslod', 'Llythyrau syth o'r swyddfa', *Y Ford Gron*, 5, 3 (1935), 50.

66 'Cadfridog', 'Fostering Welsh culture through the medium of talkies/Urdd to attempt production of sound films in the vernacular', *Western Mail*, 13 Chwefror 1935, 11.

67 Ifan ab Owen Edwards, 'Itinerary of this year's Urdd cruise/difficulties of producing Welsh talkies', *Western Mail*, 20 Chwefror 1935, 11.

68 'Caergrawnt' yn 'Our readers' views', 'Putting Wales on the screen/why not Welsh "talkies" for England – and the world?', *Western Mail*, 23 Chwefror 1935, 11.

69 *Das Blaue Licht* (Béla Balazs a Leni Riefenstahl, 1932). Roedd y ffilm yn un o ffefrynnau Adolf Hitler, a gweld y ffilm wnaeth ei sbarduno i ofyn i Riefenstahl gyfarwyddo *Triumph des Willens* (1934), y ffilm ddogfen enwog o Chweched Cynghrair y Blaid Natsïaidd yn Nuremberg; *Man of Aran* (Robert J. Flaherty, 1934).

70 Ifan ab Owen Edwards, 'Cinema in the culture of small nations/Hollywooden precepts will not influence Urdd's film efforts', *Western Mail*, 6 Mawrth 1935, 11.

71 Ibid.

72 Ibid.

73 Ibid. Fy mhwyslais i.

74 Ibid.

75 Ifan ab Owen Edwards, 'Television as an instrument of Welsh culture', *Western Mail*, 20 Ionawr 1937, 11.

76 Ibid.

77 D. P. Williams yn 'It is time Wales told her great story on the screen', Western Mail, 21 Rhagfyr 1938, 9.

78 Ibid.

79 Ibid.

80 Ibid.

81 'Anti-Box Office' yn 'Cinema's potential value to Wales', *Western Mail*, 30 Rhagfyr 1938, 9.

[82] Ibid.

[83] 'Realist' yn 'No public demand for high grade films', *Western Mail*, 4 Ionawr 1939, 9.

[84] Ibid.

[85] Ibid.

[86] Ibid.

[87] 'Anti-Box Office' yn 'Cinematographic art in Wales', *Western Mail*, 6 Ionawr 1939, 9.

[88] Ibid.

[89] Reginald E. Coath yn 'Film production by amateurs', *Western Mail*, 9 Ionawr 1939, 9.

[90] Ibid.

[91] Oliver Bell, 'Putting Wales on the screen', *Western Mail*, 16 Ionawr 1939, 9.

[92] D. P. Williams yn 'How Wales's possibilities for film-making could be developed', *Western Mail*, 4 Ebrill 1939, 11.

[93] Ibid.

[94] Idris Evans yn 'What a film council could do for Wales', *Western Mail*, 28 Mawrth 1940, 9.

[95] Harold M. Dowling yn 'Representative film council for Wales', *Western Mail*, 30 Hydref 1936, 8.

[96] Yn eironig, awgrymodd Dowling y dylid trefnu cyfarfod mewn lle canolog, ac mae'n awgrymu Amwythig!

[97] Evans yn 'What a film council could do for Wales', 9.

[98] Ibid.

[99] Gwenno Ffrancon, *Cyfaredd y Cysgodion: Delweddu Cymru a'i Phobl ar Ffilm 1935–1951* (Caerdydd: Gwasg Prifysgol Cymru, 2003), t. 24.

[100] *Y Cymro*, 2 Mehefin 1950, 5. Nodir yn yr erthygl i Mr Glyn Bryfdir Jones ddarllen yr englyn a luniodd ei ddiweddar dad.

[101] Ibid.

[102] 'Llun llafar o'r *Noson Lawen*', *Y Rhedegydd*, 1 Mehefin 1950, 6.

[103] *Y Cymro*, 2 Mehefin 1950, 5.

[104] Ibid. Dywedir ymhellach: 'Ystyriai fod y ffilm Gymraeg yng nghwrs arbrawf [*sic*], a chofiai fod un o'r arloeswyr sef Mr J. Ellis Williams yn byw ym Mlaenau Ffestiniog a theimlai yn falch o'r cyfle i dalu gwrogaeth i'w waith fel arloesydd.'

[105] *Yr Herald Cymraeg a'r Genedl*, 22 Mai 1950, 8.

[106] Ifan ab Owen Edwards, 'Y llun llafar Cymraeg', *Cymru'r Plant*, 45 (1936), 316; dyfynnir yn Ffrancon, *Cyfaredd y Cysgodion*, t. 16.

2

'Death to Hollywood!' Cyngor Celfyddydau Prydain Fawr, Cyngor Celfyddydau Cymru a'r British Film Institute

Mae'r gyfrol hon yn dehongli hanes y Bwrdd Ffilmiau Cymraeg (BFfC) fel ymgorfforiad o densiynau sy'n ganlyniad i frwydrau rhwng systemau grym. Eisoes, cyfeiriwyd at honiad David M. Barlow, Philip Mitchell a Tom O'Malley fod y syniad o 'frwydr' yn nodweddu hanes a datblygiad y cyfryngau yng Nghymru.[1] Ategir hyn gan John Davies, a honnodd wrth archwilio hanes y BBC yng Nghymru fod darlledu yn 'one of the most contentious of all issues'.[2] Darparodd Aled Jones yntau ddadansoddiad treiddgar o frwydrau'r bedwaredd ganrif ar bymtheg a'r ugeinfed ganrif yn yr ymdrech i gynnal gwasg brint Gymreig fywiog yn y ddwy iaith.[3] Yn hanesyddol, gorfodwyd y BBC ac ITV yng Nghymru i frwydro'n gyson am bŵer o'r canol Llundeinig, ac yn fwy diweddar, ffyrnigodd y frwydr dros S4C yn sgil penderfyniad gan lywodraeth San Steffan i dorri ei nawdd yn sylweddol ac i newid y modd y'i hariennir. Yn yr un modd, gorfodwyd y BFfC i frwydro yn sgil ei berthynas dymhestlog gyda'r British Film Institute (BFI) a Chyngor Celfyddydau Cymru (CCC). Fodd bynnag, nid disgrifio'r sefyllfa-oedd hyn yn unig a wna'r gair 'brwydr' ond rhoi dull o gysyniadoli rôl y cyfryngau. Dywed Philip Schlesinger:

> Notions of strategic and tactical uses of communication are far from alien to our understandings of the construction of cultural collectivities and the workings of the media. This is no accident, for the media and wider cultural fields are indeed to be conceived as *battle*fields, as spaces in which the contests for various forms of dominance take place.[4]

Ffurf ar amddiffyn diwylliannol yw'r brwydrau hyn, a modd o ymfyddino yn erbyn 'ymosodiadau' ar ofod cyfathrebol a ddaw o rym allanol (trwy gyfrwng imperialaeth ddiwylliannol), neu drwy danseilio mewnol.[5] Yn yr un modd, gwêl Bill Ashcroft y gellid ystyried y cyfryngau fel 'sites of struggle' gan y gellir ystyried y radio, y teledu, ffilm ac, i raddau llai, y wasg, fel y prif ffyrdd o gynrychioli yn y gymdeithas gyfoes, sy'n hanfodol i'r broses o ffurfio hunaniaeth.[6] Fodd bynnag, i rai, nid yw cysyniadoli'r broses fel 'brwydr' yn ddigonol. Dywedodd Michel Foucault:

> It just seems to me that the affirmation, pure and simple, of a 'struggle' can't act as the beginning and end of all explanations in the analysis of power-relations. This theme of 'struggle' only really becomes operative if one establishes concretely – in each particular case – who is engaged in struggle, what the struggle is about, and how, where, by what means and according to what rationality it evolves.[7]

Sail gysyniadol y gyfrol hon yw syniadau sy'n canoli ar amlochredd 'pŵer' ac, felly, defnyddir yma gysyniadau sy'n esbonio natur ac effaith strwythurau diwylliannol dominyddol. Wrth edrych ar hanes y BFfC trwy 'lens' y theorïau hyn, darperir llwyfan i drafod mater-ion penodol sy'n codi cwestiynau sylfaenol ynglŷn â natur cynhyrchu ffilmiau yng Nghymru yn ystod y 1970au a'r 1980au cynnar, megis i ba raddau yr oedd gan Gymru reolaeth ar ei gweithgareddau ffilm yn ystod y cyfnod hwnnw. Fe fydd y bennod hon felly yn archwilio cysyniadau sy'n taflu goleuni ar natur ddominyddol, hegemonaidd strwythurau diwylliannol ac yn eu cymhwyso i ddau sefydliad a fu'n allweddol yn natblygiad a gwanychiad y BFfC, sef Cyngor Celfyddydau Prydain Fawr (CCPF) i gychwyn a CCC yn ddiweddarach, a'r BFI. O ystyried cyfanswm gwariant blynyddol y llywodraeth, bu'r swm a neilltuwyd i'r celfyddydau yn ystod y 1970au a'r 1980au yn gymharol fach. Ond er mor fach yw'r swm hwnnw, yr hyn sy'n bwysig i'w gadw mewn cof yw bod dylanwad y ddwy asiantaeth dros y celfyddydau yn y cyfnod dan sylw yn anferth.

Dangosir yma fod CCPF a'r BFI yn gyrff cynhenid gwahanol, ond mae ganddynt un peth yn gyffredin, sef y ffordd y gellir dehongli eu gwaith fel proses hegemonaidd ar waith o fewn strwythurau cyllido. Mae hyn yn arbennig o bwysig i Gymru, o ganlyniad i'r cyd-chwarae syniadol a geir rhwng gwlad fach a'i chymydog cawraidd, lle y ceir cyd-destun o wahaniaethau ieithyddol, dosbarthiadol, ac anghymesuredd o ran traddodiadau diwylliannol a natur wleidyddol y ddwy wlad. Dengys y cyrff y modd y mae pŵer yn gweithredu mewn dull cyfan gwbl ymarferol. Mae'r ddau gorff yn ganolog i ddatblygiad ffilm yng Nghymru, ac felly'n hanfodol wrth i bŵer weithredu: ymgorfforir rhai o fewn eu system tra diarddelir eraill. Ys dywed Owen Kelly: 'the state has assumed the role of patron of the arts, and custodian of a specific national culture, and the establishment of the Arts Council of Great Britain in 1945 is but one example of the ways in which the state enacts that role'.[8]

Sylfaen syniadol y gyfrol hon felly yw bod CCPF a'r BFI yn gweithredu fel cyrff panoptig, neu ddisgyblaethol, a bod y panopticiaeth hwnnw yn gyflwr sy'n creu'r amodau ar gyfer hegemoni. Yn gyntaf, fe fydd y bennod hon yn ystyried y modd y gellir defnyddio cysyniad Michel Foucault o'r panopticon fel trosiad ar gyfer disgrifio'r ffordd y mae pŵer yn gweithredu. Yn ogystal, dengys y modd y mae cysyniad Foucault yn medru cyfrannu at ein dealltwriaeth o sut y mae'r cyrff cyllido yn gweithredu, yn ogystal â'u hymagweddiad at Gymru a'u perthynas â hi. Fe fydd y bennod hefyd yn datblygu'r syniad o banopticiaeth trwy archwilio gweithdrefnau CCPF a'r BFI, trwy graffu ar agweddau penodol sy'n sail i'w gwaith a'u pŵer disgyblaethol.

Y panopticon

Deillia'r syniad o'r panopticon o'r ddeunawfed ganrif, a bwriad dyfais Jeremy Bentham oedd cadw carcharorion a chleifion dan wyliadwriaeth er mwyn eu diogelwch a'u lles eu hunain. Dyfais bensaernïol ydyw, sef adeilad petrimedraidd ar siâp cylch, â thŵr gwylio yn codi o'r canol. Ceir ffenestri yn y tŵr yn edrych i ganol y cylch. Rhennir yr adeilad yn gelloedd, ac i bob cell mae dwy ffenest – un yn edrych i ganol yr adeilad, a'r llall yn edrych tuag allan – sy'n caniatáu i olau dydd lifo trwy'r gell. Mae'r goleuni'n caniatáu i'r gwyliwr yn y tŵr weld silwetau'r carcharorion yn eu celloedd, ac mae un gwyliwr yn medru gwylio trigolion y celloedd yn wastadol; ys dywed Foucault: 'daylight and the overseer's gaze capture the inmate more effectively than darkness, which afforded after all a sort of protection'.[9] Nodweddion diffiniol y panopticon yw treiddgarwch ei sylliad; ei effeithlonrwydd wrth 'wylio'; gwelededd gwastadol y carcharorion a'r modd y mae'r carcharor yn mewnoli'r nodweddion hyn fel eu bod, yn y pen draw, yn datblygu nodweddion o hunan-ddisgyblaeth. Amlygodd Foucault hyn wrth ddisgrifio'r panopticon: 'it's a machine in which everyone is caught, those who exercise power just as much as those over whom it is exercised'.[10] Awgrymodd mai'r rhesymau sydd i gyfrif am y datblygiad hwn oedd sylweddoliad y *bourgeoisie* na fyddai deddfwriaeth na chyfansoddiad fyth yn ddigonol i gynnal hegemoni, a bod angen dyfeisio technoleg newydd megis y panopticon er mwyn sefydlu 'social hegemony which it has never relinquished'.[11] Nid y swyddog unigol sy'n meddu ar bŵer y panopticon, gan ei fod ef yn cael ei wylio gan ei gydweithwyr, yr uchel-swyddogion, a chan y carcharorion hefyd, ac felly 'you have an apparatus of total and circulating mistrust'.[12] Ni cheir un canol pwerus i'r panopticon; dyna ei gryfder. Dywed Foucault fod pŵer yn gymhleth, a'r hyn sy'n cynnal grym y panopticon yw ei bŵer disgyblaethol, sy'n cynnwys 'structures and hierarchies . . . inspections, exercises and methods of training and conditioning'.[13]

Mae'n bwysig cydnabod mai menter iwtopaidd oedd y panopticon yn wreiddiol. Dyfais ydoedd a gynlluniwyd er mwyn diwygio carchardai ac ysbytai, er mwyn gwella amodau mewn dull gwaraidd, trwy ddatblygu'r ffyrdd y gellid amddiffyn y carcharorion rhag-ddynt eu hunain. Ni wêl Foucault y system fel un gormesol, gan ei fod yn derbyn y posibilrwydd o 'revolts against the gaze'[14] ac o 'counter-powers being exercised'.[15]

Panopticiaeth

Gellir edrych ar CCPF a'r BFI yn ystod cyfnod y BFfC (1971–86) fel strwythurau panopticaidd oherwydd bod *modus operandi* y ddau gorff, yn eu hanfod, yn ddisgyblaethol. Mae'r cyfundrefnau disgyblaethol yn atgyfnerthu grymuster peirianwaith mewnol CCPF a'r BFI a'u nod unfryd '[to] regulate movements . . . and dissipate compact groupings of individuals wandering about the country in unpredictable ways'.[16] Mae pŵer CCPF a'r BFI i'w weld yng nghyrhaeddiad a threiddgarwch ei sylliad, sy'n annog hunan-ddisgyblaeth, ac felly'n osgoi disgyblaeth allanol gormesol amlwg.

Sefydlwyd CCPF a'r BFI, fel y panopticon, ar gyfer amcanion iwtopaidd honedig. Sefydlwyd CCPF yn fuan wedi'r Ail Ryfel Byd, ond i bob pwrpas fe fabwysiadodd fframwaith y Committee for the

Encouragement of Music and the Arts (CEMA).[17] Gellir cymeradwyo ei fwriadau cynnar, gan nad oedd nifer o ffurfiau celfyddydol erioed wedi derbyn nawdd oddi wrth y llywodraeth o'r blaen. Roedd CEMA felly yn ddatblygiad radical, yn system o drefniant a rheoleiddio, a gellir dadlau mai dyma'r newid hanesyddol mwyaf a welodd Prydain erioed ym maes polisi diwylliannol. Yr hyn a gyflawnodd CEMA oedd dosrannu'r celfyddydau yn ddisgyblaethau gwahanol, ond yr hyn a wnaeth CCPF oedd creu strwythurau a oedd yn ymgorffori rhai mathau o gelfyddyd ac yn eithrio mathau eraill.

Mae'r BFI yn un o'r sefydliadau diwylliannol hynaf a noddir gan y llywodraeth. Fe'i sefydlwyd ym 1933, ac o ganlyniad i resymau cyllidol a strwythurol, roedd yn gorff addysgol ymylol am 15 mlynedd cyntaf ei fodolaeth. Canolwyd ei weithgareddau yn Llundain a datblygodd weithdrefnau a ymgorfforai rai mathau o ffilmiau tra'n eithrio mathau eraill. Gellir tadogi geiriau Foucault ar y ddau gorff: 'the disciplines characterize, classify, specialize; they distribute along a scale, around a norm, hierarchize individuals in relation to one another and, if necessary, disqualify and invalidate'.[18]

Am y tro cyntaf erioed, yn sgil sefydlu'r BFI i ddechrau a CEMA yn ddiweddarach, roedd y celfyddydau'n cael eu cydnabod gan nawdd y llywodraeth. Ond canlyniad y datblygiad hwn oedd creu sefyllfa lle'r oedd y celfyddydau yn debycach o gael eu rheoli. O'r cychwyn cyntaf, cydnabuwyd nad oedd y cyllid ar gyfer y celfyddydau a ffilm yn ddigonol i ddiwallu pob angen, ac felly roedd yn rhaid eithrio rhai o'r system nawdd. Y cwestiwn allweddol wrth archwilio panopticiaeth yng nghyd-destun y celfyddydau, yw sut, ac ar ba sail, y mae rhai ffurfiau celfyddydol neu gwmnïau yn cael eu hystyried yn anghymwys neu'n annilys, oherwydd 'at the heart of all disciplinary systems functions a small penal mechanism'.[19] Rhaid felly archwilio'r modd y mae'r cyrff hyn yn datblygu polisïau sy'n diarddel rhai ffurfiau celfyddydol a rhai mathau o ffilm, trwy gadw mewn cof fod y weithred o wrthod nawdd, yn ei hanfod, yn gweithredu ffurf ar gosb. Er mwyn penderfynu pwy sy'n derbyn nawdd cyhoeddus, datblygir system o wyliadwriaeth, sylliad i bob pwrpas, sy'n sicrhau bod sefydliadau celfyddydol yn wastadol weladwy, ac mae'r stad weladwy hon yn cynnal 'the disciplined individual in his subjection'.[20]

Mae cwmnïau, unigolion ac asiantaethau sy'n cynhyrchu ffilmiau yn benthyg eu hunain yn naturiol i banopticiaeth gan fod eu gwaith, oherwydd ei natur, yn gyfan gwbl weledol. Ond rhaid cwestiynu i ba raddau y mae'r cleientiaid yn cydweithio â'r sefydliadau sy'n eu hariannu i fod yn gyrff hunanddisgybledig, hyfforddedig. Fel y carcharor yn y panopticon, nid yw'r cleientiaid yn gwybod 'whether or not the guardian is in the tower, so he behaves as if surveillance were perpetual and total'.[21] O ganlyniad, felly, nid yw'r ffilm wedi'i chynhyrchu yn llwyr gan y broses greadigol, ond trwy effaith pŵer trwy gyfrwng disgyblaeth: 'power produces; it produces reality; it produces domains of objects and rituals of truth'.[22]

Wrth ddisgrifio nodweddion sylfaenol CCPF a'r BFI gellir dadlennu eu strategaethau disgyblaethol. Wrth ymddangos fel eu bod yn cynnig cefnogaeth ariannol, mewn gwirionedd yr hyn a geir yw cyflwyno gorchmynion sy'n manipwleiddio'r broses o gynhyrchu ffilmiau. Mae CCPF a'r BFI yn penderfynu beth sy'n addas i'w ariannu, ac wrth wneud hynny, yn penderfynu beth sy'n cael ei weld, gan bwy, ac o dan ba amodau.

Pŵer disgyblaethol Cyngor Celfyddydau Prydain Fawr

Mewn darllediad radio yng Ngorffennaf 1945, a gyhoeddwyd yn *The Listener* ar 12 Orffennaf 1945, amlinellodd John Maynard Keynes ei weledigaeth ar gyfer y sefydliad newydd yr oedd i'w gadeirio, sef CCPF:

> I do not believe it is yet realised what an important thing has happened: State patronage of the arts has crept in. It has happened in a very English, informal, unostentatious way – half baked if you like. A semi-independent body is provided with modest funds to stimulate, comfort and support any societies or bodies brought together on private or local initiative which are striving with serious purposes and a reasonable prospect of success to present for public enjoyment the arts of drama, music and painting. At last the public exchequer has recognised the support and encouragement of the civilising arts of life as a part of their duty. But we do not intend to socialise this side of social endeavour . . . Our war-time experience has led us already to one clear discovery: the unsatisfied demand and the enormous public hunger for serious and fine entertainment. This certainly did not exist a few years ago. I do not believe that it is merely a war-time phenomenon . . . How satisfactory it would be if different parts of this country would again walk their several ways as they once did and learn to develop something different from their neighbours and characteristic of themselves. Nothing can be more damaging than the excessive prestige of metropolitan standards

and fashions. Let every part of Merry England be merry in its own way. Death to Hollywood![23]

Y bwriad wrth sefydlu CCPF oedd parhau â gwaith CEMA, ond gellir tybio hefyd fod y llywodraeth yn awyddus i gefnogi celfyddyd a diwylliant fel modd o hyrwyddo Prydeindod mewn cyfnod pan oedd gwerthoedd a chredoau'r wlad dan warchae.[24] Ystyrid CEMA yn llwyddiant diamheuol, ond fe ddaeth i'r amlwg bod Keynes o'r farn mai prif rôl y corff oedd lledaenu diwylliant 'uwch' ymhlith y dosbarthiadau gweithiol. Iddo ef, pwrpas CEMA oedd 'to carry music, drama and pictures to places which otherwise would be cut off from all contact with the *masterpieces* of happier days and times: to air-raid shelters, to wartime hostels, to factories, to mining villages'.[25]

Fe fu'r rhyfel yn fodd i argyhoeddi'r llywodraeth o'r pŵer a oedd gan y celfyddydau, yn ogystal â'r cyfleoedd a fyddai'n dod o *ganoli* gweinyddiaeth y celfyddydau; felly penderfynodd y llywodraeth gymryd cyfrifoldeb am ariannu CEMA ym 1942. Yn ei ddarllediad, pwysleisiodd Keynes yr awch am ddiwylliant a brofwyd yn ystod yr Ail Ryfel Byd, ac amlinellodd ei fwriadau uchelgeisiol i ddiwygio'r celfyddydau:[26] 'We of the Arts Council are greatly concerned to decentralize and disperse the dramatic and musical and artistic life of the country, to build up provincial centres and to promote corporate life in these matters in every town and country.'[27] Wrth ddisgrifio rôl y corff newydd parhaol, hawliodd y byddai'r sefydliad yn hollwybodol ac yn fwrlwm o gelfyddyd, beirniadaeth a chreadigrwydd.

Erbyn 1945, roedd strwythur panoptig yn ei le, a 'sylliad' y cyngor yn amlwg wrth i gleientiaid gael eu harsylwi, eu disgyblu, eu harchwilio a'u goruchwylio. Sefydlwyd hierarchaeth, lle'r ystyrid rhai ffurfiau celfyddydol yn fwy gwerthfawr na'i gilydd, tra oedd Llundain, canolbwynt y gweithgarwch, yn gweithredu fel 'gwylfa' hollbresennol. Trawsnewidiodd Keynes CEMA yn llwyr, a chyda chymorth a dylanwad ei ffrindiau o Bloomsbury a Chaergrawnt, roedd yn benderfynol o ddangos bod gan Brydain Fawr ddiwylliant celfyddydol unedig. Ystyriodd mai'r unig nod i'r sefydliad newydd oedd ymgyrraedd at safonau uchel a rhagoriaeth. Fel economegydd, mynnodd atebolrwydd ariannol, ond manteisiodd ar ei safle breintiedig i sianelu mwy o gyllid i'r ffurfiau celfyddydol yr oedd ef yn bersonol yn eu ffafrio, megis cerddoriaeth a bale. Sicrhaodd fod y cyllid ar gyfer cerddoriaeth yn mynd at *ensembles* proffesiynol, megis yr Hallé a'r prif gerddorfeydd symffoni. Nid oedd gan Keynes unrhyw ddiddordeb mewn ffilmiau na llenyddiaeth, gan nad oedd y rhain yn rhan o'r hyn yr ystyriai y dylai 'diwylliant cenedlaethol' fod. Wedi gweithgareddau amrywiol ac eang CEMA, a ddigwyddai ar hyd a lled Prydain Fawr i gynulleidfaoedd o gefndiroedd pur amrywiol, roedd culni maes gwaith y sefydliad a'i holynodd yn syfrdanol.

Yn y garreg filltir o araith a draddodwyd gan Keynes, gellir adnabod nifer o themâu a ddaeth yn ganolog i waith CCPF yn ystod y degawdau nesaf. Roedd cysyniad y cyngor o 'weithgareddau diwylliannol' wedi ei rwymo wrth gonsensws gwleidyddol yn dilyn llinach Matthew Arnold a T. S. Eliot. Er i Keynes fynnu y byddai gorfodi safonau metropolitan ar y genedl gyfan yn niweidiol i dirwedd ddiwylliannol y wlad, dadlennwyd yn glir y graig y naddwyd yntau ohoni wrth iddo fynnu mai Llundain oedd canolfan y gweithgarwch, ac wrth i'r polisïau ganoli'n llwyr ar fyd celfyddydol Llundain. Gosododd ei weledigaeth gynsail a niweidiodd y celfyddydau y tu allan i Lundain am ddegawdau. Yn ôl Hugh Willatt, amlygwyd hyn ym mhenllanw 1958/9, pan dderbyniodd tŷ opera Covent Garden 49.5 y cant a Sadler's Wells 20 y cant o'r cyllid ar gyfer Lloegr gyfan.[28] Yn y flwyddyn ddilynol, hawliodd gweithgareddau opera, bale a cherdd yn Lloegr 70 y cant o holl gyllid CCPF, wrth i'r celfyddydau yng Nghymru dderbyn dim ond 3.6 y cant.[29] Nid yw'n syndod i W. E. Williams, ysgrifennydd cyffredinol CCPF rhwng 1951 a 1963, newid arwyddair gwreiddiol y sefydliad, 'The best for the most' i 'Few, but roses', gan ei bod yn amlwg mai dim ond o fewn talgylch ffrwythlon Llundain y ceid yr amodau addas i'r rhosod flaguro.[30]

Yn ogystal â'r rhagfarn o blaid y metropolis, a'r modd yr oedd yn ffafrio diwylliant 'uwch', mae'r ymosodiad uniongyrchol ar Hollywood yn yr araith gynnar yn arwyddocaol ac yn codi cwr y llen ar feddylfryd elitaidd Keynes a'i debyg. Nid bwrw anfri ar ffilm fel cyfrwng yn unig a wnaeth Keynes wrth ddatgan 'Death to Hollywood!', ond ymosod ar weithgaredd hamdden mwyaf yr oes, mewn cyfnod pan oedd sŵn a sglein y palasau breuddwydion ym Mhrydain yn denu cynulleidfaoedd o 30 miliwn. Roedd darllediad Keynes felly yn cyflwyno themâu allweddol yng ngwleidyddiaeth a pholisi celfyddydol wedi'r rhyfel, sef dehongliad cul o hunaniaeth Brydeinig, a chylch gwaith celfyddydol cyfyngedig dros ben.

Mewn cyfnod o gyni economaidd, wrth geisio codi'r wlad yn ei hôl wedi'r Ail Ryfel Byd, yr aeth CCPF ati i lunio polisi celfyddydol.[31] Yn debyg i ddiwygiadau cymdeithasol eraill, bwriad y prosiect diwylliannol oedd cymell lles a daioni cymdeithasol. Er hynny, wrth i strategaethau CCPF ymddangos fel prosiect iwtopaidd, gellir dehongli'r strategaethau hynny fel agweddau ar banopticiaeth. Datblygodd CCPF system o wahaniaethu, ac wrth ddefnyddio'r syniadaeth a gwmpasodd waith Matthew Arnold a Keynes, datblygodd y cyngor hierarchaeth ffurfiol. Strategaeth economaidd bragmataidd ydoedd yn y bôn, a dull o sefydlu maen prawf er mwyn didoli symiau bychan o arian i gymuned gelfyddydol eang. Yn anorfod, felly, rhaid oedd datblygu modd o wahaniaethu rhwng y gwych a'r gwachul, a oedd yn cyfateb i'r rheini a haeddai gymhorthdal a'r rhai nas haeddai. Er mwyn gwahaniaethu rhyngddynt, ffurfiodd y cyngor gyfres o reolau caeth y gellir eu dehongli fel strwythurau penydiol a gosbai'r rheini nad oedd yn cydymffurfio â'r rheolau, a hynny wrth ddileu eu cymhorthdal, neu beidio â dyfarnu cymhorthdal iddynt. Wedi'r amlinelliad bras hwn o'r modd y creodd strategaethau iwtopaidd gyfundrefnau disgyblaethol, dyma droi at rôl Cymru yn strwythur CCPF, cyn gwyntyllu'r termau allweddol sy'n ganolog i bŵer disgyblaethol y cyngor.

Rôl Pwyllgor Cymru o fewn Cyngor Celfyddydau Prydain Fawr

Nodwyd yn siarter gyntaf CCPF:

> 12 (I) The Council shall appoint
>
>   (a) with the consent of Our Secretary of State for Scotland, a Committee for Scotland,
>
>   (b) with the consent of Our Minister of Education, a Committee for Wales, to advise and assist the Council in the promotion of the objects of the Council in Scotland and Wales respectively.[32]

Er gwaetha'r pŵer ymddangosiadol hwn, a sêl bendith y brenin arno, rôl ymylol oedd gan Bwyllgor Cymru pan y'i sefydlwyd ym 1945. Roedd yn gorff di-rym, er gwaetha'r ffaith bod gan aelodau'r pwyllgor gyfrifoldebau. Er i'r cyngor honni yn ei adroddiad blynyddol cyntaf i'r '[Welsh Committee's] experiences and recommendations [proved] helpful', roedd statws ei sylwadau wedi'u cyfyngu i fod yn ddim mwy nag awgrymiadau.[33] Rhaid oedd i CCPF roi sêl ei fendith ar unrhyw benderfyniad ariannol a wnaethai Pwyllgor Cymru. Roedd Keynes wedi sicrhau nad oedd gan bwyllgorau Cymru a'r Alban unrhyw bwerau gweithredol, a bod y penderfyniadau'n aros gydag aelodau'r cyngor a'r swyddogion gweithredol. Er gwaethaf ei honiad yn y dyddiau cynnar fod 'great hopes of our new Welsh Committee and of the stimulus it will give to the special genius of the Welsh people', nododd John Pick fod y strwythur yn llwyr annigonol i greu strategaethau gwirioneddol genedlaethol ac ystyrlon ar gyfer y celfyddydau yng Nghymru.[34] Roedd y celfyddydau felly yn datblygu yng nghyd-destun gweithgaredd canolog CCPF, gyda Phwyllgor Cymru yn dechrau mabwysiadu meddylfryd Llundeinig, er enghraifft, trwy gyfeirio at yr iaith Gymraeg fel 'problem' ar gyfer y celfyddydau.[35]

Ym 1967, rhoddodd y Siarter Frenhinol reolaeth weithredol i Gymru, ac felly datblygodd Pwyllgor Cymru i fod yn Gyngor Celfyddydau Cymru (CCC). Daeth hyn o ganlyniad i ymchwiliad i'r celfyddydau a gynhaliwyd gan Gyngor Cymru a Mynwy ym 1966. Awgrymodd y *Report on the Arts in Wales* bryd hynny y dylid newid enw'r pwyllgor i 'Gyngor Celfyddydau Cymru' oherwydd: 'The Committee's "image" might be improved by calling it "The Arts Council for Wales".'[36] Un o'r rhesymau am yr angen i wella delwedd y pwyllgor oedd y teimlad 'that the Welsh Committee is the outpost of a somewhat alien organisation seeking to impose an incompatible culture on Wales', yn ogystal â'r canfyddiad fod gan y pwyllgor 'a tendency to foist upon people artistic endeavours of an advanced or esoteric character'.[37] Er i'r adroddiad farnu nad oedd sail i'r honiad, teimlwyd serch hynny fod angen gwella delwedd y sefydliad yng Nghymru. Er gwaetha'r annibyniaeth ymddangosiadol newydd, nid oedd gan y cyngor newydd ymreolaeth; roedd yn dal i fod yn is-bwyllgor swyddogol o CCPF. Deilliodd hyn o'r ffaith mai Gweinidog y Celfyddydau, gyda sêl bendith Ysgrifennydd Gwladol Cymru, oedd yn apwyntio dau berson o Gymru i CCPF. Yna, apwyntiwyd un o'r rhain yn gadeirydd CCC a'r llall yn is-gadeirydd. Apwyntiwyd y 18 aelod arall gan CCPF. Felly, rhyw rith o annibyniaeth oedd ganddynt, gyda chadwyni i'w clymu'n ddisgyblaethol wrth Lundain. Er i'r *Report on the Arts in Wales* awgrymu'r newid enw yn y lle cyntaf, roedd yr adroddiad hefyd yn gweld y byddai cryfhau cysylltiad â chyngor Prydain Fawr yn fwy gwerthfawr.[38] Roedd cadeiryddion Pwyllgor Cymru a CCC, pobl megis yr Arglwydd Harlech, Wyn Griffith a'r Athro Gwyn Jones, i gyd yn bobl a oedd yn 'dderbyniol' i'r canol, ac yn bobl a oedd wedi plethu eu hunain yn dynn wrth fywyd Prydeinig. Maentumiodd Raymond Williams o'i brofiad fel aelod o CCPF fod apwyntiad y cadeirydd yn allweddol i syniadaeth y cyngor: 'not only was the broadly political character of the appointment [of chair] clear, the observable character of the Council was subtly but significantly changed [when chairs were replaced]'.[39]

Er gwaethaf cred aelodau CCC ei fod yn gorff annibynnol, roedd gan CCPF ddylanwad enfawr arno. Fe'u cyfyngwyd gan drefniant cyllidol CCPF, a oedd wedi'i leoli yn Llundain, a rhoddwyd cyllid i Gymru fesul prosiect unigol. Yn ogystal, er gwaetha'r annibyniaeth sefydliadol honedig, ymddengys nad oedd meddyliau'r rheini a oedd ar Gyngor Celfyddydau Cymru yn gyfan gwbl annibynnol. Yn wir, ceir enghreifftiau niferus o'r modd yr oedd eu meddyliau wedi eu coloneiddio wrth iddynt hwy, yn eu tro, ymdrin â Chymru trwy arddel ffon fesur Llundain. Mae'r ieithwedd a ddefnyddir yn ddadlennol:

> The role of the Welsh Arts Council is obviously determined by the artistic situation of Wales, and although it has improved in the last few years, many weaknesses remain. There is still an uneven tradition, a shortage of accommodation appropriate to the various arts, and a lack of reasonably sized professional performing companies and organizations.[40]

Rhagoriaeth

Roedd ymlyniad CCPF wrth 'safon' yn hanfodol i banopticiaeth, gan y defnyddir y cysyniad o 'ragoriaeth' fel modd o bennu gwerth y cleientiaid. Yn ymhlŷg yn y broses o wahaniaethu rhwng safonau uchel ac isel, ceir yr awgrym bod system syniadol ar waith, lle y sefydlir gwerthoedd a'u mewnoli gan y carcharor yn y panopticon. Mae defnyddio hierarchaeth esthetaidd yn un dull o ddosrannu cyllid mewn ffordd sy'n *ymddangos* yn deg. Os yw'r gymuned gelfyddydol yn derbyn egwyddorion yr hierarchaeth, wrth ystyried y bydd yn fanteisiol iddi, mae'n datblygu i fod yn hunan-ddisgyblaethol ac yn cael ei hymgorffori yn rhan o strwythur esthetaidd reoledig. Llunnir arolygon ac archwiliadau i werthuso ac asesu ansawdd y gwaith, ac wrth i'r cleient dderbyn yr amodau hynny, mae'n galluogi cyngor y celfyddydau i gynnal perthynas hegemonaidd lle y mae wedi ei darostwng. Nid bwriad gwreiddiol CCPF oedd *gorfodi* celfyddydau 'safonol' ar gymuned o bobl anfoddog; yn hytrach, gwelodd y cyngor yn wreiddiol mai ei fwriad oedd darparu '[the] best for the most', cred a awgrymir yn nefnydd Keynes o'r term 'masterpieces'.[41]

Wrth iddo fynd ati i ddrafftio'r siarter wreiddiol ar gyfer CCPF, sicrhaodd Keynes nad oedd lle ar gyfer diwylliant gwerin nac ychwaith gelfyddyd gymunedol. Bu rhai aelodau o'r pwyllgor a oedd yn gweithio ar y siarter yn awyddus i sicrhau mai'r term 'y celfyddydau' (*the arts*) a ymddangosodd yn y ddogfen, gan nad oedd y term yn ddiffiniad cadarn, ac er mwyn caniatáu amrywiaeth. Roedd y cyfansoddwr Ralph Vaughan Williams, a oedd yn aelod o'r cyngor, yn awyddus iawn i'w gylch gwaith gynnwys ffilm, ond yr ymateb a gafodd oedd y gellid dadlau bod y term 'y celfyddydau' yn hollgwmpasog ac yn cynnwys sinema. Wrth benderfynu ar gynnwys y Siarter Frenhinol gyntaf, dywedodd R. W. A. Speed, cyfreithiwr y Trysorlys: '"fine arts" will include dramatic art, opera, ballet and architecture. There seems no decision on films: I should like a little further time to consider that.'[42] Roedd y Weinyddiaeth Addysg yn awyddus iawn i gynnwys ffilm o fewn cylch gwaith y cyngor newydd. Yn ôl B. L. Pearson, nid oedd y Gweinidog Addysg, Ellen Wilkinson, am weld y cyngor yn cael ei atal 'from interesting themselves in these subjects, particularly film . . . which are subjects in which . . . there is a growing disposition on the part of the Council to interest themselves'.[43] Gellir bod yn sicr nad oedd ffilmiau o ddiddordeb i Keynes o gwbl – yn enwedig o ystyried ei gri 'Death to Hollywood!' Yn rhyfeddol, cadarnhaodd y cyfreithwyr y cynhwysid ffilmiau o fewn y term 'fine arts'. Fodd bynnag, o ganlyniad i feddylfryd Keynes a'i debyg, ni welodd y cyfrwng geiniog gan CCPF am flynyddoedd gan nad oedd yn rhan o'r weledigaeth gul o'r hyn a ystyrid fel diwylliant cenedlaethol rhagorol.[44] Pan ymddangosodd y Siarter Frenhinol, cyfeiriwyd drwyddi draw at y celfyddydau cain ('the fine arts exclusively') ac ar amrantiad, sicrhaodd Keynes yn ddeheuig y rhoddid blaenoriaeth i ddealltwriaeth, gwybodaeth ac ymarfer celfyddyd gain, ar draul sicrhau ei hygyrchedd i'r cyhoedd. Ar gefn hynny, gosododd siarter ddrafft Keynes gynsail gref, gyda'r pwyslais ar opera a bale yn cau allan llenyddiaeth, ffilm a chelfyddyd gymunedol, ac fe arweiniodd hyn at sefydlu rhagfarn a ymwreiddiodd yng nghalon y celfyddydau am ddegawdau.

Gellir tybio y cydnabuwyd bod y cysyniad o'r 'fine arts' yn un anghyfleus, gan i Siarter Frenhinol 1967 hepgor y gair, a nodi mai amcan y cyngor oedd 'the knowledge, understanding and practice of the arts'.[45] Dadleuodd Raymond Williams fod y manylyn bychan yma yn arwydd o newid cyfrifoldeb cyfleus:

> once the shift to a cultural and educational rather than financial policy had been made, quite different social relations were in question; not just increased access to a relatively enclosed and continuing culture, but a complex and interacting set of new and old arts, new and old media and institutions, new and older audiences.[46]

Ond parhaodd y cyngor i hyrwyddo ei egwyddorion gwreiddiol. Nid yw'n syndod, felly, yn nyddiau olaf CCPF, i'w hysgrifennydd cyffredinol, Anthony Everitt, honni ym 1993 ei fod am ailffocysu ystyr 'y celfyddydau' i fod yn gyfystyr â gwaith 'of the highest possible quality and originality'.[47] Amddiffynnodd yr agenda hon trwy ddadlau bod y rhan fwyaf o wariant CCPF yn 'rightly devoted' i amddiffyn 'masterpieces' a chadw 'the arts of the past alive'.[48]

Yng Nghymru, ceir tystiolaeth gref o'r modd y datblygwyd syniadau ynglŷn â rhagoriaeth a hidlwyd trwy ideoleg ganolog. Ym 1983, dywedodd Syr Hywel Evans, cadeirydd CCC:

> In 1953 . . . the only places where you could get some real theatre in Wales were the New Theatre in Cardiff and the Grand in Swansea . . . Today, you can see high quality theatre in Mold . . . Bangor . . . Harlech . . . Milford Haven . . . Newtown . . . I would not say it was perfect theatre but . . . of perfectly good quality.[49]

Amlygir yma'r modd y mewnoliwyd amcanion CCPF gan CCC. Ceir diffiniad cwbl ddiamwys o 'real theatre' (ansawdd uchel), sef y perfformiadau hynny a leolir o fewn adeiladau theatr draddodiadol, a cheir awgrym hefyd na fyddai gan Gymru ddiwylliant cyflawn tan ei bod yn medru cynhyrchu theatr 'berffaith', sydd ym meddwl Evans yn rhywbeth clir a diymwad. Gellid bod wedi tybio y byddai'r disgwrs ynglŷn â safon yn newid wedi i CCPF ddod i ben er mwyn creu CCC 'annibynnol' ym 1994. Ond er i'r rhyng-berthnasau drawsnewid pan drosglwyddwyd y cyfrifoldeb o ariannu i adain Gymreig y cyngor, daliwyd gafael ar ieithwedd ddisgyblaethol CCPF, wrth iddo fynnu mai pwrpas Swyddfa Cymru oedd 'to encourage artistic excellence'.[50]

Proffesiynoli

Roedd agenda broffesiynoli Keynes a'i olynwyr yn gwrthdaro'n hallt â hanes y celfyddydau yng Nghymru, a ddeilliai o ddraddodiadau amaturaidd bywiog. Yn adroddiad blynyddol cyntaf CCPF, sefydlwyd prif nod Keynes wrth iddo gyfrannu at ffurfiant ei gyngor newydd, sef rhagoriaeth. Gellir gweld sut y treiddiodd syniadaeth gychwynnol Keynes o Lundain i Gymru, yn y modd y dechreuodd yr adroddiadau blynyddol ar Gymru gael eu lliwio gan awgrymiadau o gywilydd ac ymddiheuriad am y celfyddydau amatur a oedd yn ferw trwy'r wlad. Fe wnaeth unigolion fel Huw Wheldon (cyfarwyddwr CCPF yng Nghymru ar ddiwedd y 1940au) ddilyn arweiniad Keynes yn ei ymdrech i broffesiynoli'r celfyddydau yng Nghymru. Roedd yn hysbys fod Wheldon yn casáu corau meibion â chas perffaith, a throdd ei ymdrechion tuag at geisio sefydlu cwmni opera cenedlaethol i Gymru, mewn ymdrech i adlewyrchu'r gweithgarwch oedd eisoes yn egino yn Lloegr. Er bod gan Gymru lyfrgell ac amgueddfa genedlaethol, nid oedd ganddi theatr na cherddorfa genedlaethol. Yn ôl Andrew Sinclair, cododd y cwmni opera o lwch sylwadau cadeirydd Pwyllgor Cymru CCPF, Wyn Griffiths, wrth iddo ddatgan ym 1951 fod:

> an essential diffference between England and Wales. Wales was a country with its own language, and not a region. It was a land of amateur efforts in the Arts, where attempts had been made to introduce Professional standards. It was a land of small efforts which wanted nursing, rather than a land of large enterprises.[51]

Tra oedd nifer felly yn dechrau gweld Cymru fel gwlad ar wahân, ni roddwyd y cyfle iddi ddatblygu ei phortffolio celfyddydol unigryw.

Er gwaetha'r ffaith i Keynes ddatgan y ceir nodweddion rhanbarthol a chenedlaethol unigryw i'r celfyddydau – 'nothing can be more damaging than the excessive prestige of metropolitan standards' – nid yw'n egluro sut y medrid cymhwyso 'masterpieces' o'r safon broffesiynol uchaf at fentrau lleol. Roedd Cymru yn parhau'n ddrych o Loegr yn y modd yr oedd cyfran sylweddol o'i chyllid yn cael ei wario ar opera. Roedd Pwyllgor Cymru wedi mabwysiadu nodweddion hunanddisgyblaethol ac yn ymlafnio i gyrraedd at amcanion Llundain, wrth anobeithio ynghylch hinsawdd gelfyddydol y genedl. Yn adroddiad blynyddol 1955/6, wrth edrych yn ôl dros ddeng mlynedd cyntaf CCPF, cydnabu Pwyllgor Cymru fwrlwm y sector gelfyddydol: 'The wealth of talent to be found for the theatre, the visual arts and music in Wales is a never-failing source of excitement,' ond yn yr un gwynt, ymddiheurwyd yn daer am y traddodiad amatur a oedd wedi ymwreiddio yno:

> If anything, the Welsh are too talented – they take to the theatre like ducks to water – with their beautiful voices they make magnificent sounds *so* easily that the idea that stern discipline and hard work are necessary for the mastery of correct techniques has been a difficult one for them to assimilate.[52]

Parhaodd yr hunanddisgyblaeth hon yn ystod y degawdau dilynol, ac yn y 1960au cynnar ymddengys i Bwyllgor Cymru gydnabod ei israddoldeb cynhenid i Lundain, wrth ddefnyddio ieithwedd negyddol yn yr adroddiad blynyddol:

> There are more people living within a bus ride of the centre of Birmingham, Manchester or Glasgow than in the whole of Wales . . . The absence of really large towns and the lack of an urban tradition are the major hindrances to the development of the arts in Wales.[53]

Y brif broblem, yn nhyb y pwyllgor, oedd '[ensuring] provision at a high professional standard despite difficulties imposed by geography, by the lack of promotional organisations and by the meagre facilities for housing the arts inherited from the past'.[54]

Erbyn 1967, y flwyddyn y dyfarnwyd ail Siarter Frenhinol i CCPF ac y dechreuodd y sefydliad yng Nghymru weithredu yn lled annibynnol dan enw CCC, dywedwyd: 'new means must be found to disseminate the arts, to remove preciousness and make the arts intelligible and necessary to the majority'.[55] Ond wrth iddo ymwrthod â 'the dominance of the amateur tradition', a oedd wedi amddifadu Cymru 'for too long . . . of the full benefits of its own talent', roedd yn anwybyddu ffordd bwysig lle y gellid bod wedi herio'r 'preciousness' hwnnw.[56] Roedd i'r meddylfryd hwn oblygiadau pellgyrhaeddol. Fel y nododd Elan Closs Stephens ym 1979, wrth gyfeirio yn benodol at y theatr, daeth yn arfer gan 'lais swyddogol' y theatr yng Nghymru 'i ddifrïo pob math o ddrama cyn 1950 fel rhywbeth amaturaidd, ac, o ganlyniad, dibwys'.[57] Gallai CCC fod wedi manteisio ar y strwythur o weithgaredd amatur er mwyn adeiladu strategaeth a fanteisiai ar draddodiadau a oedd yn gyfarwydd i'r Cymry. Awgrymodd Keynes fod gan Gymru 'special genius' o safbwynt y celfyddydau ond, os hynny, roedd yn sicr yn athrylith a amlygid trwy gyfrwng gweithgaredd amatur.[58]

O ganlyniad i ethos CCPF, datblygodd CCC yn gorff hunanddisgyblaethol a oedd wedi ymrwymo wrth ddealltwriaeth estron o 'broffesiynoldeb' ac ar draul traddodiadau amatur cynhenid. Wrth fwrw golwg dros strwythurau CCPF, dywedodd Eric White: 'The artistic policies of Scotland and Wales should be rooted in the individual cultures of each country and not necessarily depend on programmes worked out in London to suit English tastes and requirements.'[59] Fodd bynnag, dewisodd CCPF fynnu safonau proffesiynol a oedd yn dibrisio traddodiadau diwylliannol lleol. Roedd y symudiad tuag at 'broffesiynoldeb' yn yr ystyr fetropolitan yn pellhau'r celfyddydau yng Nghymru oddi wrth eu gwreiddiau traddodiadol.

Pŵer disgyblaethol y British Film Institute

Yn ôl Stuart Hall:

> [Popular] culture is one of the sites where [the] struggle for and against the culture of the powerful is engaged: it is also the stake to be won or lost *in* that struggle. It is the arena of consent and resistance. It is partly where hegemony arises, and where it is secured.[60]

Nodweddid hanes y BFI gan nifer o frwydrau, a'r rheini yn frwydrau mewnol ac allanol. Ers ei sefydlu teimlodd nifer o garfanau nad oedd gweithgareddau'r BFI yn adlewyrchiad teg o ddiwylliant ffilm Prydain Fawr, a'u bod yn dyrchafu rhai mathau o ffilm, drosodd a thro, ar draul rhai eraill. Yn ystod y cyfnod dan sylw, mae pŵer disgyblaethol y BFI yn gynhenid wahanol i natur y cynghorau celfyddydol. Tra bu'r cynghorau celfyddydol yn ymyrryd â thirlun y celfyddydau yng Nghymru, ac yn ceisio rheoli gyda gwialen haearn, roedd ymagweddiad y BFI yn y dyddiau cynnar wedi'i nodweddu gan ddiffyg diddordeb llwyr mewn cynnal unrhyw weithgareddau y tu allan i Lundain.

Gellir olrhain natur hegemonaidd y BFI i'w ddyddiau cynnar ffurfiannol. Nodweddid yr ymdrech i'w sefydlu gan dyndra a fodolai rhwng y mudiadau addysgol a oedd yn gyrru'r ymgyrch i'w sefydlu, a'r sector ddiwydiannol fasnachol a oedd yn gwylio'r datblygiad newydd gydag amheuaeth a gelyniaeth. Arweiniodd y tyndra rhwng y ddwy garfan at gyfaddawdu ar ran y garfan addysgol, a chyfyngwyd maes gorchwyl y BFI yn enbyd. Canolbwyntiwyd ar ffilmiau celfyddydol Ewropeaidd ar draul ffilmiau poblogaidd, prif-ffrwd, ac arweiniodd culni'r gweithgareddau at imperialaeth ddiwylliannol a hegemoni a effeithiodd yn andwyol ar y BFfC.

Gwreiddiau panoptaidd y BFI

Yn Nhachwedd 1929, cynhaliwyd cynhadledd answyddogol gan y Sefydliad Prydeinig er Addysg i Oedolion (British Institute of Adult Education) a Mudiad y Gweithwyr Gwyddonol (Association of Scientific Workers). Roedd dros gant o bobl yn bresennol yn y gynhadledd, rhai a gynrychiolai ystod eang o sefydliadau addysgol, gwyddonol, crefyddol a chymdeithasol, yn ogystal ag adrannau o'r llywodraeth. Datganwyd bod ffilm yn 'powerful instrument for good and evil in national life',[61] a sefydlwyd comisiwn annibynnol, y Comisiwn ar Ffilmiau Addysgol a Diwylliannol (Commission on Educational and Cultural Films), er mwyn gwneud gwaith ymchwil 'into the service which the cinematograph may render to education and social progress'.[62] Ymddangosodd yr adroddiad *The Film in National Life* ym Mehefin 1932, ac mae'n gofnod gwerthfawr o'r bwriadau ar gyfer y sefydliad arfaethedig. Fel y dywed Ivan Butler: 'The principal recommendation was the establishment of a Film Institute, "to promote the various uses of the film as a contribution to national well-being".'[63] Un o'r argymhellion pwysicaf oedd yr un i sefydlu 'positive agency' er mwyn annog ffilmiau da ac er mwyn arfer 'a constructive critical influence over the whole field of cinematography'.[64] Pwysleisiwyd yr angen i addysgu 'an informed public' fel y dull gorau o ddangos bod yna archwaeth am ffilmiau safonol ymhlith y cyhoedd.[65] Y weledigaeth oedd ffurfio bwrdd o saith o lywodraethwyr a apwyntid am bum mlynedd gan y llywodraeth, ac y dylai'r bwrdd hwnnw sefydlu cyngor ymgynghorol er mwyn dod â diddordebau addysgol, masnachol ac asiantaethau'r llywodraeth ynghyd. Lluniwyd rôl benodol i'r sefydliad: i weithredu fel pwerdy o wybodaeth am ffilm, ac i ddylanwadu ar y cyhoedd er mwyn ysgogi awydd am ffilmiau safonol. Yn hwyrach, disgrifiwyd y gwaith hwn fel ysgogi 'film appreciation', a'r diffiniad ohono oedd 'the building up of interest in the film instead of looking upon the cinema theatre merely as a convenient means of passing two or three idle hours'.[66] Roedd y sefydliad hefyd yn mynd i ddarparu cyngor ar ffilmiau addysgol, yn mynd i weithredu fel dolen gyswllt rhwng cyrff amrywiol, a bwriedid sefydlu archif a chyflawni gwaith ymchwil yn ogystal.

Ond roedd gelyniaeth sector fasnachol y byd ffilm Prydeinig yn ddraenen yn ystlys y comisiwn. Roedd y prosiect yn dân ar groen aelodau'r sector gan eu bod yn gwbl argyhoeddedig y byddai'r sefydliad newydd yn dechrau cynhyrchu ffilmiau ac ymyrryd yn eu buddiannau masnachol. O ganlyniad i elyniaeth y sector, tynnwyd y gwynt o hwyliau'r garfan addysgol a thrawsnewidiwyd bwriadau'r corff. Bedwar diwrnod ar ôl cyhoeddi *The Film in National Life*, defnyddiodd yr Ysgrifennydd Cartref, Syr Henry Samuel, eiriau annoeth wrth awgrymu mewn pwyllgor seneddol y dylid ariannu'r corff trwy'r Cyfrin Gyngor. Wrth ddefnyddio'r ymadrodd 'films of educational and *cultural* purposes', mae'n bosibl iddo drawsnewid bwriadau ac amcanion y sefydliad yn llwyr.[67] Celodd y geiriau hyn y ffaith mai un o brif fwriadau'r comisiwn ar y cychwyn cyntaf oedd codi safon ffilmiau masnachol prif-ffrwd a ddangosid mewn sinemâu. Neidiodd y sector fasnachol ar y syniad bod yna garfan o ffilmiau y gellid eu labeli yn 'ffilmiau diwylliannol', a oedd yn hollol wahanol i'w cynnyrch masnachol hwy. Roeddent yn berffaith fodlon i'r sefydliad newydd gael rôl gyfyngedig iawn er mwyn sicrhau bod eu cynnyrch masnachol eu hunain wedi ei eithrio o'r maes gorchwyl.

Mewn cyfnod o ddirwasgiad economaidd llym, gwrthododd y llywodraeth y trefniant cyllidol yn ogystal â'r Siarter Frenhinol a argymhellwyd gan *The Film in National Life*. Ond, ar 30 Medi 1933, cofrestrwyd y 'British Film Institute' gan y Bwrdd Masnach fel cwmni preifat, heb Siarter Frenhinol, a hynny wedi trafodaethau hir a hwyr gyda'r diwydiant ffilm. Eisoes roedd wedi'i dangyllido ac yn cael ei redeg fel cystadleuaeth rhwng y masnachwyr a'r addysgwyr, trwy eu cynrychiolwyr ar y bwrdd llywodraethol.[68] Wrth i'r masnachwyr ganoli eu hymdrechion ar atal y BFI rhag ymyrryd â sinema fasnachol, roedd yr addysgwyr yn ceisio meithrin eu gweledigaeth gul eu hunain, ac felly, yn ystod 15 mlynedd cyntaf ei fodolaeth, roedd gwaith y BFI wedi ei rwymo'n dynn wrth hyrwyddo ffilm fel cyfrwng addysgol. Gwnaethpwyd hyn trwy gyhoeddi taflenni niferus ynglŷn ag uwchdaflunyddion ysgolion a rhestrau o ffilmiau; cyhoeddi dau gylchgrawn, sef *Sight and Sound* a'r *Monthly Film Bulletin*; trefnu darlithoedd, cynadleddau ac ysgolion haf i athrawon o gwmpas y wlad, a lobïo'r bwrdd addysg, yr awdurdodau addysg lleol a chymdeithasau athrawon yn gyson.

Y BFI fel gwylfa banoptaidd

Hyd yn oed yn ystod ei flynyddoedd cynnar, methiannus bu'r BFI yn gweithredu fel gwylfa hollbresennol, yn arsyllu ac yn arsylwi, ac yn ceisio rheoli'r gweithgareddau yn y gwledydd a'r rhanbarthau. Yn ei adroddiad blynyddol cyntaf ym 1934, dywedwyd: 'The success of the Institute's work will largely depend on the public support it thus obtains throughout the country'.[69] Er gwaetha'r haeriad hwn, wrth annog pobl ar lawr gwlad i sefydlu canghennau lleol, nid ysgogi gweithgaredd amrywiol trwy Brydain Fawr oedd y bwriad, ond taenu grym a syniadaeth y BFI i bob cornel o'r wlad. Dadlennwyd hyn pan ddywedwyd hefyd: 'the branches have local autonomy so long as their activities are consistent with the general policy of the Institute'.[70] Er iddynt greu strwythur a oedd yn caniatáu i bobl ffurfio cymdeithasau BFI, roedd yn rhaid i'r gwirfoddolwyr fod yn llwyr gyfrifol am eu sefydlu, cyn cael eu gorfodi i ymgorffori holl reolau ac agenda'r BFI.

Roedd y syniad bod Llundain, a gwerthoedd metropolitan, yn rhagori ar ardaloedd a syniadaeth amgen, yn ffrydio trwy wythiennau'r sefydliad ers y dyddiau ffurfiannol, ac fe barhaodd yr ymagweddiad hwn am ddegawdau lawer. Amlygwyd hyn wrth iddynt fentro tu hwnt i brifddinas Lloegr unwaith y flwyddyn, a hynny er mwyn cynnal ysgol haf flynyddol ym Mangor rhwng 1946 a 1952. Bryd hynny, aethpwyd â phrif gyfarwyddwyr Lloegr, megis Michael Balcon, Charles Frend, y beirniad a'r newyddiadurwr Dilys Powell, ac eraill yn eu plith, i Wynedd i ddarlithio ar amrywiol agweddau'r ffilm. Roedd y digwyddiad yn ymdrech fawr, fel y nodwyd yn adroddiad blynyddol y flwyddyn honno: 'Many technicians made the long and somewhat uncomfortable journey so as to lecture the students.'[71] Y flwyddyn ganlynol, pwysleisiodd yr ieithwedd am yr eildro'r pellter a'r drafferth o symud o Lundain am ychydig ddiwrnodau, unwaith y flwyddyn: 'the British Film Institute is indebted to the latter for so willingly undertaking the long journey to Bangor'.[72]

Bu dyfodiad yr Ail Ryfel Byd yn ergyd niweidiol i'r BFI, a gwanychwyd ei effeithlonrwydd a'i statws mewn nifer o ffyrdd.

Daeth i fod yn gocyn hitio cyhoeddus wrth i nifer gwestiynu'r cyfiawnhad dros ei fodolaeth mewn cyfres o adroddiadau.[73] Yn ogystal, sefydlwyd y Pwyllgor Cenedlaethol Cymhorthau Gweledol mewn Addysg (National Committee for Visual Aids in Education), corff newydd a fachodd ddyletswyddau addysgol y BFI ym 1946. Yn y cyfnod hwnnw, roedd dyfodol y BFI yn y fantol, gan fod amheuaeth gref ymhlith y gweision sifil ynglŷn â'r angen i gynnal dau sefydliad a oedd yn ymhel â ffilm. Yn y pen draw, yn hytrach na diddymu'r BFI, awgrymwyd y dylid ailffocysu gweithgareddau'r sefydliad, ac mewn adlais o adroddiadau eraill, dywedwyd y dylid datblygu'r gwerthfawrogiad o ffilm fel *cyfrwng celfyddydol*.

Achubwyd croen y BFI a rhoddwyd ail gyfle iddo, er gwaetha'r ffaith bod ei brif gyfrifoldeb yn cael ei drosglwyddo i gorff arall. Gellir tadogi achubiaeth y sefydliad ar y ffaith bod y llywodraeth hefyd yn dechrau cydnabod ffilm fel endid ac iddo werth diwylliannol, celfyddydol a hanesyddol. Yn ystod pymtheng mlynedd cyntaf ei fodolaeth, felly, sefydliad addysgol digon ymylol oedd y BFI, a'i lwyddiant mwyaf oedd sefydlu'r Llyfrgell Ffilm Genedlaethol. Wedi'r Ail Ryfel Byd, gydag amodau diwylliannol y wlad yn fwy ffafriol, fe'i hachubwyd gan adroddiad Radcliffe (1948), a gomisiynwyd gan y llywodraeth, ac a osododd y seiliau ar gyfer trawsnewidiad y corff, yn enwedig o safbwynt ei berthynas â'r rhanbarthau.

Sefydlodd Herbert Morrison, dirprwy arweinydd y Blaid Lafur, y 'Committee of Enquiry into the Future Constitution and Work of the Institute' (neu'r 'Radcliffe Committee') dan gadeiryddiaeth Cyril Radcliffe yn Nhachwedd 1947. Ystyrir adroddiad y pwyllgor, sef y 'Radcliffe Report', yn bennod allweddol yn hanes y BFI; mae'n garreg filltir sy'n nodi diwedd blynyddoedd methiannus y sefydliad (1933–48) ac yn nodi trobwynt pan ddatblygodd y BFI yn sefydliad modern. Mae dau o'r argymhellion yn berthnasol i ddadl ganolog y gyfrol hon, sef y dylid ffocysu gweithgareddau'r BFI yn llwyr ar ffilm fel celfyddyd, ynghyd â datblygu swyddfeydd rhanbarthol y tu allan i Lundain.

Y Theatr Ffilm Genedlaethol: gwylfa'r panopticon

Er gwaethaf argymhelliad Radcliffe y dylid ymestyn cyrhaeddiad y BFI y tu hwnt i'r brifddinas, parhaodd y sefydliad i gryfhau ei adnoddau yn Llundain. Bu agor sinema yn brif uchelgais i'r BFI ers blwyddyn gyntaf ei fodolaeth, pan ddywedwyd: 'The Institute is urgently in need of a small theatre in order to carry out its work adequately,' a datganwyd mai dyma un o'i brif flaenoriaethau.[74] Yn fuan wedi cyhoeddi'r adroddiad, rhoddodd Herbert Morrison y gwaith o drefnu gweithgareddau ffilm Gŵyl Prydain, sef y Festival of Britain, i'r BFI, fel rhan o'i faes gwaith newydd. Roedd y gweithgareddau hynny ym 1951 yn allweddol wrth ddatblygu cylch gorchwyl newydd y BFI, a hau hadau ei ddatblygiadau mwyaf. Rhoddwyd tasg i'r BFI i godi sinema gelfyddydol fechan, y *Telecinema*, ac ynddi 400 o seddau, fel rhan o arddangosfa'r South Bank.

Bwriad y *Telecinema* oedd bod ar flaen y gad yn dechnolegol, ac wrth ddarparu sbectol arbennig i bob gwyliwr, medrid taflunio ffilm stereosgopaidd a ymddangosai yn dri dimensiwn. Gellid arddangos ffilmiau arferol yno hefyd, ac ymhlith y rhain roedd *David* gan Paul Dickson, ffilm a gomisiynwyd gan bwyllgor Cymru Gŵyl Prydain, dan gadeiryddiaeth Huw Wheldon. Nod y pwyllgor oedd comisiynu ffilm a fyddai'n cynrychioli Cymru yn yr ŵyl, a'u dyhead oedd cynhyrchu ffilm a fyddai'n darlunio'r wlad, ei phobl a'i diwylliant, a rhoddwyd y cyfrifoldeb o ddewis cwmni i greu'r gwaith a'r dasg o gadw llygad ar y coffrau i'r BFI. Gofynnwyd i Aneirin Talfan Davies, aelod o staff y BBC yng Nghymru, ysgrifennu cynllun y ffilm. Ei benderfyniad ef oedd seilio'r ffilm ar fywyd a gwaith ei gyfaill David Rees Griffiths (Amanwy, 1882–1953), y colofnydd a'r bardd o Rydaman a brawd y gwleidydd Llafur Jim Griffiths, Ysgrifennydd Gwladol cyntaf Cymru. Dywedodd Talfan Davies: 'pan ofynnwyd i mi sgrifennu stori ar gyfer ffilm i gynrychioli Cymru yng ngŵyl Brydain, 1951, ni fûm yn hir cyn gweld mai trwy adrodd hanes Amanwy y gallwn i gyfleu darlun cywir o'r werin Gymraeg ar ei gorau'.[75] Y bwriad gwreiddiol oedd y dylid arddangos un o'r rhaglenni dogfen hyn – a *David* yn eu plith – ym mhob perfformiad, ond nodwyd, 'as the queues for the cinema mounted daily the festival authorities requested that the maximum showing-time be given to the three-dimensional film . . . in order that as few Festival visitors as possible should be turned away without seeing them'.[76] Wrth ddyheu i ddangos blaengaredd y ffilmiau stereosgopaidd, unwaith yn rhagor rhoddwyd blaenoriaeth i Lundain ar draul lleisiau eraill. Gwthiwyd y ffilmiau dogfen felly – a chyfraniad Cymru o'r herwydd – i'r naill ochr, a hynny er gwaetha'r ffaith a nododd y BFI yn ei adroddiad blynyddol y flwyddyn honno, sef yr ystyrid *David* yn ffilm ragorol: 'of the longer documentaries Paul Dickson's *David* had a notable reception both from the press and from the public'.[77] Roedd yr enghraifft hon o imperialaeth ddiwylliannol remp ar waith yn arwydd o'r hyn a oedd ar droed wedi agoriad swyddogol y Theatr Ffilm Genedlaethol ar 23 Hydref 1952. Dadlenna rhaglenni'r sinema y bu'r BFI yn glynu fel gelen at ei gylch gwaith o ymdrin â ffilmiau fel celfyddyd, er gwaetha'r ffaith nad oedd diffiniad cadarn o'r hyn a olygid wrth y term. Gwaith y rheini a ystyrid yn gewri Ewropeaidd y sinema a ddangoswyd yn y sinema yn ystod y blynyddoedd cynnar. O fewn pedair blynedd i'r theatr agor talwyd teyrnged i Alfred Hitchcock ddwywaith. Polisi gwreiddiol y Theatr Ffilm Genedlaethol oedd 'to offer as many filmgoers as possible as many opportunities as possible of seeing as many films as possible in as good conditions as possible'.[78] Ni welsent unrhyw anghysondeb wrth ddatgan 'above all, the Theatre has brought the Institute in touch with a new and larger public', wrth ddweud ar yr un pryd, 'we are fortunate that the National Film Theatre is to remain on the South Bank, for after four years of operation it is now widely known and is easily accessible from all parts of London and the home counties'.[79] Dros gyfnod o flynyddoedd datblygwyd y gweithgareddau yn y canol, wrth i'r Theatr Ffilm Genedlaethol, a Gŵyl Ffilm Llundain, lwyddo ar draul gwledydd a rhanbarthau y tu allan i Lundain.

Saith mlynedd ar ôl cyhoeddi adroddiad Radcliffe, a hynny heb unrhyw ymdrech i ymateb i'w argymhellion, roedd cyfarwyddwr y BFI, Denis Forman, yn syrthio ar ei fai: 'Although the [National Film] Theatre is a boon to the London film-lover its value to other centres of population is of course negligible.'[80] Saith mlynedd yn ddiweddarach cyhoeddwyd llyfryn yn dathlu degfed pen-blwydd y Theatr Ffilm Genedlaethol, lle y dywedwyd:

> Among the other shortcomings of which the Institute is conscious is its almost complete failure to extend the work of the National Film Theatre outside London. Some people object, and with reason, to the use of the words National and British for what are in effect London operations. The institute has every sympathy with the feelings of film-lovers outside London whose appetite is whetted, but never satisfied, with each appearance of the National Film Theatre programme booklets. For this problem there seems no ready-made solution, for while it is just possible for the NFT to survive in London without major subsidy, this could not happen in less thickly populated areas.[81]

Gwelodd y BFI felly nad oedd ganddo gyllid digonol i gynnal gweithgareddau y tu allan i Lundain. Yn gam neu'n gymwys, roedd y meddylfryd hwn yn creu myth bod y brifddinas rywsut yn uwch-raddol, yn fwy datblygedig yn ddeallusol wrth gynnal hegemoni yn ei rhyngberthynas gydag ardaloedd y tu allan i Lundain. Atgyf-nerthwyd hyn gan gadeirydd y llywodraethwyr a ddywedodd ym 1967 mai Gŵyl Ffilm Llundain oedd 'the most important event in the Institute's calendar', a disgrifiwyd y Theatr Ffilm Genedlaethol ym 1971 fel 'the main channel of communication between the Institute and its members'.[82]

Datblygu swyddfeydd rhanbarthol

Yr ail argymhelliad arwyddocaol a ddeilliodd o adroddiad Radcliffe oedd y dylid datblygu swyddfeydd rhanbarthol er mwyn taenu ei ddylanwad y tu allan i Lundain. Ys dywed yr adroddiad:

> 35. We are impressed by the need to extend the Institute's influence outside London. Local sentiment is strong and it takes time to get into touch with the ideas and aspirations of the different parts of the country, where there is often an unwillingness to be guided from the metropolis. Working from provincial offices, the Institute should be able to get into closer touch with the local film society and amateur producer movements and with existing and potential users of film, e.g. universitites and colleges, local authorities, industries and Professional associations.
> 36. We therefore recommend that the Institute should further its objects through regional offices and that it should call on the experience of the Arts Council in organising them. Regional Officers, however, should have adequate knowledge of, and real interest in, film, and regional offices should not be set up until they can be efficiently staffed.[83]

Fel y gwelwyd uchod, nid aethpwyd ati i wireddu'r argymhelliad hwn mewn ffordd mor frwd, a pharhaodd gweithgareddau'r BFI i gael eu rhwymo yn dynn wrth Lundain. Trwy gydol y 1950au, amlygid dylanwad cynyddol y BFI yn ei rôl newydd fel pwerdy syniadol ar gyfer yr *intelligentsia* ffilm Prydeinig yn y brifddinas. Roedd awduron, beirniaid a chyfarwyddwyr yn cwrdd ym mhen-cadlys y BFI ac yn cyfrannu'n gyson at y prosiect trwy ysgrifennu erthyglau, adolygu ffilmiau, traddodi darlithoedd a chymryd rhan mewn rhaglennu tymhorau ffilm yn y theatr.

Ond gyda buddugoliaeth y Blaid Lafur yn etholiad cyffredinol 1964, gorfodwyd y BFI i ledaenu ei orwelion. Apwyntiwyd Jennie Lee, gweddw Aneurin Bevan, yn Weinidog y Celfyddydau, ac roedd ganddi genhadaeth i fynd â chelfyddyd at y bobl, ac yn awyddus i chwalu mythau am dra-arglwyddiaeth ddeallusol y brifddinas. Gydag anogaeth Lee, comisiynodd y llywodraethwyr adroddiad a edrychai ar y posibiliadau o ddatblygu gweithgareddau rhanbarthol yn dwyn y teitl 'Outside London'. Dywedwyd y dylid sefydlu 'centres throughout the country for the showing and study of film, on the lines of the National Film Theatre in London'.[84] Yn dilyn yr adroddiad, lluniwyd rhaglen uchelgeisiol i agor theatrau ffilm rhanbarthol ym mhob rhan o Brydain gyda chefnogaeth ariannol oddi wrth Lee. Y bwriad oedd y byddai'r rhain yn fersiynau llai o'r model ar y South Bank. Dywedodd Alan Lovell am ymagweddiad y BFI at y theatrau ffilm rhanbarthol:

> [The BFI] view was that the decline of the cinema was partly due to the bad films shown in the cinema. The Institute could recover or create a new audience for the cinema by showing good films. So the Regional Theatres were seen as the basis for a 'high quality' circuit which would eventually replace the traditional ABC and Rank circuits. Since the strategy was never discussed openly, the naïveté of the assumptions it was based on didn't become immediately apparent . . . the distinction between good and bad films is not such an easy one to make; in practice the regional theatres have simply expressed a particular aspect of contemporary taste, providing mainly contemporary European films with a few classic films (a Buster Keaton or a Grapes of Wrath) and the odd controversial choice (an underground movie or a film rejected by the circuits) thrown in.[85]

Ar yr un pryd, gwelodd y BFI gynnydd sylweddol yn ei gyllid gan y llywodraeth: cafodd yr Archif Ffilm Genedlaethol gromgelloedd newydd er mwyn rhoi cartref i'r nifer cynyddol o ffilmiau yr oeddent yn eu gwarchod; roedd y Theatr Ffilm Genedlaethol ar fin agor NFT2 – yr ail sgrin; esblygodd y gronfa ffilmiau arbrofol (*experimental film fund*) yn fwrdd cynhyrchu (*production board*). Cynyddodd trosiant y BFI o £250,000 ym 1964/5 i £650,000 ym 1969/70. Roedd yna fwy o staff a mwy o weithgareddau, ond ys dywed Geoffrey Nowell-Smith am yr ehangu, 'as to what culture these activities should promote and how they could be concerted to good effect, there were few in the Institute with much of a clue'.[86] Erbyn 1973, gwariwyd £320,316 ar y Theatr Ffilm Genedlaethol, tra gwariwyd £279,446 ar yr holl weithgareddau y tu allan i Lundain. Yn yr un flwyddyn, dioddefodd Theatr Ffilm Manceinion broblemau ariannol difrifol, a bu rhaid ei chau, awgrym nid anghynnil nad oedd polisïau a ffilmiau'r BFI yn Llundain wrth fodd y rheini y tu allan i'r metropolis. Sefydlwyd dwy theatr ffilm ranbarthol yng Nghymru, un ym Mhrestatyn a'r llall yn y Little Theatre yng Nghasnewydd. Fodd bynnag, nid oedd gan y theatrau hyn rwydd hynt i raglennu ffilmiau, fel y dangosodd Ivan Butler wrth ddisgrifio'r drefn: 'Films are selected locally, but in close liaison with the BFI.'[87] Roedd hyn o ganlyniad i'r ffaith bod yr ymgais i drosglwyddo rhaglenni'r Theatr Ffilm Genedlaethol i'r theatrau ar draws y Deyrnas Unedig yn fethiant, oherwydd 'it later became clear that local audiences preferred to decide for themselves what they wanted to see, and which classics were worthy of revival'.[88] Yn hwyrach yn y 1970au, cafwyd arbrawf newydd, gyda'r BFI yn Llundain yn rhaglennu ffilmiau'r theatrau ffilm rhanbarthol ac yn canoli'r gwaith trefnu. Canlyniad hyn oedd y bu'n rhaid i'r theatrau ffilm rhanbarthol dderbyn dyddiadau, ffilmiau ac amodau Llundain.

Yn eironig ddigon, wrth i'r BFI geisio creu mwy o gysylltiadau trwy'r wlad, mewn gwirionedd roeddent yn dieithrio nifer. Roedd rheolaeth y BFI yn bur anaddas o ystyried ei esblygiad chwim ac, yn bwysicach, roedd y rheolwyr yn hollol anymwybodol o'r hyn a oedd yn digwydd ymhlith aelodau ar lawr gwlad. Wedi pedair blynedd o ehangu barus, felly, dechreuodd arwyddion o anniddigrwydd frigo i'r wyneb, gyda nifer yn cwestiynu apathi'r sefydliad a'r modd yr oedd yn cynnal hegemoni dros ddiwylliant ffilm ym Mhrydain, a hynny yn ei bencadlys yn Llundain yn ogystal ag yn y rhanbarthau. Oddi mewn i'r BFI, roedd yna garfan o weithwyr, gan gynnwys Colin McArthur ymhlith eraill, yn cwestiynu ymlyniad y BFI wrth sinema Ewropeaidd ar draul rhoi sylw teilwng i ffilmiau Hollywood. Yn ei eiriau ef: 'We argued for the integrity of film culture itself against what we saw as the moribund state of the BFI and its allies, particularly among the reviewers of the broadsheet press, a hegemony fiercely resistant to new ideas.'[89] Galwyd am ymddiswyddiad y llywodraethwyr a diddymu'r BFI, ac awgrymwyd y dylid sefydlu corff arall yn ei le. Yn ôl Geoffrey Nowell-Smith, aelod o'r grŵp:

the BFI represented a stifling orthodoxy which failed to pay attention to any of these areas: that its middle-of-the-road policies were an expensive failure; and that not only was it out of touch with the live elements of the film culture, but that it abused its monopoly position actively to keep the culture stagnant and restrictive.[90]

Er iddo wedyn ymsefydlogi ar ôl cyfnod lled ansicr, cwestiynwyd gallu'r BFI i ddirnad a chydnabod diwylliannau ffilm amgenach na'r un y buwyd yn ymlafnio i'w ledaenu ar draws Prydain. Roedd argyfwng y 1970au yn ymwneud â'r teimlad ymhlith nifer bod y BFI yn amherthnasol ac yn gorfodi unffurfiaeth ac imperialaeth ar ddiwylliant ffilm Prydeinig. Er i argyfwng y 1970au cynnar ddod i ben, ac er i'r BFI gael ei roi unwaith eto ar ben y ffordd, datgela profiad y BFfC y modd yr oedd unffurfiaeth fetropolitanaidd eisoes wedi treiddio'n ddwfn i wythiennau'r sefydliad.

Hegemoni a'r British Film Institute

Wrth graffu ar weithgareddau'r BFI gellir gweld y modd roedd yn gweithredu hegemoni a gythruddodd pobl i'r fath raddau ag i symbylu ymgyrch sylweddol i ddiswyddo'r llywodraethwyr. Gweithgaredd arall a ddeilliodd o Ŵyl Prydain oedd y gronfa ffilmiau arbrofol, a oedd yn cynnig grantiau i gyfarwyddwyr. Er mawr rwystredigaeth i nifer, ni ddiffiniwyd erioed yr hyn a olygid gan y term 'ffilm arbrofol', ac roedd diffyg tryloywder yn arwain at anniddigrwydd. Yn ogystal, pe byddai cyfarwyddwr yn ddigon ffodus i ennill cymhorthdal oddi wrth y BFI, rheolid y broses o weinyddu'r cyllid gyda grym haearnaidd. Ni fyddai'r cyfarwyddwr yn derbyn grant yn ei gyfanrwydd ond, yn hytrach, fe'i gorfodid i anfon pob derbynneb i'r BFI i'w thalu. Amddiffynnwyd yr arfer hwn fel hyn: 'This is considered best for both parties, as with little or no experience as to how to go about getting what he wants the producer is apt to incur overcharging and unnecessary expenditure.'[91] Yn ogystal, er gwaetha'r honiad 'literally anybody can apply for finance', dadlennodd Michael Balcon, cadeirydd y gronfa, yn ddigon clir at bwy roedd yr arian wedi ei dargedu: 'our main job is to bridge the gap between a young man's (or woman's) training at the National Film School when it starts, or any of the present teaching schools, and his first professional job in the feature field'.[92] Digon cyfyng felly oedd y rheini a ystyrid yn ddigon 'diogel' i roi grant iddynt, oherwydd cyfyngu'r gronfa yn ymarferol i'r rheini a oedd â'r gallu i fynychu un o'r ysgolion ffilm a leolwyd yn Llundain yn unig. At hynny, rhwystr mawr i unrhyw gyw-gyfarwyddwr wrth wneud cais am arian o'r gronfa oedd nad oedd gan y bwrdd cynhyrchu unrhyw bolisïau, nac ychwaith unrhyw feini prawf. Roedd y diffyg atebolrwydd yn destun rhwystredigaeth enbyd i nifer o gyfarwyddwyr, a dywedodd un: 'I also would like to know who selects the selection committee, and how this is done. Also, what is the policy of the Board in selecting scripts and ideas?'[93] Mynnodd y BFI fod unrhyw bolisi yn ei hanfod yn negyddol: 'we have to be careful that the Production Board serves but does not attempt to dictate or to control the development of film culture in the area in which it operates'.[94] Fodd bynnag, roedd absenoldeb unrhyw bolisi yn caniatáu i aelodau'r bwrdd cynhyrchu ddewis pwy oedd yn derbyn cymhorthdal yn gyfan gwbl oddrychol, heb fod unrhyw fodd o roi rheswm neu adborth i ymgeisydd aflwydd-iannus. Gellir dadlau felly *fod* yna fath o bolisi ar waith, a bod ymatebion y BFI i geisiadau unigol yn ffurfio math o bolisi, heb iddynt fyth ddatgelu yn gyhoeddus union gynnwys y polisi hwnnw. Roedd y math hwn o ddominyddiaeth fud yn fwy llechwraidd gan nad oedd yn cael ei chydnabod. Amlinellodd Bruce Beresford, y swyddog cynhyrchu, yr egwyddorion cyffredinol a ystyrid wrth benderfynu a ddylid noddi ffilm:

> I don't believe that any type of film-maker is intrinsically better than any other. Some people try to convince me that left-wing films are necessarily valuable as works of art, or films about the poor in the East End, or about various downtrodden minorities. These subjects can all make good films, just as good films can be made about pop groups, but the really important thing is individuality – of viewpoint, of expression. The artist is the man who observes things for himself and, in his work, makes us experience the world through his eyes.[95]

Ni chafwyd unrhyw ymdrech i fod yn gynhwysol, nac i ariannu amrywiaeth eang o fathau o ffilm. Yn hytrach, roeddent am ariannu ffilmiau a oedd yn arddangos y cyfarwyddwr fel artist. Er gwaetha'r ffaith felly ei fod yn honni nad oedd unrhyw fath o gyfarwyddwr yn ei hanfod yn well nag un arall, wrth fynnu bod cyfarwyddwr yn artist, roedd gan Beresford ragfarn tuag at rai mathau o ffilmiau. Dieithriwyd nifer, felly, a hynny mewn cyfnod lle mai'r bwrdd cynhyrchu'r *experimental film fund* (y *film production board* yn ddiweddarach) oedd yr unig ffynhonnell ariannol a oedd ar gael i gyfarwyddwyr. At hynny, roedd eraill yn dadlau bod angen ailedrych ar strwythur gweinyddol y sefydliad yn llwyr, gan fod gormod o 'posh offices a faceless bureaucrats' a bod gan y staff 'little or no conception' o'r ymdrech a oedd yn rhan o wneud ffilm.[96]

Yn y bennod hon, defnyddiwyd model y panopticon i ddisgrifio'r modd y gweithreda CCPF a'r BFI. Trwy gyfrwng gweithdrefnau, strwythurau a disgyblaeth mae'r panopticon yn caethiwo'r unigolyn ac yn diffinio ac yn pennu cyd-destun y gwaith. Mae disgwrs panopticiaeth yn cynnig methodoleg i archwilio datblygiad strwythurau disgyblaethol a strwythurau grym CCPF a'r BFI. Nid yw'r bennod hon yn awgrymu i CCPF a'r BFI fynd ati yn ymwybodol i fabwysiadu fframwaith panoptaidd ond, yn hytrach, dadleuir yma mai mentrau iwtopaidd oeddent er mwyn rhyddhau'r celfyddydau oddi wrth gadwyni cyni economaidd.

Mae panopticiaeth yn ganlyniad i strwythur gyfundrefnol ac, yn yr achos hwn, mae'n ganlyniad uniongyrchol i lefelau cyllidol annigonol. Mae yna, felly, berthynas gwbl uniongyrchol rhwng pŵer a materoliaeth: mae panopticiaeth a hegemoni yn ganlyniad i feddu ar gyllid. Yr egwyddor sy'n tanlinellu'r defnydd o weithdrefnau disgyblaethol yw y gellir rheoli anhrefn trwy ddefnyddio strwythurau. Nid rhywbeth haniaethol yw panopticiaeth: mae'n bendant, yn ddiriaethol, yn brofiad real, ac fe ellir ei weld yn digwydd. Mae'r cyrff hyn yn normaleiddio, yn categoreiddio, yn proffesiynoli ac yn disgyblu trwy roi eu polisïau ar waith. Gosodir 'safonau' sy'n adnabod 'rhagoriaeth' a datblygir ffyrdd o archwilio, asesu a gwerthuso trwy gynnal arsylliad parhaus o'r cleientiaid.

Mae canlyniadau panopticiaeth yn cael eu dosbarthu ar hyd a lled y celfyddydau, wrth ddirnad pwy sy'n gwneud ffilm, pwy sy'n eu gwylio ac ym mhle. Crëir hierarchaeth ofodol sy'n breintio'r Theatr Ffilm Genedlaethol dros y neuadd bentref, sy'n breintio'r brifddinas dros gefn gwlad. Wrth ddod yn rhan o'r system gyllido mae cwmnïau fel y BFfC yn cydweithio â phanopticiaeth, a thrwy hynny, mae gan CCPF a'r BFI reolaeth dros fyd dychmygol a chreadigol y genedl.

Nodiadau

1   David M. Barlow, Philip Mitchell a Tom O'Malley, *The Media in Wales: Voices of a Small Nation* (Cardiff: University of Wales Press, 2005), t. 29.
2   John Davies, *Broadcasting and the BBC in Wales* (Cardiff: University of Wales Press, 1994), t. 38.
3   Aled Jones, 'The nineteenth-century media and Welsh history', yn Laurel Brake, Bill Bell a David Finkelstein (goln), *Nineteenth-century Media and the Construction of Identities* (Basingstoke: Palgrave, 2000), tt. 310–25.
4   Philip Schlesinger, 'Media, the political order and national identity', *Media, Culture & Society*, 13, 3 (1991), 299. Mae'r pwyslais yn yr erthygl wreiddiol.
5   Ibid.
6   Bill Ashcroft, *Post-colonial Transformation* (London: Routledge, 2001), t. 4.
7   Colin Gordon (gol.), *Michel Foucault: Power/Knowledge, Selected Interviews and Other Writings 1972–1977* (Brighton: The Harvester Press, 1980), t. 164.
8   Owen Kelly, *Community, Art and the State* (London: Comedia, 1984), t. 43.
9   Gordon (gol.), *Michel Foucault: Power/Knowledge*, t. 147.
10 Ibid., t. 156.
11 Ibid.
12 Ibid., t. 158.
13 Ibid.
14 Ibid., t. 162.
15 Ibid., t. 163.
16 Michel Foucault, 'Panopticism', yn Paul Rabinow (gol.), *The Foucault Reader: An Introduction to Foucault's Thought* (1984; London: Penguin, 1991), t. 208.
17 Sefydlwyd CEMA ym 1940.
18 Foucault, 'Panopticism', t. 212.
19 Ibid., t. 193.
20 Ibid., t. 199.
21 Ibid., t. 19.
22 Ibid., t. 205.
23 John Maynard Keynes, 'The arts council: its policy and hopes', *The Listener*, 12 July 1945, adargraffwyd yn John Pick, *Vile Jelly: The Birth, Life and Lingering Death of the Arts Council of Great Britain* (Denton: Brynmill, 1991), tt. 106–8.
24 Robert Hewison, 'The Arts Council of Great Britain 1946–1994', yn Arts Council of Great Britain, *49th Annual Report and Accounts, 1993–1994* (London: Arts Council of England, 1994), t. 36.
25 Maynard Keynes, 'The arts council: its policy and hopes', t. 105. Fy mhwyslais i.
26 Ibid.
27 Ibid., t. 107.
28 Hugh Willatt, *The Arts Council of Great Britain: The First 25 Years* (London: Arts Council of Great Britain [ACGB], 1972), t. 11.
29 Ibid.

30 Robert Hewison, *Culture and Consensus: England, Art and Politics since 1940* (London: Methuen, 1995), t. 80.

31 Ymhlith aelodau cyntaf CCPF roedd gan bedwar ohonynt gysylltiadau Cymreig, sef B. Ifor Evans, Ralph Vaughan Williams, yr Arglwydd Harlech a William Emrys Williams. Ym 1951, camodd William Emrys Williams i rôl ysgrifennydd cyffredinol CCPF.

32 Dyfynnir yn Eric W. White, *The Arts Council of Great Britain* (London: Davis-Poynter, 1975), t. 300.

33 Arts Council of Great Britain, *Annual Report 1945–1946* (London: ACGB, 1946), t. 5.

34 Maynard Keynes, 'The arts council: its policy and hopes', t. 108.

35 Arts Council of Great Britain, *Eighth Annual Report 1952–3* (London: ACGB, 1953), t. 53.

36 Council for Wales and Monmouthshire, *Report on the Arts in Wales*, Cmnd. 2983 (London: HMSO, 1966), t. 119.

37 Ibid., t. 35.

38 Ibid., tt. 119–20.

39 Raymond Williams, 'The arts council', *The Political Quarterly*, 50 (1979), 160.

40 Arts Council of Great Britain, *Twenty Second Annual Report 1966–1967* (London: ACGB, 1967), t. 41.

41 Maynard Keynes, 'The arts council: its policy and hopes', t. 105.

42 Dyfynnir yn Jörn Weingärtner, *The Arts as a Weapon of War: Britain and the Shaping of National Morale in the Second World War* (London: Tauris Academic Studies, 2006), t. 158.

43 Ibid.

44 Andrew Sinclair, *Arts and Cultures: The History of the Fifty Years of the Arts Council of Great Britain* (London: Sinclair-Stevenson, 1995), t. 42.

45 Arts Council of Great Britain, *Twenty Second Annual Report 1967*, t. 11.

46 Williams, 'The arts council', 163.

47 Anthony Everitt, 'Priorities for patronage', *Guardian*, 22 May 1993, 31.

48 Ibid.

49 House of Commons, The Minutes of the Committee on Welsh Affairs, Session 1981–1982, *Minutes of Evidence: Welsh Arts Council*, 19 May 1982 (London: HMSO, 1982), tt. 17–18.

50 The Welsh Office, *Departmental Report 1995: The Government's Expenditure Plans 1995–96 to 1997–98*, Cm. 2814 (London: HMSO, March 1995), t. 49.

51 Sinclair, *Arts and Cultures*, tt. 119–20.

52 Arts Council of Great Britain, *The First Ten Years: Eleventh Annual Report 1955/56* (London: ACGB, 1956), t. 81. Mae'r pwyslais yn y gwaith gwreiddiol.

53 Arts Council of Great Britain, *Annual Report 1962–63* (London: ACGB, 1963), t. 46.

54 Ibid., t. 65.

55 Yr adran ar Gymru yn Arts Council of Great Britain, *Annual Report 1966–1967* (London: ACGB, 1967), t. 41.

56 Ibid.

[57] Elan Closs Stephens, 'Drama', yn Meic Stephens (gol.), *Y Celfyddydau yng Nghymru 1950–75* (Caerdydd: CCC, 1979), t. 252.

[58] Maynard Keynes, 'The arts council: its policy and hopes', t. 107.

[59] White, *The Arts Council of Great Britain*, t. 239.

[60] Stuart Hall, 'Notes on deconstructing "the popular"', yn Raphael Samuel (gol.), *People's History and Socialist Theory* (London: Routledge, 1981), t. 239. Mae'r pwyslais yn y cyhoeddiad gwreiddiol.

[61] Commission on Educational and Cultural Films, *The Film in National Life* (London: Allen & Unwin, 1932).

[62] A. Rachael Low, *The History of British Film, 1929–1939: Documentary and Educational Films of the 1930s* (London: Routledge, 1997), t. 182.

[63] Ivan Butler, *To Encourage the Art of the Film: The Story of the British Film Institute* (London: Robert Hale, 1971), t. 17.

[64] Dyfynnir yn Low, *The History of British Film*, t. 184.

[65] Ibid.

[66] Ibid.

[67] Ibid.

[68] Roedd y bwrdd llywodraethol yn cynnwys tri chynrychiolydd o'r sector addysgol, tri o'r sector fasnachol a thri cynrychiolydd o'r 'cyhoedd'.

[69] British Film Institute, *First Annual Report Year ended 30 September 1934* (London: BFI, 1934), t. 11.

[70] Ibid.

[71] British Film Institute, *Fourteenth Annual Report 1947* (London: BFI, 1947), t. 6.

[72] British Film Institute, *Fifteenth Annual Report 1948* (London: BFI, 1948), t. 11.

[73] Arts Enquiry, 'Interim draft of the factual film in Great Britain' [dogfen anghyhoeddedig gyfrinachol (Hydref 1944), t. IV], dyfynnir yn Christophe Dupin, 'The postwar transformation of the British Film Institute and its impact on the development of a national film culture in Britain', *Screen*, 47, 4 (2006), 445.

[74] British Film Institute, *First Annual Report* (London: BFI, 1934), t. 29.

[75] Gwenno Ffrancon, *Cyfaredd y Cysgodion: Delweddu Cymru a'i Phobl ar Ffilm 1935–1951* (Caerdydd: Gwasg Prifysgol Cymru, 2003), t. 176.

[76] British Film Institute, *Nineteenth Annual Report* (London: BFI, 1952), t. 7.

[77] Ibid.

[78] Butler, *To Encourage the Art of the Film*, t. 116.

[79] British Film Institute, *Twentieth Annual Report* (London: BFI, 1953), t. 2; British Film Institute, *Annual Report 1955–56* (London: BFI, 1956), t. 1.

[80] Roger Manvell, *The Film and the Public* (Middlesex: Penguin, 1955), t. 295.

[81] Butler, *To Encourage the Art of the Film*, tt. 139–40.

[82] Ibid., tt. 97, 130.

[83] Cyril J. Radcliffe, *Report of the Committee on the British Film Institute: Presented by the Lord President of the Council to Parliament by Command of His Majesty* (London: HMSO, 1948), t. 8.

[84] Butler, *To Encourage the Art of the Film*, t. 140.

[85] Alan Lovell, 'The BFI and film education', *Screen*, 12, 3 (1971), 14.

[86] Geoffrey Nowell-Smith, 'The 1970 crisis at the BFI and its aftermath', *Screen*, 47, 4 (2006), 454.

[87] Butler, *To Encourage the Art of the Film*, t. 141.

[88] Ibid.

[89] Colin McArthur, 'Two steps forward, one step back: cultural struggle in the British Film Institute', *Journal of Popular British Culture*, 4 (2007), 113.

[90] Nowell-Smith, 'The 1970 crisis at the BFI and its aftermath', 457.

[91] Butler, *To Encourage the Art of the Film*, t. 151.

[92] Ibid., t. 152.

[93] Alan Lovell (gol.), *Production Board* (London: BFI, 1976), t. 37.

[94] Michael Relph, 'Some conclusions', yn Alan Lovell (gol.), *Production Board* (London: BFI, 1976), t. 60.

[95] Butler, *To Encourage the Art of the Film*, t. 154.

[96] Lovell (gol.), *Production Board*, tt. 39, 40.

3

Gwreiddiau a Chyd-destun Sefydlu'r Bwrdd Ffilmiau Cymraeg

Yn ei gyfrol, *The Break-up of Britain*, disgrifia Tom Nairn y 1970au fel cyfnod o 'rapidly accelerating backwardness, economic stagnation, social decay and cultural despair'.[1] Yn gyffredinol fe'i hystyrir yn 'ddegawd y diafol', yn gyfnod llwm, diobaith, dystopaidd. Fe'i darlunnir yn gyson fel cyfnod a nodweddir gan streiciau niferus, chwyddiant cynyddol, diweithdra sylweddol a rhwygiadau cymdeithasol chwerw, ac fe'i diffinnir fel cyfnod o ddirywiad economaidd, gwrthdaro gwleidyddol ac anghydfod cymdeithasol heb ei debyg.[2] Yn y cyd-destun hwn, mae nifer wedi tynnu sylw at y ffaith bod ffilmiau Prydeinig fel petaent yn adlewyrchu digalondid cyfnod, a cheir consenws bod y ffilmiau 'generally of little interest apart from a few isolated films'.[3] Yn ddiweddar, heriwyd y farn hon gan nifer o gyfrolau sydd wedi ailymweld â chynnyrch y degawd a'i ailarchwilio.[4] Mewn un astudiaeth, dadleua Paul Newland 'against very tough odds, interesting, arresting and often unusual films were made', a daw i'r casgliad hwn: 'many remain relatively unknown'.[5] Mae hyn yn cynnwys cynnyrch a hanes y Bwrdd Ffilmiau Cymraeg (BFfC) sy'n dapestri a wehyddwyd o naratifau a themâu sy'n rhan gynhenid o gynhyrchu ffilmiau ym Mhrydain yn ystod y 1970au. O fewn y cyd-destun hwn mae ymraniadau diwylliannol, y frwydr i godi llais, bygythiad y teledu, cyni ariannol a bod ar yr ymylon yn rymoedd pwerus.

Cyd-destun sefydlu Panel Ffilmiau Gregynog

Roedd y cyfnod a esgorodd ar y BFfC yn un tymhestlog i garedigion yr iaith, ac i ddiwylliant a gwleidyddiaeth Cymru yn gyffredinol.

Dangosodd cyfrifiad 1961 mai dim ond 656,000 o bobl (26 y cant o'r boblogaeth) oedd bellach yn medru'r Gymraeg. Bu'r gwanychiad ers dechrau'r ugeinfed ganrif, pan oedd sefyllfa'r iaith yn gadarn, yn frawychus. Bryd hynny, fe'i siaredid gan 929,824 o bobl (49.9 y cant o'r boblogaeth), a 280,905 (30.2 y cant) o'r rheini'n uniaith Gymraeg. Mewn 60 mlynedd, felly, hanerwyd nifer y siaradwyr Cymraeg. Mwy brawychus fyth oedd y ffaith bod yr iaith yn colli tir yn yr ardaloedd hynny y cyfeirid atynt yn hyderus fel 'cadarnleoedd y Gymraeg' neu'r Fro Gymraeg.[6] Nid oedd Saunders Lewis yn ymwybodol o'r ystadegau hyn pan draethodd ei ddarlith ddylanwadol 'Tynged yr Iaith' yn Chwefror 1962, ond roedd yn llygad ei le wrth fynnu y byddai'r ystadegau yn 'sioc ac yn siom i'r rheini ohonom sy'n ystyried nad Cymru fydd Cymru heb y Gymraeg', a rhagwelodd, 'y bydd terfyn ar y Gymraeg yn iaith fyw, ond parhau'r tueddiad presennol, tua dechrau'r unfed ganrif ar hugain'.[7] Yr un fu ei fwriad wrth weithredu ym Mhenyberth ym 1936, sef codi cywilydd ar ei gyd-Gymry a'u cymell i frwydro i sicrhau bod yr iaith yn cael statws swyddogol, gan ei fod yn gwbl argyhoeddedig fod achub yr iaith yn bwysicach na hunanlywodraeth. Daethpwyd â thynged yr iaith i sylw'r cyhoedd a'i gosod ar agenda gwleidyddion mewn modd newydd. Yr oedd ei neges yn glir fel grisial: dim ond chwyldro a fyddai'n achub yr iaith. Roedd y ffaith bod tri o bobl ddi-Gymraeg am bob un a fedrai'r Gymraeg yn sbardun i gychwyn ymgyrch i ddyrchafu bri i'r iaith ym mywyd cyhoeddus Cymru, ac yn haf 1962, ffurfiwyd mudiad newydd o'r enw Cymdeithas yr Iaith Gymraeg. Yn ôl un o'i sylfaenwyr, sefydlwyd y mudiad er mwyn 'Gwneud *rhywbeth*, Gwneud *rhywbeth*' mewn cyfnod argyfyngus.[8] Yn wahanol i'w rhagflaenwyr, ymwrthododd Cymdeithas yr Iaith â dulliau cyfansoddiadol a choflefidiwyd dulliau o weithredu uniongyrchol di-drais. Dywedodd Gareth Miles wrth gloriannu rôl Saunders Lewis a 'Tynged yr Iaith' yn hanes sefydlu'r mudiad:

> rhoddasai [Saunders Lewis] ger ein bron fraslun o strateg a thactegau y gellir eu defnyddio i bigo cydwybod y Cymry, i dynnu eu sylw at y peryglon a fygythiai einioes ein cenedl ac i ennill eu cefnogaeth i fudiad agored, democrataidd a phenderfynol a fyddai'n gyfrwng i adfer eu hunan-barch ac i'w hargyhoeddi o werth ymreolaeth.[9]

Bu 1966 yn flwyddyn allweddol i Gymdeithas yr Iaith ac i genedlaetholdeb Cymreig, gyda chynnydd mewn anufudd-dod sifil a buddugoliaeth ysgubol Gwynfor Evans yn isetholiad Caerfyrddin. Yn ogystal, cyhoeddodd J. R. Jones ei gyfrol nodedig *Prydeindod*, a ddadleuodd o blaid pwysigrwydd iaith a thir wrth greu clymau ffurfiant sy'n sail i'r genedl Gymreig. Darparodd ieithwedd ei gyhoeddiadau, megis 'cydymdreiddiad tir ac iaith', a chynnwys ei ddarlithoedd a'i ysgrifau tanbaid, sail ddeallusol i waith Cymdeithas yr Iaith Gymraeg. Yn ei hanfod, cyfreithlonwyd gweithredu'r gymdeithas gan ei waith, a chwistrellwyd dwyster deallusrwydd i'r sefyllfa, neu 'fawredd' i'r ymgyrchu, yng ngeiriau Saunders Lewis.[10] Ond erbyn 1969 daeth tro ar fyd, gydag arwisgo'r Tywysog Siarl yng Nghaernarfon ar 1 Gorffennaf. I J. R. Jones, roedd i'r digwyddiad arwyddocâd arbennig a symboleiddiai hegemoni ac imperialaeth ddiwylliannol ormesol:

> Dadlennodd yr Arwisgiad mor llwyr y cwblhawyd anrhaith 'diwylliannol' ar feddyliau'r Cymry. 'Mi fydd hi'n olreit ar yr hen Gymraeg rŵan' meddai'r trydar tafodau, 'wedi i'r Tywysog ei dysgu hi mor dda: mi fydd urddas arni rŵan'. Ffyliaid a deillion! Oni welwch chwi pa mor druenus ddi-urddas y rhaid ei bod hi wedi mynd yng ngolwg ei phlant ei hun os oedd raid wrth gyffyrddiad o'r 'bri brenhinol' i'w chodi o'r llwch.[11]

Llwyddodd yr arwisgiad yn ei nod o dawelu cenedlaetholdeb Cymreig wrth gryfhau'r ymdeimlad o undod Prydeinig trwy gyfrwng y symbol o'r Goron. Erbyn i'r cyfrifiad ymddangos ym 1971, gwelwyd cwymp pellach yn nifer siaradwyr y Gymraeg, ac aeth llawer i anobeithio wrth weld bod mudiad yr iaith yn cyrraedd croesffordd dyngedfennol. Yn ôl Gareth Miles: 'Dwysáu wnaeth argyfwng ein cenedl yn ystod y deng mlynedd a aeth heibio . . . Cytunir heddiw gan genedlaetholwyr a chan elynion Cymru, y pennir [tynged yr iaith] yn ystod y deng mlynedd nesaf.'[12] Er gwaetha'r cwymp mewn siaradwyr Cymraeg, roedd effaith darlith Saunders Lewis i'w gweld ac i'w theimlo mewn amryw feysydd. Yn wir, disgrifiwyd gwaith Cymdeithas yr Iaith Gymraeg yn ei blynyddoedd cynnar fel 'crwsâd', ac yn sgil egni'r mudiad protest, symbylwyd datblygiadau eraill, megis ymgyrchoedd i sefydlu ysgolion cynradd ac uwchradd Cymraeg, neuaddau preswyl prif-ysgolion Cymraeg, a gwelwyd egni aruthrol yn esgor ar sefydlu argraffdai, siopau llyfrau a labeli recordio ar gyfer y gerddoriaeth roc a phop heriol a ymddangosodd.[13] Fodd bynnag, ni ellir llai na disgrifio dechrau'r 1980au fel cyfnod o argyfwng alaethus i wleidyddiaeth Cymru. Amlygwyd rhwygiadau mewnol dyfnion y genedl yn ystod yr ymgyrch ddatganoli, gyda drwgdybiaeth wenwynol ar y naill ochr a'r llall yn hollti'r genedl yn ieithyddol ac yn gymhleth o ddaearyddol. Fel y dywedodd Gwyn Alf Williams: 'Caernarfon almost certainly did not relish rule by Cardiff . . .; Merthyr Tydfil would have cherished such prospect as little.'[14] Dywedwyd gan rai i'r cecru hwn gael effaith andwyol ar y genedl, wrth niweidio'r cysyniad o Gymreictod ei hun.[15] Ond roedd ergyd drom arall i ddod gyda buddugoliaeth ddiamheuol Margaret Thatcher a'r Blaid Geidwadol, ym mis Mai 1979, gyda chynnydd sylweddol – o 5 y cant, sef y mwyaf y tu allan i Lundain – i'r blaid honno yng Nghymru. Trawsnewidiwyd y tirlun gwleidyddol yn sgil llwyddiant etholiadol y Ceidwadwyr, gan wthio'r Blaid Lafur yn ôl i'w chynefin naturiol ym meysydd glo'r de, a bellach roedd modd teithio o Gaergybi i Gas-gwent heb adael yr un etholaeth Geidwadol.[16] Dywedodd Williams: 'Moreover, the elimination of Welsh peculiarities and a powerful simplification strongly suggested an integration into Britain more total than anything yet experienced . . . Welsh politics had ceased to exist. Wales had finally disappeared into Britain.'[17]

Wedi ethol y llywodraeth Geidwadol ym Mai 1979, parhaodd Thatcher fel Prif Weinidog trwy'r 1980au tan ei hymddiswyddiad fel arweinydd y blaid yn Nhachwedd 1990. Newidiodd Prydain Fawr yn sylfaenol, wrth lynu at gyfuniad o egwyddorion economaidd, gwleidyddol, cymdeithasol a syniadol a oedd yn gwbl groes i'r wleidyddiaeth gydsyniol a fodolai ar ôl yr Ail Ryfel Byd. I lywodraeth Thatcher roedd gwleidyddiaeth gydsyniol yn arwydd o wendid, yn arwydd o bŵer gormodol yr undebau a methiant y llywodraeth i reoli'r economi a'r gymdeithas. Gwatwarai'r hyn a ddirmygid ganddi fel 'Nanny State', a cheisiodd ddileu'r hyn a oedd, yn ei thyb hithau, yn ymyrraeth lywodraethol o fewn y sffêr economaidd. 'We should not expect the state,' dywedodd ym 1980, 'to appear in the guise of an extravagant god fairy at every christening, a loquacious companion at every stage of life's journey, the unknown mourner at every funeral.'[18] Tociwyd ar rôl y wladwriaeth er mwyn galluogi'r sector breifat i ffynnu. Datgymalwyd rhwystrau i fentrau rhydd; ffrwynwyd pŵer yr undebau fel grym a yrrai cyflogau'n rhy uchel; preifateiddiwyd nifer o elfennau'r sector gyhoeddus er mwyn ei lleihau. Bron ar unwaith teimlodd Cymru effaith lem polisïau'r llywodraeth newydd yn sgil diswyddiadau disymwth mewn nifer o ddiwydiannau traddodiadol Cymreig, megis glo a haearn. Bu gweithlu Cymru ar ei uchaf ym 1979, pan oedd 1,022,000 o bobl mewn gwaith, ond erbyn Mehefin 1983, cafwyd gostyngiad sylweddol, gyda dim ond 882,000 yn gweithio, a phwyllgor Tŷ'r Cyffredin ar faterion Cymreig yn mynegi pryder y byddai diweithdra yn esgor ar 'anhrefn gymdeithasol ddifrifol'.[19] Ceir dadl gref fod diwylliant gwleidyddol Cymru wedi ei nodweddu gan gonsensws, cydweithrediad a chyfunoliaeth, a bod hanfod gwleidyddiaeth Thatcher felly yn gyfan gwbl groes i draddodiad gwleidyddol Cymru.[20] Ys dywed Roger Owen:

> Yn y Gymru Ryddfrydol, telid gwrogaeth beunydd i ddiweirdeb naturiol a chyd-ddibyniaeth y gymdeithas werinol fel craidd hunaniaeth y genedl; yn y Gymru sosialaidd (boed honno'n cydnabod Cymru fel uned o bwys ai peidio), pwysleisid datblygiad unffurf, organaidd y dosbarth gweithiol fel endid cyfansawdd, a cheisid gwarchod buddiannau'r dosbarth hwnnw ar bob cyfrif.[21]

Ond nid oedd lle i'r credoau hyn yng Nghymru na Phrydain Thatcher. O fyfyrio ar y refferendwm a'r etholiad cyffredinol dilynol, ymddengys i Gwyn Alf Williams syrthio i bwll o anobaith llwyr:

> The Welsh electorate in 1979 wrote *finis* to nearly two hundred years of Welsh history. They rejected the political traditions to which the modern Welsh had committed themselves. They declared bankrupt the political creeds which the modern Welsh had embraced. They may in the process have warranted the death of Wales itself.[22]

Mewn cyfnod mor alaethus, gyda'r cysyniad o Gymru a Chymreictod yn dioddef ergydion didrugaredd a'r broses ddemocrataidd wedi methu, trowyd at ddiwylliant a'r celfyddydau fel modd i fynegi cenedlaetholdeb ac er mwyn ceisio ymestyn cyrhaeddiad yr iaith Gymraeg. Fodd bynnag, roedd cyflwr y celfyddydau yng Nghymru ymhell o fod yn llewyrchus ar drothwy'r 1970au. Nododd *Adroddiad Blynyddol Cyngor Celfyddydau Cymru* ym 1970: 'Nodwedd ddigalon o'r adroddiadau blynyddol hyn yw prinder cyfleusterau er hyrwyddo'r celfyddydau yng Nghymru. Er na ellir amau nad yw'r cyfraniadau tuag at y celfyddydau o ffynonellau cenedlaethol wedi gwella'n sylweddol, yn lleol mae'r darlun yn un anghyson a llai boddhaol.'[23]

Nid oedd hinsawdd y cyfryngau torfol yng Nghymru yn fawr gwell. Ychydig flynyddoedd ynghynt, ym 1963, traddododd Emyr

Humphreys araith danbaid yn Eisteddfod Genedlaethol Llandudno a'r Cylch, dan y teitl 'Teledu, y ffilm a'r llwyfan – y berthynas rhyngddynt'. Bu'n annerch yn angerddol am y tri chyfrwng, yr iaith, a chyflwr y genedl, gan ymosod ar sefydliadau a charfanau amrywiol megis Prifysgol Cymru, gweision sifil a'r di-Gymraeg. Fel hyn y gwelodd gyflwr y genedl a'r tri chyfrwng: 'Yn anffodus y mae Cymru druan wedi cyrraedd yr adeg od yma yn hanes y ddynoliaeth heb lywodraeth, fel dyn yn dod i wledd gyhoeddus heb ei drwsus . . . Teledu Cymraeg – erthyl efelychiadol, y Ffilm Gymraeg, heb ei eni – y llwyfan – dyma'r unig frethin [*sic*] cartref sydd gennych.'[24]

Yr ateb i'r sefyllfa druenus yn ôl Emyr Humphreys oedd i'r Cymry Cymraeg fynd ati i greu eu gwasanaeth teledu eu hunain, eu ffilmiau eu hunain a llwyfannu eu dramâu eu hunain. Gwelodd ffilm fel cyfrwng 'eithriadol o bwysig' nad oedd yn 'newydd bellach ond ysywaeth mae'n newydd iawn i ni'.[25] Gan fod Cymru yn wlad ddelfrydol ar gyfer y cyfrwng, awgrymodd y dylid edrych i gyfeiriad Ewrop, gan fod ysgol ffilm i'w chael ymhob un o'i gwledydd, ac fe fyddai'n fodd i ddysgu'r 'iaith newydd' i'r to ifanc.

Ar droad y 1970au dechreuodd y syniad o ffilm a theledu fel cyfryngau creadigol fagu pwysigrwydd cynyddol o fewn sefydliadau llenyddol ac addysgol Cymru. Yn Ebrill 1973, fe drefnodd yr Academi Gymreig Gynhadledd Taliesin ar 'Y llenor a'r cyfryngau torfol' yng Nghyncoed, Caerdydd.[26] Yn y gynhadledd, canolbwyntiwyd, yn ôl y disgwyl, ar swyddogaeth y llenor ym myd y cyfryngau torfol, ac ymhlith y sesiynau cafwyd darlithiau gan Michael Bayley Hughes ar '[G]ymru a'r ffilm' a Wil Aaron ar '[W]neud ffilm'.[27] Yn ogystal, cyhoeddwyd adroddiad gan Undeb Cenedlaethol Athrawon Cymru yn ystod haf 1970 yn galw am ffilmiau Cymraeg ar gyfer ysgolion, ac yn galw ar fyrder am gyfieithu ffilmiau i'r Gymraeg er mwyn i athrawon fedru eu llogi trwy'r post.[28]

Ond daeth y datblygiad mwyaf arwyddocaol o du Cymdeithas Celfyddydau Gogledd Cymru (CCGC) a sefydlwyd ar 1 Ebrill 1964. Amcanion y gymdeithas oedd hyrwyddo dealltwriaeth a gwerth-fawrogiad o'r celfyddydau yn chwe sir gogledd Cymru, gan gymryd i ystyriaeth nodweddion unigryw'r ardal. Prif fwriad y sefydliad oedd cydgysylltu a chynnig grantiau i sefydliadau a oedd yn hyrwyddo gweithgareddau celfyddydol, ac fe'i hariannwyd gan gyfraniadau oddi wrth gynghorau siroedd gogledd Cymru, diwyd-iant, undebau llafur, ffynonellau preifat a gwirfoddol, a grantiau oddi wrth Gyngor Celfyddydau Cymru (CCC). Sefydlwyd ysgol breswyl ym 1968 gan banel llenyddiaeth y gymdeithas, dan gadeiryddiaeth Glyn Tegai Hughes.[29] Fe fu'r ysgol breswyl hon yn garreg filltir yn hanes y ffilm Gymraeg yng Nghymru gan iddi sbarduno datblygiadau a arweiniodd at sefydlu'r BFfC. Themâu digon traddodiadol a gafwyd yn ystod y blynyddoedd cynnar, gyda gwaith Saunders Lewis yn ffocws i'r ysgol yn y flwyddyn gyntaf, a dewiswyd 'Barddoniaeth wedi'r rhyfel' fel thema ar gyfer y flwyddyn ddilynol.[30] Ond ar gyfer ysgol 1970 penderfynwyd bwrw'r rhwyd yn ehangach. Cynigiodd Gwyn Thomas '[G]yfryngau llenyddol newydd' fel thema. Roedd yn gryf o'r farn y dylid ystyried ffilmiau yn ffurf ar lenyddiaeth, a hynny i'r fath raddau fel y bathodd air newydd i fynegi hyn, sef 'llunyddiaeth'.[31] Roedd hefyd yn awyddus i gael fforwm i weld sut y gellid creu fersiynau Cymraeg o ffilmiau a rhaglenni a oedd eisoes ar gael mewn ieithoedd eraill, gan mai dyna a fyddai'r ffordd rataf o greu defnyddiau ar ffilm yn y Gymraeg.[32]

Serch poblogrwydd y pwnc fel maes trafod, anodd oedd gwireddu rhaglen ddelfrydol Gwyn Thomas, a oedd wedi gobeithio bachu Wilbert Lloyd Roberts i drafod y ffilm fel cyfrwng llenyddol, yn ogystal â Dafydd Huw Williams a Geraint Stanley Jones.[33] Yn wir, mor sigledig oedd y rhaglen fel yr ystyriwyd newid pwnc yr ysgol yn llwyr, ac ildio i bwnc llawer iawn mwy confensiynol a thraddod-iadol sef 'Rhyddiaith wedi'r rhyfel'.[34] Serch hynny, llwyddwyd yn y pen draw i ennyn digon o siaradwyr i fwrw ymlaen a chynnal yr ysgol ar y thema wreiddiol rhwng 24 a 26 Gorffennaf. Yn eu plith roedd Emyr Humphreys, Islwyn Ffowc Elis, Gwyn Erfyl a Meirion Edwards, a threfnwyd rhaglen o ffilmiau gan B. S. Johnson a Glyn Tegai Hughes.[35]

Ystyrid yr ysgol yn llwyddiant ysgubol, a chafwyd trafodaethau difyr ar y math o ddarpariaeth yr oedd ei hangen i gynhyrchu ffilmiau Cymraeg, gyda golwg arbennig ar ffilmiau i blant, yn ogystal ag edrych ar ffynonellau o gefnogaeth ariannol megis CCC a'r British Film Institute (BFI). Soniwyd hefyd am y posibiliadau o gael arbenigwyr o wledydd dwyieithog Ewrop neu Ganada i drafod y potensial ac i roi arweiniad.[36] O ganlyniad i'r brwdfrydedd a leisiwyd yng Ngregynog, teimlwyd ei bod yn angenrheidiol parhau â'r drafodaeth. Wrth adrodd yn ôl i bwyllgor gweithredol CCGC yn ei rôl fel cadeirydd y panel llenyddol, llwyddodd Glyn Tegai Hughes i sicrhau grant bychan o £50 oddi wrtho er mwyn dod â grŵp o bobl ynghyd i barhau â'r trafodaethau ac ymchwilio ymhellach. Unig ddymuniad y panel llenyddol oedd y dylid gosod dwy eitem ar yr agenda, sef ffilm fel cofnod o ffigyrau llenyddol amlwg, ac fel cofnod hefyd o fywyd Cymraeg yn gyffredinol.[37] Mewn cyfnod a ystyrid yn eithriadol o lwm i'r iaith Gymraeg, roedd y trafodaethau cychwynnol yn llygedyn o heulwen mewn amgylchiadau pur anodd. Ym 1970 ymddangosodd llythyr yn *Baner ac Amserau Cymru* yn gofidio

> fod rhywbeth mawr o'i le ym mywyd Cymru. Bu'r chwedegau yn gyfnod o derfysg cynyddol yn ein gwlad ac ofnwn yn fawr y bydd y sefyllfa'n dirywio'n gyflym dros y misoedd nesaf . . . Y mae'r iaith Gymraeg yn etifeddiaeth ysbrydol i ni. Yn wir, tystia parhad ei hidiomau ar wefusau ac ym mywyd ein cymrodyr di-Gymraeg i ddyfnder ei gafael arnom. Byddai ei marwolaeth hi yn farwolaeth ysbrydol i'r genedl.[38]

Bu 1970 yn 'flwyddyn ddu'r colledion', gyda nifer o gewri dylanwadol y genedl yn marw, megis Cynan, D. J. Williams, yr Athro J. R. Jones, y Parch J. T. Davies, Trefor Morgan, Dr Huw T. Edwards, Dr T. I. Ellis, Jack Jones, J. E. Jones, D. J. Davies, Geraint Edwards, Hywel Hughes, Alun Ogwen, Nan Davies, Gwyneth Alban Jenkins, Gwilym Gwalchmai ac, yn eironig ddigon, arloeswr cyntaf y ffilm lafar Gymraeg, Syr Ifan ab Owen Edwards.[39] Gwelodd *Y Faner* fod yna ddau elyn wrth eu gwaith, sef 'gelyn angau . . . a gelynion eraill mor barod ag erioed i ruthro i mewn trwy'r pyrth ac anrheithio'r winllan a roddwyd i'n gofal'.[40] Ffyrnigodd y frwydr dros gadwraeth yr iaith a'r hawl i'r famiaith gael ei chydnabod yn swyddogol yng Nghymru. Mewn cyd-destun o imperialaeth ddiwylliannol, cododd yr ymgyrch yma dros ffilmiau Cymraeg fel ffenics o lwch a cholledion 1970, ac fel un ymdrech o blith nifer i warchod yr iaith a'r diwylliant Cymreig trwy gyfrwng newydd, yn wyneb marwolaeth cenhedlaeth gyfan o fawrion y genedl.

Panel Ffilmiau Gregynog

Cynhaliwyd cyfarfod cyntaf Panel Ffilmiau Gregynog yng Ngholeg Prifysgol Gogledd Cymru, Bangor, ar 11 Tachwedd 1970, dan gadeiryddiaeth Glyn Tegai Hughes. Wrth fwrw golwg dros enwau aelodau cynnar y panel, gellir gweld eu bod yn rhannu nifer o nodweddion cyffredin. Gan mwyaf, roeddent yn academyddion ac awduron lled adnabyddus wedi eu lleoli yng ngogledd-orllewin

Cymru. Roedd gan ambell un, megis Alun Llywelyn-Williams, Gwyn Thomas a J. R. Webster, gysylltiad â Glyn Tegai Hughes trwy Brifysgol Cymru. Roedd y byd addysg yn ddolen gyswllt arall, gyda T. Glyn Davies a Keith Evans yn gyfarwyddwyr addysg, ac Ieuan Williams Hughes yn warden ar Goleg Harlech. Roedd eraill, megis Emyr Humphreys, Islwyn Ffowc Elis a Huw Lloyd Edwards, yn aelodau blaenllaw o'r gymuned ddiwylliedig greadigol a oedd hefyd yn ddarlithwyr coleg a phrifysgol. Gweithredai nifer fel aelodau o bwyllgorau CCGC. Mawrion y genedl a phobl y 'Pethe' oedd y rhain, ond er gwaetha'u disgleirdeb mewn amryw feysydd, prin iawn oedd eu profiad o gynhyrchu ffilmiau. Yn ôl Mike Cormack, mae gan ddeallusion fel y rhain rôl bwysig o fewn unrhyw sffêr gyhoeddus, fel pobl sy'n gosod yr agenda, sy'n cynhyrchu diwylliant ac sy'n llywio mynediad at y cyfryngau.[41] Ond o fewn cymuned iaith leiafrifol, mae eu rôl a'u dylanwad yn gyfan gwbl allweddol. Sonia Benedict Anderson am rôl y 'professional intellectuals', ac adleisir ei waith gan Philip Schlesinger a ddywed: 'from the start in Europe, the formation of the intellectuals was closely tied to nationalist movements and the rise of the nation state'.[42] Mae'r deallusion hyn yn dangos arweiniad o fewn meysydd addysg a'r cyfryngau ym mhob cymuned, ond o fewn cymuned leiafrifol, '[a] lack of confidence (due to educational and social factors, and often economic as well) makes leadership even more important than in other types of social movement'.[43]

Yn y cyfarfod cyntaf, sbardunwyd trafodaeth eang a lywiodd weledigaeth panel ffilmiau Cymraeg Gregynog yn y dyddiau cynnar. Mynegodd nifer o aelodau'r panel ofid ynglŷn â diffyg bodolaeth ffilmiau Cymraeg, ac roedd yr aelodau'n berwi o syniadau newydd wrth chwilio am fodd i lanw'r gwagle hwn. Gyda rhai o aelodau'r panel yn llenorion ac yn academyddion llenyddol, mynegwyd pryder fod cynifer o wŷr amlwg – yn feirdd, llenorion a cherddorion – yn marw neu'n heneiddio heb unrhyw gofnod dogfennol i'w hanfarwoli ar ffilm, megis Jack Jones, Saunders Lewis a Waldo Williams. Ond tra oedd nifer yn ystyried cofnodi ffigyrau amlwg fel y flaenoriaeth bwysicaf, roedd Keith Evans yn gweld ffilm fel cyfrwng ac iddo botensial creadigol anferthol, ac roedd eraill yn awyddus i sicrhau na lynid yn ormodol at ddefnyddio'r cyfrwng i gofnodi'n unig. Roedd eraill yn gweld pwysigrwydd ffilmiau i blant, a thynnodd Gwyn Thomas sylw at yr angen mawr am gartwnau fel *Tom and Jerry* yn y Gymraeg.

Yr her fwyaf i'r panel oedd ceisio casglu ynghyd wybodaeth am hinsawdd bresennol ffilmiau Cymraeg eu hiaith. Heb system a oedd yn cofnodi pa ffilmiau Cymraeg a oedd eisoes yn bod, rhaid oedd mynd ati i wneud gwaith caib a rhaw ar ffurf gwaith ymchwil elfennol. At hynny, mynegwyd gofid ynglŷn â'r rhwystrau a geid wrth geisio casglu ffilmiau Cymraeg ynghyd; er enghraifft, nid oedd pob ffilm ddogfennol o eiddo'r BBC a HTV yn cael eu cadw, ac am flwyddyn yn unig y gellid dangos dramâu teledu oherwydd cyfyngiadau rheolau hawlfraint. Rhaid oedd wrth waith ymchwil trylwyr, felly, er mwyn sefydlu ymwybyddiaeth o'r hyn a oedd ar gael ac addysgu eu hunain ynglŷn â stad y cyfrwng yng Nghymru. Gofynnwyd i Emyr Humphreys lunio rhestr o ffilmiau Cymraeg a oedd ar gael yn y gogledd, ac i grynhoi'r darpariaethau ffilm oedd yn ninas Mangor, fel y gellid ystyried y brifysgol fel cnewyllyn llyfrgell genedlaethol i ffilmiau ond hefyd fel canolfan bosibl. Awgrymwyd y dylai Keith Evans gyflwyno adroddiad technegol ar y cyfarpar diweddaraf, a gofynnwyd i aelodau'r pwyllgor awgrymu enwau arbenigwyr yn y cyfarfod nesaf, boed gynhyrchwyr, cyfar-wyddwyr neu wŷr camera. Sylweddolwyd yn gynnar iawn y byddai'n rhaid cydweithio â chyrff eraill, a hynny er mwyn medru creu casgliad o ffilmiau Cymraeg a oedd eisoes yn bod, ac er mwyn sicrhau caniatâd i drosleisio ffilmiau. Gofynnwyd felly am gydweith-rediad y BBC a HTV yn y gobaith y gellid prynu rhai o'u rhaglenni.

Yn ystod y flwyddyn gyntaf, felly, canolodd y panel ei ymdrechion ar gyflawni gwaith ymchwil sylfaenol er mwyn medru llunio darlun o'r hinsawdd ffilm yng Nghymru. Roedd ystod yr ymchwil yn eang, ac yn amrywio o waith ariannol sylfaenol, megis prisio cost hurio stoc a chriw, i waith creadigol wrth ystyried pynciau addas ar gyfer eu troi'n ffilmiau. Emyr Humphreys a gafodd y gwaith creadigol yn y dyddiau cynnar, ac fe awgrymodd Kate Roberts, Charles Williams, John Gwilym Jones, Jonah Jones ac W. S. Jones fel gwrthrychau ffilm posibl. Roedd yn awyddus i ddefnyddio stori fer Gymraeg yn sail i ffilm, a syniad arall ganddo oedd blodeugerdd o ffilm am bobl ac arferion gwledig cyn iddynt fynd i ebargofiant.

Prif lwyddiant panel ffilmiau Cymraeg Gregynog oedd trefnu ysgol ddybio yng Ngregynog lle y gwyliwyd nifer o raglenni er mwyn penderfynu ar eu haddasrwydd i'w trosleisio i'r Gymraeg. Gyda chymhorthdal o £1,200 oddi wrth CCGC, a £350 o hwnnw wedi'i roi yn benodol tuag at ysgol drosleisio, ffurfiodd Glyn Tegai Hughes, Gwyn Thomas a Keith Evans weithgor er mwyn trefnu'r ysgol yng

Ngregynog rhwng 11 a 13 Gorffennaf 1971. Gwahoddwyd ystod eang o unigolion o rai o brif sefydliadau Cymru, megis arolygyddion ysgolion, swyddogion y BBC a HTV, Coleg Celf Casnewydd ac Uned Iaith Morgannwg. Llwyddwyd i gael 60 o ffilmiau byrion o gyrff amrywiol megis y BFI, cyrff ariannu, cwmnïau masnachol, Stiwdios Weston Woods a Choleg Celf Casnewydd. Yn dilyn y sesiwn gwylio a thrafod yng Ngregynog, aethpwyd ati o ddifrif i geisio troi ffilmiau Saesneg yn rhai Cymraeg. Pennwyd y cartwnau *Drummer Hoff* a *The Happy Owls* gan gwmni Weston Woods yn sgriptiau addas ar gyfer eu trosleisio, a lluniwyd sgript Gymraeg gan Gwyn Thomas a'u hailfedyddio yn *Twm y Drwm* ac *Y Tylluanod Hapus*. Hefyd, penderfynwyd rhoi troslais Gymraeg ar y ffilm *Richard Wilson* a gynhyrchwyd gan Harley Jones i CCC, a phenderfynwyd gofyn i Wil Aaron a fyddai'n cynhyrchu ffilm hanner awr ar y cynllun *Arlunydd Wrth ei Waith*.

Wedi llwyddiant yr ysgol ffilm, bu'n rhaid i'r fenter newydd hon wynebu newid sylweddol. Yn dilyn ei apwyntiad yn llywodraethwr cenedlaethol y BBC yng Nghymru, bu'n rhaid i Glyn Tegai Hughes ymddiswyddo fel cadeirydd y panel. Fe allai hon fod wedi bod yn ergyd niweidiol iawn i'r prosiect a oedd yn ei fabandod, ond llwyddwyd i oroesi'r newid am nifer o resymau. Yn gyntaf oll, roedd y fenter eisoes yn dechrau magu hyder, brwdfrydedd a phenderfyniad gwirioneddol i gynhyrchu ffilmiau Cymraeg. Yn ogystal, yn ei rôl fel un o'r rhai a drefnodd yr ysgol drosleisio, llwyddodd Glyn Tegai Hughes i osod sylfaen gref er mwyn i'r panel barhau â'i waith, wrth sicrhau toreth o ffilmiau a oedd yn ddechreubwynt ar gyfer trafodaethau. Yn ffodus tu hwnt, cafwyd cadeirydd newydd brwdfrydig, deinamig a ffyddlon dros ben yn yr addysgwr adnabyddus Jim Davies, prifathro Coleg Normal, Bangor. Yn syth wedi iddo gipio'r awenau, sicrhaodd Jim Davies ddannedd i'r mudiad newydd hwn wrth ei ffurfio yn fwrdd ffilmiau annibynnol, ac fe'i bedyddiwyd yn Fwrdd Ffilmiau'r Gogledd. Wedi cyfnod o ymchwilio a braenaru'r tir dan gysgod adain hael CCGC, felly, roedd bellach yn amser i ymgeisio am nawdd oddi wrth gyrff cyhoeddus er mwyn cyflawni ei wir amcan, sef cynhyrchu ffilmiau Cymraeg newydd sbon.

Bwrdd Ffilmiau'r Gogledd

Wedi ymffurfio yn Fwrdd Ffilmiau'r Gogledd, aethpwyd ati ar fyrder i osod trosleisiadau Cymraeg ar ffilmiau, ac i gomisiynu ffilmiau newydd sbon, gyda golwg ar wneud cais i CCC am arian. Gellir gweld hyd yn oed yn y dyddiau cynnar hyn fod math arbennig o ffilm yn mynd â bryd aelodau'r bwrdd. Penderfynwyd comisiynu drama hanesyddol gan Wil Aaron, sef *Hen Dynnwr Lluniau*, a ffilm am eiconau pensaernïol y genedl a gaed mewn ffilm gomisiwn arall, sef *Capeli* gan Harley Jones. Wedi ymchwil i ganfod pa ffilmiau a rhaglenni dogfen a oedd yn bod, gobeithid prynu nifer oddi wrth y BBC, megis *Cynan*, *Syr T. H. Parry-Williams*, *Ffarwel Roc* a *Bugail Cwm Prysor*. Dewiswyd ffilmiau ac iddynt themâu traddodiadol Cymraeg felly, rhai oedd yn mawrygu'r diwydiannau chwarelyddol ac amaethyddol yn y gogledd-orllewin. Dadlennir hefyd i'r bwrdd fod yn ymwybodol o'i le yn hanes y ffilm Gymraeg, wrth sicrhau copi o *Yr Etifeddiaeth*, a chan ymdrechu i geisio dod o hyd i gopi o *Y Chwarelwr*. Roedd ffilmiau ac iddynt gysylltiad llenyddol yn sicr yn mynd â'u bryd, a gobeithid ennill cefnogaeth mawrion llenyddol y genedl. Penderfynwyd ar unwaith mai da o beth fyddai cynhyrchu ffilm ar y dramodydd digystadl Saunders Lewis, ac Emyr Humphreys a gafodd y dasg o awgrymu'r syniad iddo. Gwrthod yn blaen a wnaeth Saunders trwy ymateb yn ei ffordd ddihafal ei hun â'r geiriau anfarwol: 'Cwbwl amhosib . . . gwell gennyf neidio o ben pier Penarth ar ben llanw.'[44] Er i'r syniad hwnnw fynd i'r gwellt, sylweddolwyd, yn wyneb y gwaith comisiynu newydd, fod yn rhaid sicrhau ffynonellau o incwm rheolaidd. Diffyg unrhyw gyfundrefn gyllidol i feithrin diwylliant a diwydiant ffilm oedd y prif rwystr a'r ddraenen fwyaf yn ystlys y bwrdd yn y blynyddoedd cynnar.

Calon y gwir oedd bod Panel Ffilmiau Gregynog wedi achub y blaen ar CCC wrth geisio creu cyfundrefn i feithrin ffilm yng Nghymru. Ar ddechrau'r 1970au, nid oedd gan CCC banel penodol i ymdrin â cheisiadau a ddeuai i law i ariannu prosiectau ffilm, dim ond paneli llenyddiaeth, arluniaeth, cerddoriaeth a drama. Yn hanesyddol, fel yr awgrymwyd eisoes, bu dehongliad CCC o ffilm yn gul, gyda cheisiadau i gynhyrchu ffilmiau celfyddydol (hynny yw, ffilmiau am gelf) yn mynd at y pwyllgor arluniaeth, a cheisiadau am ffilmiau am ffigyrau llenyddol yn mynd at y pwyllgor llên. Yn anorfod, roedd rhai mathau o ffilmiau nad oeddynt yn addas ar gyfer y naill bwyllgor na'r llall. Pan aeth ati i gyflwyno cais i CCC ym 1972 am £3,500 tuag at ddatblygu rhaglen waith, bu'n rhaid i'r bwrdd ei gyflwyno i'r pwyllgor arluniaeth. Fodd bynnag, nid oedd ffilmiau'r bwrdd o reidrwydd yn mynd i fod yn 'ffilmiau celfyddydol' yn ôl dehongliad CCC o'r gair, ac roedd hwn felly yn densiwn sylfaenol yr oedd yn rhaid ei gydnabod a cheisio'i ddatrys. Roedd gwaith y bwrdd yn syrthio'n llythrennol rhwng dwy stôl a dau bwyllgor.

Wedi derbyn y cais, honnodd CCC fod yr esgid fach yn gwasgu'n dynn am ei droed, ac fe anogwyd y bwrdd gan Peter Jones, y cyfarwyddwr cynorthwyol, i gyflwyno ei gais i'r BFI, oedd yn 'awyddus ac yn barod' i wario arian yng Nghymru.[45] Yn ystod y 1970au cynnar, roedd CCC a'r BFI yng nghanol berw o drafodaethau sylweddol ynglŷn â rôl y BFI yng Nghymru. Gyda'r datganoli disgwyliedig ar y gorwel, trafodwyd y posibilrwydd o CCC yn gweithredu fel asiant i'r BFI yng Nghymru, trwy dderbyn swm blynyddol i ddosbarthu cyllid fel y mynnai i fudiadau ac unigolion. Roedd gan CCC gynlluniau pendant iawn ynglŷn â'r ffordd ymlaen i ffilm yng Nghymru ac yn awyddus i dderbyn £15,000 oddi wrth y BFI er mwyn penodi swyddog ffilm llawn-amser, ac i roi cymorth-daliadau i wahanol fudiadau i gynhyrchu ffilmiau Saesneg a Chymraeg. Ond pur anfodlon oedd Bwrdd Ffilmiau'r Gogledd gyda chynlluniau arfaethedig CCC. Teimlai'r aelodau fod y cynlluniau i ariannu ffilm yn sathru ar eu bwriadau hwy ac yn tanseilio holl fwriad y bwrdd, ac y byddai'r cynlluniau yn amharu ar 'unig bwrpas y Bwrdd, sef cynhyrchu ffilmiau i gwrdd ag anghenion arbennig yr iaith Gymraeg'; roeddent felly'n benderfynol o 'wrthwynebu yn gryf unrhyw gynlluniau i danseilio hynny'.[46] Yn ogystal, roedd pryder bod haenen arall o fiwrocratiaeth gymhleth yn cael ei sefydlu. Ond eu hofn mwyaf oedd y byddai'r rhan fwyaf o'r arian a dros-glwyddid i CCC oddi wrth y BFI yn cael ei neilltuo ar gyfer ffilmiau cyfrwng Saesneg, ac yn eu tyb hwy roedd digon ohonynt yn bodoli eisoes. Dadlennodd Glyn Tegai Hughes ddiffyg ffydd y bwrdd yn y pwyllgor ffilm cyn iddo gael ei sefydlu hyd yn oed, wrth iddo amau: 'Some members of the Film Committee of the WAC (Welsh Arts Council) might be biased against the Welsh language and thus vitiate the purpose of Bwrdd Ffilmiau'r Gogledd.'[47]

Tra oedd aelodau Bwrdd Ffilmiau'r Gogledd yn amheus o'r trafodaethau, rhwystredigaeth bur a deimlid gan CCC, gan fod y trafodaethau gyda'r BFI yn ysbeidiol, yn ddigyfeiriad, ac yn dechrau simsanu. Yn y cyd-destun hwn felly, wrth annog Bwrdd Ffilmiau'r Gogledd i gyflwyno'i gais i'r BFI, gobaith CCC oedd y byddai'r cais yn ailgynnau'r trafodaethau i drosglwyddo cyfran o arian i Gymru. Rhannol lwyddiannus oedd y dacteg hon, ond amlygodd naïfrwydd ar ran y bwrdd a CCC. Cyflwynwyd cais y bwrdd – y cais cyntaf erioed o Gymru – i'r BFI yn rhy hwyr i gael ei ystyried ar gyfer y flwyddyn ariannol 1972/3. Ni ellir ond dychmygu ymateb swyddogion y BFI wrth weld y cais yn rhestru'r gwariant canlynol (mewn punnoedd) ar y ffilm *Yr Hen Dynnwr Lluniau*:

Grave digger	10
Hire of horses for two days	10
Food for the meal scene	3
Blacksmith to shoe horse	3
Wil Napoleon	5
Mrs Jones Anglesey Arms for using pub	5
Other Mrs Jones for loan of her house	5
J. R. Pritchard (carrier)	
Taking trap from Frogwy Fach to Brynsiencyn	
Journey to Brynsiencyn	
Returning trap from Brynsiencyn to Frogwy Fach	9[48]

Fodd bynnag, ymddengys i dacteg CCC fod yn rhannol lwyddiannus wrth i'r trafodaethau rhyngddo a'r BFI ailgynnau wedi cyfnod diffrwyth. Wrth weld llygedyn o obaith, felly, trefnodd CCC ddau gyfarfod i fudiadau amrywiol a chanddynt ddiddordeb ymarferol mewn ffilmiau, yn eu swyddfeydd yn Stryd yr Amgueddfa yng Nghaerdydd ar 13 Mawrth a 9 Ebrill 1973.[49] Cyflwynodd Aneurin Thomas, cyfarwyddwr CCC, gyd-destun y cyfarfodydd, wrth fynegi amheuaeth a oedd y BFI yn gwario arian digonol yng Nghymru. Yn yr ail gyfarfod, cydnabu Stanley Reed, cynrychiolydd y BFI, nad oeddent yn gwneud digon yng Nghymru a'i fod am ddefnyddio'r cyfarfod i ganfod yr hyn y gallai'r BFI ei gyfrannu at ddiwylliant ffilm y genedl.[50] Yn dilyn y cyfarfodydd, derbyniodd CCC newydd-ion o benderfyniad hirddisgwyliedig y BFI i ddyfarnu £10,000 iddo ac, yn sgil hynny, penderfynodd y cyngor ddyfarnu £3,000 i Fwrdd Ffilmiau'r Gogledd. Cyfrannodd CCGC £3,000 arall i'r bwrdd, a chyda chyfanswm o £6,000, roedd yn bryd i'r bwrdd aeddfedu'n llawn a bodoli fel endid cyfan, cwbl annibynnol. Mewn cyfarfod o Fwrdd Ffilmiau'r Gogledd a gynhaliwyd yn y Coleg Normal ar

22 Mai 1973, penderfynodd yr aelodau ymestyn cylch gwaith y corff i wasanaethu Cymru gyfan, ac wedi blynyddoedd o waith ymchwil sylfaenol, llunio ceisiadau am gyllid a chomisiynu petrus, blagurodd y bwrdd yn fudiad cenedlaethol, swyddogol, a hynny dan enw newydd, sef y Bwrdd Ffilmiau Cymraeg.

Yn ystod y cyfnod cynnar hwn yn hanes y sefydliad, gellir gweld bod llawer o'r tensiwn a fodolai rhwng Bwrdd Ffilmiau'r Gogledd a CCC yn deillio o'r ffaith y bu i'r bwrdd achub y blaen ar y cyngor wrth ddatblygu ffilm fel cyfrwng yng Nghymru. Nid oedd gan CCC strwythur i ymdrin ag ymagweddiad a bwriadau'r bwrdd ar gyfer ffilm, ac o ganlyniad ceisiwyd disgyblu'r bwrdd a'i orfodi i gyd-ymffurfio â pheirianwaith mewnol y cyngor, a oedd yn llwyr anaddas i drafod ei waith a'i ddyheadau ar gyfer y dyfodol. Yn y dyddiau cynnar, glynwyd at ymdrin â ffilm fel cyfrwng a oedd yn codi ymwybyddiaeth am artistiaid a'u gwaith, yn hytrach na ffurf gelfyddydol arbennig a chanddi ei rhinweddau a'i gwerth ei hun. Ceisiodd y cyngor reoli'r bwrdd, felly, a thrwy gyfrwng ei bŵer disgyblaethol penderfynodd ei ymgorffori o fewn ei beirianwaith mewnol trwy ddatblygu pwyllgor ffilm. Mae'n ddadlennol bod hyd yn oed yr aelodau hynny o'r bwrdd a oedd hefyd yn aelodau o CCC – megis Glyn Tegai Hughes – ac felly'n hen lawiau ar wybod sut roedd y cyngor yn gweithio, yn llygadu'r pwyllgor ffilm â chryn amheuaeth. Roeddent yn argyhoeddedig fod gan CCC a'r pwyllgor ffilm, nad oedd eto wedi ei sefydlu'n ffurfiol, ragfarn ddofn yn erbyn y Gymraeg. Cyfiawnhawyd yr amheuaeth i raddau wrth i'r bwrdd gael ei ddefnyddio fel gwystl yn yr ymrafael am rym rhwng CCC a'r BFI. Roedd y BFI yn syllu'n barhaus ar CCC, a'i banoptic-iaeth yn caethiwo ei ddyheadau. Ar yr un pryd, roedd y bwrdd dan wyliadwraeth barhaus CCC, ond y BFI a'i hegemoni ddiwylliannol oedd yn tra-arglwyddiaethu dros y ddau gorff arall. Tra oedd y berthynas gynnar rhwng y bwrdd a'r cyngor yn un o gyd-amheuaeth gychwynnol, gwelir, dros y blynyddoedd nesaf, mai prif nodwedd eu perthynas oedd cydweithio clòs mewn ymdrech i ennill brwydr yn erbyn eu gelyn cyffredin, y BFI. Er gwaetha'r gefnogaeth a gynigid gan y naill sefydliad i'r llall, a'r dyhead unfryd i ennill mwy o arian i Gymru i'w fuddsoddi mewn ffilm, nid perthynas gydradd oedd hon. Fel y gwelir yn y bennod nesaf, CCC a reolai'r berthynas banoptig rhwng y ddau gorff, ac roedd dyfodol y bwrdd, fel sefydliad a ddibynnai ar nawdd oddi wrtho, ar ei drugaredd yn llwyr.

Nodiadau

1   Tom Nairn, *The Break-up of Britain* (London: New Left Books, 1977), t. 51.
2   Bart Moore-Gilbert (gol.), *The Arts in the 1970s* (London: Routledge, 1994).
3   Andrew Higson, 'A diversity of film practices: renewing British cinema in the 1970s', yn Bart Moore-Gilbert (gol.), *The Arts in the 1970s* (London: Routledge, 1994), t. 217.
4   Paul Newland (gol.), *Don't Look Now: British Cinema in the 1970s* (Bristol: Intellect, 2010); Robert Shail (gol.), *Seventies British Cinema* (London: BFI, 2008).
5   Newland, *Don't Look Now*, t. 13.
6   Saunders Lewis, *Tynged yr Iaith* (Aberystwyth: Cymdeithas yr Iaith Gymraeg, 1997), t. 11.
7   Ibid.
8   Gareth Miles, *Cymru Rydd, Cymru Gymraeg a Chymru Sosialaidd* (Aberystwyth: Cymdeithas yr Iaith Gymraeg, 1972), t. 3. Mae'r pwyslais yn y cyhoeddiad gwreiddiol.
9   Ibid., t. 4.
10 Saunders Lewis, 'Rhagair i'r ail argraffiad', yn Lewis, *Tynged yr Iaith*, t. 6.
11 J. R. Jones, 'Ni chedwir mo'r iaith am ei bod hi'n "werth ei chadw"', yn J. R. Jones, *Gwaedd yng Nghymru* (Lerpwl a Phontypridd: Cyhoeddiadau Modern Cymreig Cyf., 1970), t. 69.
12 Miles, *Cymru Rydd, Cymru Gymraeg a Chymru Sosialaidd*, t. 3.
13 Gwyn Alf Williams, *When Was Wales?* (London: Black Raven Press, 1985), t. 292; John Davies, *Hanes Cymru* (London: Penguin, 1990), t. 626.
14 Williams, *When Was Wales?*, tt. 294–5.
15 Roger Owen, *Ar Wasgar: Theatr a Chenedligrwydd yn y Gymru Gymraeg 1979–1997* (Caerdydd: Gwasg Prifysgol Cymru, 2003), tt. 11–12.
16 Davies, *Hanes Cymru*, t. 654.
17 Williams, *When Was Wales?*, tt. 296–7.
18 *Newsweek*, 3 Rhagfyr 1990, 30. Dyfynnir yn Lester Friedman (gol.), *British Cinema and Thatcherism* (London: University College of London, 1993), t. xiii.
19 Williams, *When Was Wales?*, tt. 297–8; Davies, *Hanes Cymru*, t. 655.
20 Dylan Griffiths, *Thatcherism and Territorial Politics* (Aldershot: Avebury, 1996), t. 161.
21 Owen, *Ar Wasgar*, t. 12.
22 Williams, *When Was Wales?*, t. 295.
23 *Adroddiad Blynyddol Cyngor Celfyddydau Cymru 1970–71* (Caerdydd: CCC), t. 1.
24 Llyfrgell Genedlaethol Cymru (LlGC), Casgliad Emyr Humphreys, CH/4/24.
25 Ibid.
26 Archifdy Caernarfon, archif Cymdeithas Celfyddydau Gogledd Cymru, Ffeil XD90/2/9, taflen hysbysebu'r digwyddiad.
27 Cafwyd hefyd sesiynau gan Gwenlyn Parry ar 'Teledu drama' a Gwyn Erfyl ar 'Cyfrwng y teledu'.

28 LlGC, casgliad y Bwrdd Ffilmiau Cymraeg, 29/4; Arthur Williams, 'Films urged as an aid to education', *Liverpool Daily Post*, 27 Gorffennaf 1970, 1.

29 Roedd Dr Glyn Tegai Hughes yn gadeirydd panel llenyddiaeth CCGC, yn warden Gregynog ac yn llywodraethwr cenedlaethol y BBC yng Nghymru rhwng Tachwedd 1971 a Gorffennaf 1979. Cadeirydd CCGC oedd Syr Ben Bowen Thomas a J. O. Jones oedd yr ysgrifennydd. Agorodd Cymdeithas Celfyddydau Gorllewin Cymru ei drysau yn Ebrill 1971. Datblygodd y sefydliadau hyn yn sgil yr argymhellion a wnaethpwyd gan y *Report on the Arts in Wales* (1966).

30 Esgorodd yr ysgol gyntaf ar y gyfrol gan Alun R. Jones a Gwyn Thomas (goln), *Presenting Saunders Lewis* (Cardiff: University of Wales Press, 1973).

31 Gohebiaeth rhwng yr awdur â Gwyn Thomas, Ionawr 2012.

32 Ibid.

33 Archifdy Caernarfon, casgliad Cymdeithas Celfyddydau Gogledd Cymru, XD90/2/7, cofnodion cyfarfod y panel llenyddol, 4 Mawrth 1970.

34 Archifdy Caernarfon, casgliad Cymdeithas Celfyddydau Gogledd Cymru, XD90/2/7, cofnodion y panel llenyddiaeth, 3 Mehefin 1970.

35 'Cyfryngau llenyddol newydd', *Y Faner*, 16 Gorffennaf 1970, 1.

36 LlGC, casgliad y Bwrdd Ffilmiau Cymraeg, 29/4, cofnodion cyfarfod cyntaf Panel Ffilmiau Gregynog, 11 Tachwedd 1970.

37 Archifdy Caernarfon, casgliad Cymdeithas Celfyddydau Gogledd Cymru, XD90/2/7, cofnodion y panel llenyddiaeth, 7 Hydref 1970.

38 Llythyr oddi wrth ddeg o weinidogion, 'Rhywbeth mawr o'i le yng Nghymru', *Y Faner*, 12 Chwefror 1970, 1.

39 '1970 – blwyddyn y colledion', *Y Faner*, 31 Rhagfyr 1970, 1.

40 Ibid.

41 Mike Cormack, 'Minority language media in Western Europe: preliminary considerations', *Journal of European Communication*, 13, 1 (1998), 33–52.

42 Philip Schlesinger, 'In search of the intellectuals', yn Richard Collins et al. (goln), *Media, Culture and Society: A Critical Reader* (London: SAGE, 1986), t. 87.

43 Cormack, 'Minority language media in Western Europe: preliminary considerations', 46.

44 LlGC, casgliad y Bwrdd Ffilmiau Cymraeg, 6/2, llythyr Emyr Humphreys at Jim Davies, 10 Hydref 1972.

45 LlGC, casgliad y Bwrdd Ffilmiau Cymraeg, 1/2, cofnodion cyfarfod Bwrdd Ffilmiau'r Gogledd, 8 Tachwedd 1972.

46 LlGC, casgliad y Bwrdd Ffilmiau Cymraeg, 1/2, cofnodion cyfarfod Bwrdd Ffilmiau'r Gogledd, 14 Chwefror 1973.

47 Archifdy Caernarfon, casgliad Cymdeithas y Celfyddydau Gogledd Cymru, XD90/1/3, cofnodion cyfarfod y pwyllgor gweithredol, 27 Ebrill 1973.

48 LlGC, casgliad y Bwrdd Ffilmiau Cymraeg, 5/3, costau *Yr Hen Dynnwr Lluniau*.

49 Cafwyd cynrychiolaeth oddi wrth CCC, y cymdeithasau celfyddydol, y BBC, Teledu Harlech, Coleg Celf Casnewydd, Theatrau Ffilm Casnewydd

a Chaerdydd, Cymdeithas Ffilm Abertawe a Chwmni Rhanbarth y Gorllewin o Gynghrair y Cymdeithasau Ffilmiau Prydeinig, a J. O. Jones o Fwrdd Ffilmiau'r Gogledd.

[50] LlGC, casgliad Cyngor Celfyddydau Cymru 4, FILM/C/1/1, cofnodion y cyfarfod, 9 Ebrill 1973.

4

Troi'n Genedlaethol a Brwydrau 1973–1978

Edrychir yn awr ar esblygiad Bwrdd Ffilmiau'r Gogledd i fod yn gorff cenedlaethol ar ôl derbyn ei grant cyntaf oddi wrth Gyngor Celfyddydau Cymru (CCC) a datblygu'n Fwrdd Ffilmiau Cymraeg (BFfC). Wrth ddarlunio'r hanes, gwelir nad cysyniadau syniadol yn unig mo bwerau disgyblaethol, hegemoni ac imperialaeth ddiwyll-iannol CCC a'r British Film Institute (BFI), ond realiti byw a oedd yn rheoli llanw a thrai gwaith beunyddiol y BFfC â grym haearnaidd. Yn y brwydrau parhaus am arian, cydnabyddiaeth a sylw y gwelir hanfod natur banoptig y cyrff ariannu. Yn ogystal â'r berthynas rhwng y bwrdd a'r ddau gorff, dadlennir yma hefyd y modd yr oedd y berthynas elyniaethus, banoptig ac anffrwythlon rhwng CCC a'r BFI yn effeithio'n andwyol ar obeithion y BFfC.

Gweithgaredd creadigol cynnar

Caniataodd y grant swyddogol cyntaf oddi wrth CCC i'r bwrdd fynd ati i lunio rhaglen o weithgareddau. Asgwrn cefn y gweith-garedd oedd cefnogaeth Cymdeithas Celfyddydau Gogledd Cymru (CCGC), a oedd yn gyfrifol am holl waith gweinyddol y bwrdd, yn ateb llythyrau, yn cadw llyfrau ac yn dosbarthu ffilmiau ar hyd a lled Cymru o'i phencadlys yn Nhŷ Cae Ffynnon yng nghanol dinas Bangor.

Dangoswyd cynnyrch y bwrdd am y tro cyntaf yn Eisteddfod Genedlaethol Dyffryn Clwyd yn Awst 1973, a disgrifiwyd y dangos-iadau fel llwyddiant 'tu hwnt i bob dirnadaeth'.[1] Dangoswyd nifer o ffilmiau yn Theatr Fach y Maes, gan gynnwys y cartwnau a drosleisiwyd, sef *Twm y Drwm* ac *Y Tylluanod Hapus*, yn ogystal â ffilmiau Cymraeg amrywiol a brynwyd oddi wrth y BBC. Ond yn goron ar y cyfan roedd ffilm newydd sbon Wil Aaron, *Hen Dynnwr Lluniau*. Dyma'r tro cyntaf iddi gael ei dangos yn gyhoeddus, a sicrhaodd y dangosiadau yn Theatr Fach y Maes yng Nghae Ddôl, Rhuthun, fod Wil Aaron yn cael sylw a chanmoliaeth haeddiannol am y ffilm.[2] Roedd yn gyfarwyddwr profiadol, ac wedi gweithio ar raglenni'r BBC *24 Hours* a *Midweek*. Wedi blynyddoedd o fynd ar ofyn y BBC i gael prynu eu ffilmiau yn rhad, roedd y rhod wedi troi, gyda'r gorfforaeth yn awyddus iawn i brynu copi o'r ffilm i'w darlledu, ac yn datgan y byddai'n hapus i ddarlledu unrhyw ffilm o eiddo Wil Aaron a oedd gan y bwrdd i'w chynnig.[3] Fe'i canmolwyd i'r entrychion hefyd gan un aelod o staff CCC: 'I thought that the film had everything – fascinating subjects and technical mastery – what more can one say?'[4]

Nid yw'n anodd gweld pam yr oedd y ffilm yn apelio at CCC. Wrth ddramateiddio atgofion yr arloeswr ffotograffiaeth John Thomas (neu John Thomas, Lerpwl), sicrhaodd y bwrdd ei fod yn glynu at destun celfyddydol a fyddai wrth ddant CCC. Wedi dweud hynny, roedd plesio'r BBC a CCC i'r fath raddau gyda'i ffilm gyntaf yn gryn gamp i'r bwrdd, yn enwedig o ystyried prinder yr adnoddau a oedd ar gael iddo. Costiodd y ffilm lai na £3,000, a thalwyd £360 yn unig i Wil Aaron am chwe wythnos o waith, ac £80 i Dafydd Huw Williams am y sgript. Saethwyd y ffilm dros gyfnod o wyth niwrnod yn unig, gyda chriw bychan iawn, ac er i'r bwrdd ymffrostio mai dyma'r ffilm broffesiynol Gymraeg gyntaf erioed i gael ei chynhyrchu y tu allan i'r BBC ac HTV, ni ellir gwadu bod agweddau o'r gwaith yn gyfan gwbl amaturaidd. Talwyd £110 i Charles Williams, a chwaraeodd y brif ran, a hynny'n cynnwys £10 ar gyfer ei waith yn dod o hyd i bropiau a lleoliadau ar gyfer ffilmio. Gyda chast bychan o bedwar, a gynhwysai Glyn Williams, Elen Roger Jones a Kitty Owen, defnyddiwyd aelodau o Theatr Fach Llangefni a phlant Ysgol Llandrygarn ar gyfer rhannau bychain a thyrfaoedd mewn golygfeydd penodol. Benthyciwyd propiau a defnyddiwyd tai preifat ar gyfer ffilmio am ffi mor fychan â £5. Roedd gwireddu'r ffilm felly'n dibynnu'n helaeth iawn ar ewyllys da pawb a gyfrannodd ati, gan nad oedd y bwrdd yn medru cystadlu gyda'r cyflogau bras a delid gan y BBC a HTV.

Yn dilyn llwyddiant y dangosiadau yn yr Eisteddfod Genedlaethol, penderfynwyd mynd â'r ffilmiau o gwmpas Cymru i hysbysebu eu bod ar gael i'w llogi. Y bwriad oedd hyrwyddo gwaith y bwrdd a lledaenu gwybodaeth amdano wrth wahodd unigolion o fudiadau lleol i weld y ffilmiau. Bu'r daith gyntaf rhwng Mawrth a Mai 1974 yn llwyddiannus mewn rhai canolfannau, a phenderfynwyd parhau â'r fenter. Ymchwiliwyd i'r posibilrwydd o gydweithio gyda Chwmni Theatr Cymru, a lansiwyd yn swyddogol ym 1965. Bu Wilbert Lloyd Roberts yn gyfarwyddwr ar y cwmni er 1968, ac yn Hydref 1974 cyflwynodd bapur trafod i'r bwrdd gan ddadlau:

> Mewn gwlad fach fel hon mae medru cyfuno adnoddau yn gallu creu amgylchiadau na ellid eu cyrraedd trwy ymdrechion unigol. Yn yr achos yma mae gan y Bwrdd Ffilmiau gynnyrch i'w ddangos ac mae gan gwmni Theatr Cymru gyfundrefn deithio genedlaethol a gweinyddwyr canolog a lleol.[5]

Tybiwyd felly fod lle i'r ddau gorff drafod y posibilrwydd o gydweithio, gyda'r naill yn cynhyrchu'r ffilmiau a'r llall yn trefnu i'w dangos, gan ddefnyddio hefyd Theatr Gwynedd, a fyddai, o 1975 ymlaen, yn gartref i Gwmni Theatr Cymru. Roedd cefnogaeth felly i waith y bwrdd o fewn y gymuned gelfyddydol ehangach, gyda nifer o asiantaethau yn barod i gydweithio a chefnogi'r genhadaeth. Derbyniwyd mewn egwyddor y prif argymhellion oddi wrth yr is-bwyllgor a fu'n trafod y sinema deithiol, sef:

(i) fod y Bwrdd Ffilmiau Cymraeg yn defnyddio cyfleusterau Cwmni Theatr Cymru i ddosbarthu a dangos y ffilmiau.

(ii) fod ffilmiau'r Bwrdd yn cael eu cadw yn Theatr Gwynedd ond eu bod yn dal yn eiddo i'r Bwrdd.

(iii) fod y Bwrdd Ffilmiau a Chwmni Theatr Cymru yn sefydlu Cydbwyllgor Ymgynghorol i dderbyn adroddiadau ac adolygu'r sefyllfa o dro i dro.

(iv) fod Cwmni Theatr Cymru yn cael yr hawl i ddangos holl ffilmiau newydd y Bwrdd am y deuddeg mis cyntaf ar ôl eu cynhyrchu ac yna fod y ffilmiau hyn ar gael i'w llogi gan fudiadau annibynnol ynghyd a ffilmiau eraill sydd eisoes ym meddiant y Bwrdd.

(v) fod y Bwrdd Ffilmiau Cymraeg yn dal i feddu'r hawl i werthu ei ffilmiau i fudiadau eraill, wedi i unrhyw gytundeb o dan (iv) ddod i ben.[6]

Serch y gobeithion o gydweithio, bu'r baich ariannol yn rhwystr i'r cynlluniau. Roedd angen £5,000 i brynu'r cyfarpar a thua £11,000 i weithredu'r cynllun yn flynyddol. Siomwyd y bwrdd, gan y bu llogi'r ffilmiau yn boblogaidd iawn, gyda 200 o wahanol fenthyciadau ym 1975.[7] Camodd Wil Aaron i'r adwy, gan gynnig arbrofi â'r syniad o sinema deithiol ar ôl iddo gwblhau ei ffilm nesaf i'r bwrdd, sef *Gwaed ar y Sêr*, ac ym 1976/7, yn rhinwedd ei swydd fel cyfarwyddwr Ffilmiau'r Nant, trefnodd daith ffilmiau Cymraeg gyda chymorth Urdd Gobaith Cymru. Yn ogystal â dangos ei ffilm ddiweddaraf, roedd y rhaglen yn cynnwys *Yr Afon*, ffilm gan Aelwyd Llandwrog o awdl arobryn Gerallt Lloyd Owen yn Eisteddfod Genedlaethol Bro Dwyfor 1975, *Taith Olaf Edward H. Dafis* gan HTV, *Ynys y Trysor* – cartŵn a drosleisiwyd – yn ogystal â *Twm y Drwm* ac *Y Tylluanod Hapus*. Ymwelwyd â thros gant o ganolfannau, ac erbyn diwedd y tymor, sef mis Mai 1977, byddai bron 18,000 o bobl wedi gweld y ffilmiau – 70 y cant ohonynt dan 15 oed. Roedd y daith hefyd yn un wirioneddol genedlaethol – o Langwyryfon i Langaffo, o Aber-porth i Abersoch, o Dreorci i Dalgarreg, ac o Fotwnnog i Fargoed. Ond er gwaethaf llewyrch y bwrdd ar lawr gwlad wrth ddenu tyrfaoedd a phentrefi cyfan i'w ddangosiadau, roedd sicrhau cyllid digonol i gyflawni ei amcanion yn frwydr barhaus gyda'r cyrff ariannu ac yn brif thema yn ystod y blynyddoedd a oedd i ddod.

Perthynas dymhestlog Cyngor Celfyddydau Cymru a'r British Film Institute

Roedd derbyn £10,000 oddi wrth y BFI er mwyn i CCC weithio fel asiant iddo yng Nghymru yn benllanw blynyddoedd o waith ar ran Aneurin Thomas, cyfarwyddwr CCC, i sicrhau arian i Gymru. Bu'n dalcen caled iawn iddo sicrhau unrhyw gyllid o gwbl oddi wrth y BFI, fel y tystiodd llythyr a anfonodd at Keith Lucas, pennaeth y BFI, yn ceisio negydu swm digonol ar gyfer y flwyddyn gyntaf. Gwyddai'n iawn nad oedd gan y BFI unrhyw amgyffrediad o arwahanrwydd Cymru na'r diwylliant dwyieithog, a'i fod yn ymladd yn erbyn sefydliad a oedd yn ddrwg-enwog am ei afael hegemonaidd ar y diwylliant ffilm Prydeinig:

> I also appreciate for you, Wales is no different to other 'regions' outside London. But, I shall develop my argument that Wales, in terms of its resources, geography etc. etc. as well as politically, must be seen to be different in the immediate future, hoping to convince you that it might help you in your estimating and negotiations with the Post Master General to argue in favour of a large, launching grant for film in Wales. It is part of my argument that priorities within that grant may also be

different – e.g. Larger proportion to be spent on film making especially with regard to the Welsh language.[8]

Yn sgil yr arian a ddaeth i law, penodwyd Martyn Howells, cynswyddog gyda'r BFI, yn drefnydd gwasanaethau ffilm CCC yng Ngorffennaf 1974. Wrth apwyntio gŵr a arferai weithio i'r BFI, roedd yn amlwg bod y cyngor yn ymwybodol o sylliad parhaol y BFI ar ei waith, a gellir dehongli'r penodiad hwn felly fel hunanddisgyblaeth banopticaidd ar ran CCC mewn ymateb i bŵer disgyblaethol y BFI. Ffurfiwyd pwyllgor ffilm newydd i gyfateb i'r pwyllgorau pwnc a oedd eisoes yn bod ym meysydd llenyddiaeth, cerddoriaeth, celf a drama. Swyddogaeth y pwyllgorau hyn oedd dyfarnu grantiau i gyrff a wnâi gais am gymhorthdal, a chreu polisïau ar gyfer ffurfiau celfyddydol penodol. Cynhaliwyd cyfarfod cyntaf y pwyllgor ffilm newydd ar 10 Medi 1974 yn Oriel, siop lyfrau CCC yn Charles Street, Caerdydd. Roedd gan y BFfC ddau gynrychiolydd ar y pwyllgor, sef Wil Aaron a Keith Evans.[9] Wrth groesawu'r aelodau cyntaf dywedodd Aneurin Thomas nad oedd Cymru wedi elwa o gwbl ar fodolaeth y BFI, ac er iddynt sicrhau cymhorthdal o £10,000 ar gyfer 1974/5, roedd y swm yn gwbl anfoddhaol. Amlygwyd hyn yn y ffaith bod £3,000 yn mynd i goffrau'r BFfC. Er y gellir dweud bod y sefydliad wedi bod yn ffodus wrth sicrhau cyfran mor fawr o'r cyllid prin, byddai'r ffaith hon yn destun ffrae ffyrnig ymhen blynyddoedd. Roedd yr esgid fach yn gwasgu'n dynn ar weithgareddau ffilm CCC o'r cychwyn cyntaf felly, gan nad oedd yr arian a ddaeth o du'r BFI yn ddigon i gyllido swydd Martyn Howells nac i hyrwyddo a chefnogi gweithgareddau ffilm yng Nghymru.

Mynychodd Martyn Howells ei gyfarfod cyntaf o'r BFfC yn y Coleg Normal ym Mangor ar 7 Hydref 1974, ac roedd yn achlysur anghyfforddus a amlygodd y ddrwgdybiaeth a fodolai rhwng y cyngor a'r bwrdd. Syfrdanwyd Martyn Howells gan ymagweddiad rhai o'r aelodau at ffilm fel cyfrwng. Gwrthwynebodd un aelod o'r bwrdd, Syr Ben Bowen Thomas, y ffaith y byddai'n rhaid i'r bwrdd wneud cais i'r cyngor am gymhorthdal fel pob mudiad arall. Awgrymodd y dylid eithrio ffilmiau'r bwrdd o'r system a chyllido ei ffilmiau ni waeth beth oedd eu safon artistig gan eu bod yn ffilmiau Cymraeg eu hiaith. Brawychwyd Martyn Howells hefyd gan sylwadau Meirion Edwards, a daerodd nad oedd ganddo unrhyw ddiddordeb mewn ffilmiau celfyddydol ac esoterig. Gan mai prif fwriad y bwrdd oedd cynhyrchu ffilmiau Cymraeg, roedd yn berffaith fodlon dyfalbarhau wrth drosleisio ffilmiau Americanaidd.[10] Cyfaddefodd Meirion Edwards y byddai'r bwrdd yn noddi ffilmiau Cymraeg gwreiddiol mewn sefyllfa gyllidol ddelfrydol, ond yn wyneb y cyfyngiadau cyllidol llym, rhaid oedd sicrhau eu bod yn cynhyrchu'r nifer fwyaf posibl o ffilmiau Cymraeg gyda'r arian prin a oedd ar gael. Fel cyn-weithiwr i'r BFI roedd sylwadau aelodau'r bwrdd, a'u diffyg diddordeb mewn creu ffilmiau celfyddydol, nid yn unig yn ei ddrysu ond yn gyfan gwbl wrthun i Martyn Howells. Ni chymerodd ond ychydig funudau felly iddo ddirnad mai'r iaith Gymraeg, a chynhyrchu'r nifer mwyaf posibl o ffilmiau, boed wreiddiol neu wedi'u trosleisio, a yrrai ddyheadau ac amcanion y bwrdd, yn hytrach na gweledigaeth artistig ym mhotensial y cyfrwng. Mewn memorandwm at ei benaethiaid, dywedodd:

> One final point that further proves that the Bwrdd's first priority is the provision of suitable films for Welsh language audiences rather than the sponsorship of new creative films or Welsh film directors. Two applications for financial aid were dismissed in a very arbitrary way by the Chairman with a remark that 'we are not in business to give money to film-makers'. It was quite clear that since he had not heard of either of them before, he did not feel that they could come up with the sort of goods that the Bwrdd were interested in. In fact, one of them turned out to be a quite experienced film maker, but the Chairman was quite adamant in refusing to consider this kind of application.[11]

Er gwaetha'r ddrwgdybiaeth ohono, fe fu Martyn Howells yn hynod o gefnogol i'r BFfC o'r cychwyn cyntaf, a hynny mewn amgylchiadau gwaith pur anodd. Gellir cydymdeimlo â'i gyfyng-gyngor: cyllid bychan iawn a oedd ganddo, gyda bron traean o hynny yn mynd i goffrau bwrdd a oedd yn honni nad oedd ganddo unrhyw ddiddordeb mewn ffilm fel cyfrwng celfyddydol.

Wedi gwasgfa ariannol blwyddyn gyntaf Martyn Howells a'i bwyllgor ffilm, gwnaethpwyd cais i'r BFI am gynnydd cyllidol sylweddol er mwyn galluogi CCC i fagu diwylliant o gynhyrchu ffilm yng Nghymru. Lluniodd y pwyllgor ffilm gais i'r BFI am £61,500, a roddai le creiddiol i anghenion y bwrdd, ond ymatebodd y BFI wrth gynnig £11,500 yn unig iddynt. Er yr ymddengys i'r ffigwr fod yn gynnydd bychan oddi ar y flwyddyn a fu, mewn gwirionedd roedd y swm dipyn yn llai, gan mai dim ond am dri-chwarter blwyddyn y bu'r adran ffilm yn bod, ac roedd eisoes bentwr sylweddol o ffilmiau a oedd yn aros i dderbyn cymhorthdal. Bellach, roedd aelodau'r pwyllgor ffilm yn wynebu sefyllfa lle'r oedd ganddynt swyddog gwasanaethau ffilm llawn-amser na feddai ar gyllid digonol i noddi ffilm mewn ffordd ystyrlon ac adeiladol. Lleisiodd CCC ei rwystredigaeth yn ei adroddiad blynyddol:

> Y mae'n eironig i'r cyfryw weithgareddau arwain at ddarganfod hyd yn oed mwy o bobl a allai fod yn derbyn cymhorthdal, a meysydd eraill sy'n gofyn am wario cyfalaf . . . Yn rhy aml, ni ellir gweithredu ar y cyngor a roddir oherwydd anallu'r Cyngor i wneud cyfraniad ariannol sy'n cyfateb yr angen. Y canlyniad i hyn yw naill ai methu â chychwyn gweithgareddau newydd, neu, ar y gorau, cyfaddawd anfoddhaol.[12]

Ac Aneurin Thomas wedi ei ddarbwyllo'n llwyr fod Cymru wedi'i hesgeuluso gan y BFI ers ei sefydlu yn y 1930au, roedd yn benderfynol o wneud iawn am hynny. Er cytuno bod CCC yn asiant i'r BFI yng Nghymru, roedd y cyllid bychan iawn a gafwyd, yn ogystal â'r modd nawddoglyd yr oedd y BFI yn mynnu ymdrin â Chymru fel pe bai'n rhanbarth o Loegr, yn dân ar ei groen. Prin dros ben fu'r gweithgareddau ffilm a gynhaliwyd gan y BFI yng Nghymru ar lawr gwlad erioed, ond ni cheid unrhyw gynrychiolaeth o Gymru yn strwythurau hierarchaidd y sefydliad ychwaith. Nid eisteddai'r un cynrychiolydd o Gymru ar ei fwrdd rheoli, nac ar unrhyw un o'i bwyllgorau. Roedd Aneurin Thomas hefyd yn gwbl argyhoeddedig nad oedd y BFI yn deall nac yn gwerthfawrogi natur ddwyieithog y genedl.

Gyda'r drafodaeth ar ddatganoli yn dechrau magu momentwm a phwysigrwydd, trodd gwrthodiad Keith Lucas a'r BFI i ystyried Cymru fel cenedl yn asgwrn cynnen rhwng y ddau gorff a'r ddau bennaeth. Yn ei hanfod, roedd y frwydr i gael cydnabyddiaeth o arwahanrwydd Cymru a'r iaith Gymraeg, a chyllid digonol i hybu diwylliant ffilm cenedlaethol yn y ddwy iaith, yn ficrocosm o drafodaethau eraill a oedd yn digwydd mewn cylchoedd ehangach am rôl Cymru o fewn Prydain Fawr. Er gwaethaf taerineb Aneurin Thomas a Martyn Howells wrth fynnu y dylai'r BFI 'distinguish between that which is "national" from the regional' yn wyneb y datganoli arfaethedig, mynnai'r BFI ymdrin â Chymru fel unrhyw un o'r rhanbarthau Seisnig, wrth fynnu cyfathrebu â CCC trwy'r pennaeth rhanbarthol, Alan Knowles, yn hytrach na thrwy'r cyfarwyddwr,

Keith Lucas.[13] Cymaint oedd statws israddol Cymru o fewn y BFI fel ei bod yn derbyn tipyn llai o gymhorthdal na sawl un o 12 rhanbarth Lloegr.[14] 'You may choose the word regionalism,' meddai Martyn Howells mewn ymateb chwyrn i un o lythyron cyson nawddoglyd Alan Knowles, 'we would certainly use the word devolution'.[15]

Byddai wedi bod yn amhosibl i'r pwyllgor ffilm weithredu o gwbl oni bai am benderfyniad canolog gan CCC i gamu i'r adwy, ac ysgwyddo cost weinyddol y gweithgareddau ffilm. Lluniodd Martyn Howells femorandwm a grisialai gwestiynau a âi at galon y trafodaethau ynglŷn â goblygiadau datganoli i'r celfyddydau a statws amwys ffilm fel celfyddyd:

(1) Will the funding of the Arts in Wales raise monies by proportional (Goschen formula) reallocation of central funds?
(2) Will the 'Arts' include film?
(3) If the answers to questions (1) and (2) are yes, then a proportion of the funds normally allocated to the British Film Insitute would be included in the total allocation of Welsh Arts money.
(4) The most important question then becomes:- what proportion of the central 'Film money' should go to Wales?[16]

Mae'n ymddangos bod Howells wedi bod yn pori trwy'r papur gwyn *Ein Democratiaeth yn Newid: Datganoli i Gymru a'r Alban*, a gyhoeddwyd y flwyddyn honno.[17] Argymhellai'r ddogfen y dylai unrhyw ddatganoli llywodraethol ysgogi datganoli celfyddydol hefyd.[18] Niwlog ac annatblygedig oedd yr argymhellion, a chododd Martyn Howells yr union gwestiynau nad atebwyd yn y ddogfen, sef amwysedd ffilm fel celfyddyd, a faint o'r gronfa ffilm yn Llundain y dylid ei dosrannu i Gymru. Prif ddadl CCC oedd y dylid defnyddio fformiwla Goschen er mwyn cyfrifo swm a oedd yn ddyledus i Gymru. Defnyddiwyd y fformiwla yn eang er mwyn dosrannu swm sylweddol o arian yn deg rhwng Lloegr, yr Alban a Chymru.[19] Dechreuodd Aneurin Thomas bwyso o ddifrif am fabwysiadu'r fformiwla – a ddefnyddid eisoes gan CCPF – a olygai ddosrannu arian trwy ddyfarnu 12 y cant o'i gyllid i'r Alban a 7 y cant i Gymru. Er mwyn denu sylw at annhegwch ariannu'r BFI, ymosododd ar yr arian sylweddol a wariwyd ganddynt ar y Theatr Ffilm Genedlaethol yn Llundain, wrth lunio cymhariaeth gyfatebol â datblygiad tebyg yn y byd celfyddydol: 'The Arts Council equivalent, the National Theatre, is taken wholly from the "English" portion of the Great Britain grant, and I shall argue forcibly for the allocation to the NFT to be included in the calculation on the "Goschen" line.'[20] O ddefnyddio fformiwla Goschen, roedd £61,500 yn ddyledus i Gymru y flwyddyn honno, yn hytrach na'r £11,500 a dderbyniwyd.

Gyda 1975 yn tynnu tua'i therfyn, a'r cyfathrebu rhwng y prif swyddogion, Aneurin Thomas a Keith Lucas, yn parhau i fod yn gyfan gwbl anffrwythlon, ceisiwyd dylanwadu ar y BFI trwy dacteg arall. Trefnodd Shirley Paget, Ardalyddes Môn, a oedd yn gadeirydd CCC, gyfarfod â'r Arglwydd Lloyd, cadeirydd y BFI, er mwyn gwyntyllu'r berthynas rhwng y ddau gorff.[21] Yn y cyfarfod, a gynhaliwyd ar 28 Ionawr yn 105 Piccadilly, gwahoddwyd yr Arglwydd Lloyd i ymweld â'r Gweinidog Gwladol dros y Celfyddydau, Hugh Jenkins, gydag Ardalyddes Môn, er mwyn pwyso arno i gynorthwyo'r BFI i ddiwallu anghenion Cymru, ac i'w annog i benodi cynrychiolydd o Gymru i fwrdd llywodraethol y BFI.[22] Sylwodd Martyn Howells, a oedd hefyd yn bresennol yn y cyfarfod, mai breuddwyd gwrach oedd y gobaith y byddai'r ddau gorff yn medru cydweithio'n effeithlon. Wrth adrodd yn ôl i'r pwyllgor ffilm dywedodd: 'The meeting which had taken place on January 28th had . . . achieved very little. The same arguments had been voiced which had been aired for the last eighteen months.'[23] Roedd yn llygad ei le. Anwybyddwyd y cynigion a roddwyd gerbron yr Arglwydd Lloyd, gan ffrwyno unrhyw ddatblygiad posibl. Dyma'r cyntaf o gyfres o gyfarfodydd diffrwyth a gynhaliwyd rhwng CCC a'r BFI a amlygodd banopticiaeth ddisymud y BFI. Teg dweud bod anallu neu anfodlonrwydd y BFI i ymateb o gwbl i unrhyw gais neu awgrym gan CCC yn achosi rhwystredigaeth, ond roedd amharodrwydd y BFI i gyfathrebu â CCC mewn dull ystyrlon, a'r diffyg ymateb i unrhyw fenter neu syniad a gynigid ganddo, yn mynd yn groes i natur y cytundeb gwreiddiol a ffurfiwyd rhwng y ddau gorff.

Erbyn Ebrill 1976, a hithau'n dair blynedd ers y cytundeb pan gydnabuwyd statws cenedlaethol Cymru, a chytuno i'w thrin yn wahanol i ranbarthau Lloegr, methodd y pwyllgor ffilm am yr eildro'r flwyddyn honno ag ymdrin â cheisiadau am gymhorthdal, gan nad oedd y BFI wedi rhoi gwybod iddo faint o gymhorthdal y gellid ei ddisgwyl.[24] Roedd aelodau'r pwyllgor ffilm wedi syrffedu ar y rhwystrau ac wedi eu cythruddo gan agwedd y BFI, ac roeddent yn cwestiynu eu gallu i barhau fel endid ystyrlon yn wyneb yr anawsterau dybryd. Ar yr un pryd, roedd CCC a'r pwyllgor ffilm dan bwysau o du'r gymuned ffilm yng Nghymru. Mynegodd

Aneurin Thomas ei gyfyng-gyngor mewn llythyr arall at Richard Lloyd-Jones, ysgrifennydd parhaol y Swyddfa Gymreig:

> I believe WAC [Welsh Arts Council] would be very loathe to offer public criticism of the BFI's conduct but I cannot see how we can sustain patience in this matter much longer . . . some sort of 'Welsh' pressure has got to be put on the BFI if we are to avoid acrimonious public criticism from film-makers and film users in Wales.[25]

Ac yna'n sydyn, ymddangosodd fel pe bai'r pwysau yn dechrau dwyn ffrwyth.[26] Yn dilyn gohebu cyson rhwng Aneurin Thomas a Richard Lloyd-Jones yn y Swyddfa Gymreig, gofynnodd yr Adran Addysg a Gwyddoniaeth i'r BFI ystyried goblygiadau trosglwyddo cyfran o'i grant i Gymru ddatganoledig.[27] O ganlyniad, ar 6 Gorffennaf, gorfu i Keith Lucas fynd i gyfarfod Aneurin Thomas a Richard Lloyd-Jones yn swyddfa John Spence o'r Adran Addysg a Gwyddoniaeth, yn 38 Belgrave Square, Llundain, i drafod datganoli a ffilm.[28] Yn y cyfarfod tyngedfennol hwn, cytunwyd bod gan Gymru hawl i gyfran addas o adnoddau cyhoeddus y BFI (megis cyllid i gynhyrchu ffilmiau), ond gwelwyd rhwystrau wrth geisio dosrannu cyfran o'r adnoddau 'mewnol' i Gymru, megis y Theatr Ffilm Genedlaethol, yr archif, gwybodaeth, staff a'r cyhoeddiadau. Roedd y BFI yn gyndyn o ddatganoli unrhyw arian o'i weithgareddau canolog ac am warchod ei fuddsoddiadau mawrion yn Llundain. Penderfynwyd y byddai'n ddefnyddiol i'r Swyddfa Gymreig a CCC drafod ffyrdd addas o ddosrannu'r adnoddau hyn gyda'r BFI, er mwyn medru cynghori gweinidogion yng ngoleuni'r datganoli arfaethedig.[29] Ond ystyfnigodd y BFI, ac ataliwyd unrhyw ddatblygiad wrth iddo fynd yn groes i benderfyniad y cyfarfod a gwrthod trafod gydag Aneurin Thomas a'i staff.

Gyda'r trafodaethau wedi mynd i'r gwellt unwaith eto, crisielir rhwystredigaeth Aneurin Thomas mewn llythyr pigog a ysgrifennodd at Keith Lucas, yn ymosod ar fethiant, neu amharodrwydd, y BFI a sefydliadau eraill i gydnabod goblygiadau datganoli:

> Over the last three years or so, I have interpreted for you and your colleagues the expectations of the devolutionary movement. Of course, I have done the same with the ACGB, Design Council, Craft Advisory Council and others. Everywhere I found English disbelief and only belatedly, a glimmer amongst the organisations of what Scotland and Wales want, and no doubt will get, from the Government commitment to, and timetable for, devolution. I have told you what our line of

argument is; I don't know yours. It therefore has to be assumed by us that you wish to see neither change nor concession, and this can only make it more difficult for us to sort things out at officer level.[30]

Bu'r pwyllgor ffilm yn ceisio dwyn perswâd ar y cyngor ers tro byd i ryddhau datganiad i'r wasg yn nodi diffygion y BFI, a chyda mur o fudandod wedi ei godi rhyngddynt, penderfynwyd mai dyna oedd yr unig ffordd ymlaen. Ar 16 Medi 1976, mewn gweithred rwysg-fawr, ar ôl tair blynedd o rwystredigaeth, anfonodd Aneurin Thomas lythyr at y Prif Weinidog James Callaghan, a holl Aelodau Seneddol Cymru, yn amlinellu'r amgylchiadau llwm a dyrys a wynebwyd yn sgil ymddygiad amhriodol y BFI. Dridiau yn ddiweddarach, rhydd-hawyd yr un llythyr i'r wasg:

Since its first meeting in September 1974, the Film Committee of the Welsh Arts Council has been continually frustrated by the extreme poverty of the funds available to it for the grant aiding of film activities. One member of the Committee (a well known professional film maker), has resigned in the past month. He gives as his main reason the inability of the Committee to make progress because of lack of finance. 'For a long time the Welsh Arts Council has been aware of the dissatis-faction felt by the members of the Film Committee. On behalf of the Council I tried in meetings with officers of the British Film Institute, and one attended by the Chairmen of the British Film Institute and the Welsh Arts Council, to get a larger commitment by the institute in Wales', said Mr Thomas. 'Since inception, the British Film Institute has done almost nothing to encourage film activities in Wales and it is well past the time for this situation to be rectified. On no previous occasion has the Welsh Arts Council taken this kind of action to draw attention to the failure on the part of an England/Wales nominated body to meet its obligations to Wales'.[31]

Yn y ddogfen hon, cynigiodd CCC ffordd ymlaen i'r ddau gorff. Mynnodd y dylai'r BFI fabwysiadu fformiwla Goschen wrth ddosrannu cyllid, ond cydnabu fod hawlio 7 y cant i Gymru ar unwaith yn afrealistig, felly cynigiwyd amserlen i fabwysiadu'r fformiwla gam wrth gam:

1976/77 7% of the current British Film Institute grant of £2.5 million (i.e. £175,000) reduced to £112,500

1977/78 7% of the British Film Institute's grant 76/77 (£175,000) reduced to £138,350

1978/79 7% of the British Film Institute's 78/79 grant, but not less than £175,250[32]

Y bwriad gyda'r patrwm cyllido uchod oedd rhoi mwy o arian i gynhyrchwyr, ariannu adnoddau ffilm mewn canolfannau penodol, hyrwyddo dangosiadau o ffilmiau amgen a gwneud gwaith ymchwil. Ond, hefyd, roedd rhoi cyllid sylweddol i'r BFfC ar frig agenda CCC pe mabwysiedid y fformiwla hon.

Cydweithio rhwng y Bwrdd Ffilmiau Cymraeg a Chyngor Celfyddydau Cymru

Er gwaetha'r ddrwgdybiaeth gychwynnol o fwriadau CCC, cefnogodd y BFfC y datganiad cyhoeddus er mwyn ceisio sicrhau bod y dadleuon yn cael eu clywed yn Nhŷ'r Cyffredin. Ysgrifennodd y cadeirydd, Jim Davies, a'r ysgrifennydd, Llion Williams, at Cledwyn Hughes, Emlyn Hooson, Dafydd Wigley a Dafydd Elis-Thomas yn y gobaith y byddai'r Aelodau Seneddol hyn yn 'gallu dylanwadu ar yr awdurdodau perthnasol i sicrhau tegwch yn y mater hwn a gwneud yn siŵr fod dyfodol cynhyrchu yn yr iaith Gymraeg yn hollol ddiogel'.[33] Llwyddwyd i ysgogi diddordeb aelodau o amrywiaeth o bleidiau. Gofynnodd Wyn Roberts, Aelod Seneddol y Ceidwadwyr dros Gonwy, gyfres o gwestiynau i'r Ysgrifennydd dros Addysg a Gwyddoniaeth yn Nhŷ'r Cyffredin yn Nhachwedd 1976 ynglŷn â'r berthynas 'anffurfiol' a fodolai rhwng CCC a'r BFI. Amlygodd yr ateb a gafodd y gagendor rhwng cyfanswm yr arian a wariwyd yng Nghymru a'r hyn a wariwyd ar weithgareddau mewnol y BFI yn Llundain:

> In 1976/77 the Welsh Arts Council acts as the agent of the British Film Institute in Wales in respect of £15,000, of the resources available to the regions and to Wales of £218,000, out of its total grant of £2.514 million. The greater part of the grant (nearly £2 million) is spent on the BFI's own internal activities.[34]

Bu Dafydd Elis-Thomas, Aelod Seneddol Plaid Cymru dros Feirionnydd, yn pwyso'n drwm ar y Swyddfa Gymreig ac ysgrifennodd at Ysgrifennydd Gwladol Cymru, John Morris, yn ei annog i godi'r mater yng Nghyngor yr Iaith Gymraeg, grŵp ymgynghorol a ffurfiwyd gan y Swyddfa Gymreig ym 1973.[35] Er iddo dderbyn ymateb annelwig yn datgan nad oedd cyllido ffilmiau Cymraeg yn fater yn ymwneud â'r 'iaith Gymraeg', parhaodd i ddwyn pwysau ar y Swyddfa Gymreig yn Whitehall.[36] Ysgubodd y ffrae trwy goridorau grym Whitehall a chyrraedd y fangre bwysicaf un – 10 Stryd Downing. Camodd y Prif Weinidog James Callaghan ei hun i ganol yr anghydfod, wrth ysgrifennu at Aneurin Thomas gan ddweud:

> I understand that the Minister for the Arts' officials have already given some assistance in the discussions which your council has had with the British Film Institute. I have looked in to the background to this problem and it seems to me best that they should continue in order to try to establish which parts of the BFI's activities could most satisfactorily be conducted in Wales. Those officials, and those of the Welsh Office, are very ready to do what they can to help.[37]

O ganlyniad i'r cecru cyhoeddus, bu'n rhaid cynnal cyfarfod arall yn y Swyddfa Gymreig gyda Philip Hosegood, ysgrifennydd cynorthwyol y Swyddfa Gymreig, a'i gydweithiwr ar 25 Tachwedd 1976. Yno, cytunodd John Spence, Keith Lucas ac Alan Knowles, yn groes i ddymuniadau CCC, y dylid cyfrif faint roedd pob adran o'r BFI yn ei wario yng Nghymru er mwyn gweld a oedd modd trosglwyddo cyfanswm y gwariant i CCC.[38] Er gwaethaf hawddgarwch ymddangosiadol y BFI, cyfarfod ofer ydoedd, wrth iddo lesteirio unrhyw ddatblygiad gan wrthod cyfathrebu â CCC gydag iddo gilio o olwg y gwleidyddion. Y BFI a oedd yn rheoli'r sefyllfa â grym panoptig, grym a atgyfnerthid dro ar ôl tro gan amharodrwydd neu ddiffyg diddordeb y llywodraeth i ymyrryd â'r *status quo*.

Gweithgareddau creadigol 1973–7

Tra oedd CCC yn ceisio sicrhau mwy o gyllid oddi wrth y BFI, roedd y BFfC yn ceisio cynhyrchu cynifer o ffilmiau Cymraeg ag a oedd yn bosibl gyda'i gyllid prin. Yn dilyn llwyddiant *Hen Dynnwr Lluniau*, a oedd yn bluen yn het Wil Aaron, cafodd yntau rwydd hynt i gynnig syniadau i'r bwrdd, a da o beth oedd hynny o ystyried ei fod yn meddu ar fwy o wybodaeth am y cyfrwng na'r cyfryw aelodau. Roedd Wil Aaron yn awyddus i wneud ffilm gerddorol – *Nia Ben Aur* – a fyddai'n 'adloniant pur', ond er gwaetha'r nawdd a ddaeth gan gronfa Gulbenkian ar gyfer y ffilm, bu'n rhaid rhoi'r ffidil yn y to ar ôl cael ar ddeall bod eraill wedi cynnig mwy o arian i brynu hawlfraint y trac sain.[39] Cynigiodd Wil Aaron gynhyrchu ffilm o'r enw *Scersli Bilîf* (1974) fel y'i gelwid yn y pen draw, ffilm a seiliwyd ar Ifas y Tryc, cymeriad poblogaidd Wil Sam (W. S. Jones), gyda Stewart Jones yn ei bortreadu yn ôl ei arfer. A hithau'n awr o hyd, dyma'r ffilm hwyaf a gomisiynwyd gan y bwrdd hyd hynny. Hyd yma, canolbwyntiwyd ar gynhyrchu ffilmiau byrion, gan gynnwys *Ifan ar Ffo*, ffilm chwarter awr gan Keith Mervyn Griffiths a seiliwyd ar straeon tylwyth teg. Yn ogystal, cynhyrchwyd dwy ffilm ddogfennol wreiddiol, sef *Capeli* gan Harley Jones, a archwiliai bensaernïaeth capeli ar hyd a lled Cymru, ac *Arlunydd wrth ei Waith* gan Wil Aaron, a ddogfennai waith Mervyn Baldwin yn creu cerflun ar gyfer Ysgol Gyfun Caergybi.[40] O ystyried amgylchiadau llwm y bwrdd, roedd y ffaith ei fod wedi llwyddo i gynhyrchu unrhyw ffilmiau o gwbl yn wyrthiol. Ys dywedodd Wil Aaron ar y pryd:

Fe lifa'r arian drwy fysedd y cynhyrchwyr fel dŵr. Mae'r ddrama rhataf [*sic*] ar ffilm yn siŵr o gostio beth bynnag £6,000 – £7,000 yr awr. Nid yw cost ffilm ddogfennol lawer yn llai; er fod yr actorion a'r gwisgoedd a'r coluro ac yn y blaen yn ddieisiau, mae'r costau technegol yn aros. Petai mwy o arian, mi fyddai mwy o ffilmiau gwreiddiol, ond o sylweddoli nad oes gan y Bwrdd sicrwydd am yr un ddimau [*sic*] goch ar ddechrau bob blwyddyn mae'r hyn a gyflawnwyd yn dipyn o gamp.[41]

Llawer rhatach felly oedd ceisio prynu ffilmiau am brisiau rhesymol. Llwyddwyd i sicrhau ffilmiau Cymraeg ar T. H. Parry-Williams, Cynan, ar fugeiliaid Cwm Pennant a chwarelwyr Dinorwig oddi wrth y BBC am gost y print yn unig. Hefyd, cyfieithwyd nifer o ffilmiau Saesneg wrth ailrecordio sylwebaeth yn Gymraeg. Un o'r rhain oedd *Pont Britannia*, cyfieithiad o gynhyrchiad gan Fwrdd Ffilmiau'r Rheilffordd Brydeinig, a ddogfennodd ailadeiladu pont Robert Stephenson dros y Fenai ar ôl i dân ddinistrio'r bont wreiddiol. Yn yr un modd, cyfieithwyd ffilm United Motion Pictures Ltd – *Crefftwyr Dinorwig*. Roedd rhoi trac sain newydd ar ffilm yn gymharol rad o gymharu â chreu ffilm newydd sbon, ac yn gost o gannoedd yn hytrach na miloedd o bunnoedd. Parhawyd i drosleisio cartwnau yn ogystal, a oedd yn broses dipyn drutach na chyfieithu ffilm gan fod rhaid talu amryw o actorion i leisio'r cymeriadau a threulio amser mewn stiwdio sain yn perffeithio amseru'r trosleisio. Hefyd, roedd rhaid prynu'r hawl oddi wrth y cynhyrchwyr i ddangos y ffilm, ac yn achos *Ynys y Trysor* – sef cartŵn wedi ei seilio ar *Treasure Island* – costiodd yr hawl honno dros fil o bunnoedd i'r bwrdd. O ganlyniad i'r gweithgareddau hyn, erbyn mis Mawrth 1976 roedd gan y bwrdd gatalog o ddeunaw o ffilmiau a oedd ar gael i'w llogi. *Scersli Bilîf* oedd yr un fwyaf poblogaidd o bell ffordd, ac fe'i benthycwyd dros drigain o weithiau mewn blwyddyn, gyda'r tri chartŵn yn cael eu benthyg dros ugain o weithiau'r un.

Roedd llwyddiant *Scersli Bilîf* yn amlygu poblogrwydd comedi ysgafn a gynhwysai enw a chymeriad poblogaidd a oedd eisoes yn adnabyddus ymhlith y Cymry Cymraeg. O ganlyniad i'r sylweddoliad hwn, aeth Wil Aaron a Dafydd Huw Williams ati i gynllunio eu ffilm nesaf, a fyddai, unwaith eto, yn asio'r agweddau a brofodd mor boblogaidd. Y canlyniad oedd *Gwaed ar y Sêr*, comedi tywyll 55 munud o hyd, a ddarluniai nifer o bersonoliaethau adnabyddus yn cael eu llofruddio, megis Hywel Gwynfryn, Dafydd Iwan, Telynores Dwyryd, Barry John ac Ifas y Tryc, a hynny mewn dulliau comig. Hyrwyddwyd y ffilm fel un ac iddi '[dd]igonedd o drasiedi digri, llawer llofruddiaeth lawn, moroedd o waed a chwerthin'.[42] Roedd y ffilmiau hyn at ddant Jim Davies a ddywedodd yn y *Western Mail*: 'Our aim is to create original, professional films, which are entertaining, not esoteric. Our target is the man-in-the-street.'[43] Tra oedd *Scersli Bilîf* a *Gwaed ar y Sêr* yn neilltuol o boblogaidd o ran eu llogi a'u teithio, roedd eraill yn llai caredig ynglŷn â chynnyrch y bwrdd o ganlyniad i'w safiad dros gynnyrch 'poblogaidd'. Wrth ganmol y bwrdd am fedru creu ffilmiau mewn amgylchiadau lle'r oedd 'the sight of a film clapper-board, unless wielded by BBC or HTV, was almost as rare as a television in Antarctica', ymosododd Clive Betts ar weledigaeth y bwrdd, trwy'i disgrifio fel un a oedd yn 'firmly fixed down market'.[44]

Roedd y safbwyntiau cyhoeddus a fynegwyd gan Jim Davies a Clive Betts yn ddrych i drafodaethau mewnol y bwrdd. Ymddiswyddodd cyfarwyddwr Theatr Gwynedd, Michael Bailey Hughes, fel aelod oherwydd ei fod yn anghytuno'n sylfaenol â'r polisïau. Teimlai yntau y dylai fod mwy i'r ffilmiau na gwerth adloniadol yn unig, a chredai y dylid hyrwyddo'r iaith wrth gynhyrchu ffilmiau o bwys a fyddai'n ennill gwobrau rhyngwladol.[45] Roedd Wil Aaron yn cyfaddef bod cynnal safon yn anodd o ystyried y gyllideb gyfyngedig, ac mai'r unig fodd yr oedd hi'n bosibl i'r bwrdd weithredu oedd o ganlyniad i weithio ar ffilm 16mm lle'r oedd yn bosibl cynhyrchu ffilm awr o hyd am £5,000. Yn ei eiriau ef: 'we are having to budget on ridiculously low figures and it must be admitted that the quality does suffer to some extent'.[46] Roedd y cyfyngiadau ariannol yn esgor ar broblemau achlysurol. Ar ôl gorffen ffilmio *Scersli Bilîf*, dychwelodd Stewart Jones, y prif actor, siec o £180 am ei waith at Llion Williams, gyda'r esboniad:

> ni allaf dderbyn siec mor isel â hyn am waith mor galed. Nid yw wahaniaeth beth yw cytundeb Equity, credaf fod gan bob unigolyn yr hawl i drafod ei dermau ei hun neu beidio a [*sic*] gwneud y gwaith, a phetawn yn gwybod mai hyn oedd y tal [*sic*], peidio a [*sic*] gwneud y gwaith fyddwn i wedi ei wneud.[47]

Nid maint y siec yw'r syndod mwyaf yn yr achos hwn, ond y ffaith na thrafodwyd gyda'r actorion faint o arian a gaent cyn ymgymryd â'r gwaith, sydd eto'n awgrymu system gynhyrchu led amaturaidd. Roedd y diffyg arian yn rhwystredig i'r bwrdd ac i gyfarwyddwyr fel ei gilydd. Gweithiodd Wil Aaron am lai o arian am ei fod yn dymuno gwneud bywoliaeth o wneud ffilmiau Cymraeg, ond roedd yr esgid fach yn gwasgu'n dynn arno yntau hefyd, gan iddo fuddsoddi'n drwm yng ngweithgarwch y bwrdd trwy wario £800 ar offer golygu dros bedair blynedd.[48] Erbyn haf 1974, Wil Aaron oedd yr unig gyfarwyddwr a weithiai o fewn fframwaith y bwrdd, gan i gyfarwyddwyr eraill, megis Harley Jones, sylweddoli y caent fwy o fudd wrth dderbyn eu grantiau gan CCC.[49] Ond ni wnaeth y rhwystrau ariannol hyn ffrwyno archwaeth y gynulleidfa a oedd yn llogi'r ffilmiau nac ychwaith y rheini a fynnai fynd i weld y ffilmiau fel rhan o sinema deithiol Wil Aaron ym 1976/7. Llenwid neuaddau trwy'r wlad yn gwbl ddidrafferth, gan ddwyn i gof deithiau arloesol Ifan ab Owen Edwards ddeugain mlynedd ynghynt.

Cais triphlyg 1976

Cyflwynodd y bwrdd gais triphlyg i CCC, y BFI ac i'r Swyddfa Gymreig ym 1976. Roedd hwn yn gais manwl am gyllid dros bum mlynedd a alluogai'r bwrdd i ehangu ei waith a dod yn uned gynhyrchu annibynnol, yn hytrach na gorfod comisiynu cyfar-wyddwyr allanol fel y gwnaed yn y gorffennol. Cyflwynwyd cais i CCC am grant o £6,752 ar gyfer y flwyddyn ariannol 1976/7 tuag at benodi cyfarwyddwr rhan-amser ynghyd ag ysgrifennydd llawn amser. Gofynnwyd i'r BFI am grant o £5,700 i brynu offer ar gyfer sefydlu ystafell olygu, a gofynnwyd am £26,800 gan y Swyddfa Gymreig gogyfer â'i raglen waith.[50] Gwnaethpwyd y cais i'r Swyddfa Gymreig wrth ddadlau y dylid ymestyn yr egwyddor o noddi llyfrau Cymraeg i gynnwys ffilmiau Cymraeg hefyd. Anghytunodd y Swyddfa Gymreig gyda'r ddadl hon a chyfeiriwyd y bwrdd yn ôl drachefn at ddrws CCC a'r BFI.

Yn ystod yr un cyfnod bu CCC yn asesu'r pwyllgor ffilm. Profodd y datganiad cyhoeddus rhwysgfawr a wnaeth ym Medi 1976 yn arf cwbl aneffeithiol yn yr ymgais i gynyddu cymhorthdal y BFI, ac amlygwyd unwaith yn rhagor bŵer panoptig y sefydliad. Fodd bynnag, mewn cyfarfod o CCC yn Neuadd Gregynog yn Ionawr 1977, penderfynwyd gweithredu tacteg arall yn y gobaith y byddai'n ysgogi'r BFI i ryddhau mwy o arian iddo. Penderfynwyd dargyfeirio arian o ffurfiau celfyddydol eraill er mwyn rhoi hwb i'r pwyllgor ffilm anghenus, a chyfrannwyd £50,000 i gyllid y pwyllgor ffilm ar gyfer 1977/8.[51] Wedi sicrhau y telid am gostau gweinyddol yr adran ffilm, fe fyddai £37,500 yn weddill i'w ddosrannu rhwng unigolion a sefydliadau. Gobeithid y byddai'r weithred hon gan CCC yn ysgogi'r BFI i gynnig grant cyfatebol o £50,000. Penderfynwyd hefyd y dylid dyfarnu grant sylweddol i'r BFfC er mwyn ei roi ar dir sefydlog, a'i alluogi i benodi cyfarwyddwr, a hynny er i'w geisiadau i'r BFI a'r Swyddfa Gymreig brofi'n aflwyddiannus. Addawyd grant o £23,000 iddo – £8,000 o grant sefydlu a £15,000 at gostau rhaglenni – a chytunwyd hefyd y byddid yn ceisio datblygu cyfleusterau gwneud ffilmiau 16mm ym Mangor.

Storm gyhoeddus

Roedd y bwrdd bellach ar dir cadarn, diolch i CCC a'i ymrwymiad i'r pwyllgor ffilm. Gyda'r BFI yn cynnig grant o £20,000 yn unig ar gyfer 1977/8, am yr eildro, rhyddhaodd CCC ddatganiad i'r wasg. Y tro hwn, fe gydweithiodd CCC a'r bwrdd wrth uno yn eu hymdrechion i ddenu sylw at aneffeithlonrwydd eu gelyn cyffredin. Yn y datganiadau i'r wasg, felly, canolbwyntiwyd ar sefyllfa'r BFfC ac anallu'r BFI i ddyfarnu arian ar gyfer cynhyrchu ffilmiau Cymraeg.[52] Rhoddwyd polisïau'r BFI dan y chwyddwydr, gydag Ann Clwyd, cadeirydd y pwyllgor ffilm ac is-gadeirydd CCC, yn datgan: 'We are extremely disappointed that the BFI have continued to ignore the reasonable case put to it for a realistic increase to its annual grant for film activities in Wales.'[53] Fodd bynnag, o ganlyniad i gyfweliad a gynhaliwyd rhwng Alan Knowles, pennaeth rhanbarthol y BFI, a'r newyddiadurwr Clive Betts, sbardunwyd dadl gyhoeddus giaidd ynglŷn â safon ffilmiau'r BFfC, gan ddadlennu holl ragfarnau'r BFI tuag at Gymru a'r Gymraeg. Mynnai Alan Knowles na ellid ystyried ffilmiau'r bwrdd fel rhai 'celfyddydol' ac yn y *Western Mail*, dywedodd:

> Some of the information we have had from recently resigned members of the board has not been very complimentary. It seems their only aim is to produce material in Welsh and develop the language. When we have asked if the output came into the arts category, we have been told that was an irrelevant question. If the aim is only to make material in a language such as Hindi or Welsh, it does not come within our responsibility.[54]

Roedd Wil Aaron, a fu'n gyfrifol am dri o brif gomisiynau'r bwrdd, yn gweld sylwadau Alan Knowles fel ymosodiad personol. Mewn llythyr i'r *Western Mail*, dywedodd fod y penderfyniad i beidio â rhoi arian i'r bwrdd yn 'blow to Welsh films', a heriodd Knowles i ddangos tystiolaeth a brofai fod safon ffilmiau Cymraeg yn is na safon ffilmiau Saesneg.[55] Awgrymodd: 'Of course there are Welsh films, as there are English, that deserve his criticism. But to categorically damn all Welsh films is unfair and unjust.'[56] Yn dilyn y sylwadau yn y wasg am yr iaith Gymraeg a safon amwys y ffilmiau yn y wasg, ysgrifennodd Llion Williams at nifer o Aelodau Seneddol i dynnu eu sylw at yr hyn a ddywedwyd, yn enwedig yn dilyn sylwadau cyhoeddus eraill o du'r BFI a ymddangosodd, a honnai nad oedd eu gwaith yn cynnwys rhoi arian i gefnogi ieithoedd 'like Welsh and Hindustani'.[57]

O ganlyniad, denwyd mwy o Aelodau Seneddol at achos y bwrdd, gyda Dafydd Elis-Thomas a Dafydd Wigley yn codi cwestiynau ar lawr Tŷ'r Cyffredin gan iddynt gael eu 'dychryn' gan agwedd y BFI tuag at ffilmiau cyfrwng Cymraeg.[58] Fodd bynnag, ymddengys i'r llywodraeth gydsynio â phanopticiaeth y BFI. Er enghraifft, gofynnodd Elis-Thomas am ymchwiliad i weithgareddau'r BFI yng Nghymru, ond gwrthod yn ddisymwth a wnaeth Shirley Williams, yr Ysgrifennydd Gwladol dros Addysg a Gwyddoniaeth, gan honni ei bod hi'n hollol fodlon ag agwedd y BFI tuag at yr iaith Gymraeg. Disgrifiodd Elis-Thomas ei hymateb fel 'generally useless' ond parhaodd i ymdrechu i sicrhau cyfarfod rhwng y bwrdd a'r BFI.[59]

Awgrymodd y dylid ffurfio dirprwyaeth drawsbleidiol i drafod gyda'r BFI, ond gwrthododd Keith Lucas, cyfarwyddwr y BFI, gwrdd â hwy, gan fynnu y dylid trafod â CCC yn hytrach na'r BFI yn uniongyrchol. Dro ar ôl tro, ceisiodd y bwrdd drefnu cyfarfod ar y cyd rhyngddynt a'r BFI, CCC a'r Ysgrifennydd Addysg a Gwyddoniaeth er mwyn trafod y sefyllfa, ond ceisiodd yr Ysgrifennydd a'r BFI eu gorau i osgoi cyfarfod o'r fath. Yn wir, roedd y berthynas rhwng y BFI a CCC wedi'i gwenwyno i'r fath raddau fel bod Philip Hosegood o'r Swyddfa Gymreig, a ymdrechodd i ddod â'r ddau gorff at ei gilydd, yn anobeithio wrth gyfaddef ym Mehefin 1977 fod 'complete breakdown of communication' rhyngddynt.[60]

Ond yn sydyn, yn ddisymwth ac yn ddiesboniad, penderfynodd Keith Lucas y dylid cwrdd â chynrychiolwyr o'r bwrdd, a gofynnodd i Aneurin Thomas drefnu cyfarfod, gan honni bod y BFI yn dymuno cael 'the opportunity to learn more about this aspect of film in Wales [ffilmiau Cymraeg] so that the discussions between our two bodies may be that much better informed'.[61] Trefnwyd y cyfarfod ar gyfer 1 Tachwedd 1977. Gwelodd Aneurin Thomas lygedyn o obaith yn y cyfarfod y bu ynddo gyda Martyn Howells, Jim Davies, Llion Williams, Keith Lucas, Alan Knowles a Peter Sainsbury o'r BFI:

> The BFI ploy was – 'you are getting a fair share of "regional money", i.e. from the regional department budget' and 'now make a claim for Welsh language films in direct competition with all the English applicants but remember that the Board has no responsibility for the Welsh language, as such, indeed any language' . . . We pressed very hard the argument used before – that we are interested in setting up a whole new service for film, in both languages, appropriate to Wales, where circumstances are different to those in England. I got the impression that the British Film Institute's officers were beginning to see that there is a difference in our respective circumstances.[62]

Wedi misoedd o ymdrechu glew gan Dafydd Elis-Thomas, ar 6 Rhagfyr 1977, aeth dirprwyaeth drawsbleidiol i gyfarfod â'r Arglwydd Donaldson, Gweinidog y Celfyddydau yn yr Adran Addysg a Gwyddoniaeth, yn Nhŷ'r Arglwyddi. Roedd y ddirprwy-aeth o saith yn cynnwys: cadeirydd CCC, Ardalyddes Môn; cadeirydd y BFfC, Jim Davies; cadeirydd y pwyllgor ffilm, Ann Clwyd a phedwar Aelod Seneddol a oedd yn cynrychioli hyd a lled y sbectrwm gwleidyddol. Roedd Dafydd Elis-Thomas yno ar ran Plaid Cymru, Tom Ellis o'r Blaid Lafur, Geraint Howells ar ran y Blaid Ryddfrydol ac Wyn Roberts o'r Blaid Geidwadol. Cyn mynd i'r cyfarfod, dywedodd Jim Davies: 'I am confident that the intelligent staff of the BFI will accept the legitimate needs of minorities. After all, we are not an amateur organisation: we insist that all our films are professionally made.'[63] Er gwaethaf ei optimistiaeth ar dudalennau'r *Western Mail*, yn breifat, rhagwelai Jim Davies nad oedd llawer o obaith y byddai'r BFI yn barod i ymateb yn fwy haelionus i ofynion y ffilm yng Nghymru.[64] Yn wir, o ganlyniad fe ofynnodd yr Arglwydd Donaldson i gadeirydd dros dro'r BFI, Enid Wistrich, am ddatganiad o agwedd y BFI tuag at Gymru, a chafwyd dadansoddiad o wariant y BFI yng Nghymru a awgrymai fod Cymru yn derbyn *mwy* na'r gyfradd deg. Bu ymweliadau niferus cynrychiolwyr y bwrdd a'r CCC â choridorau grym Llundain yn gyfan gwbl seithug felly.

Yn eironig ddigon, ffilm ddiweddaraf y bwrdd oedd *Y Dieithryn* gan Emlyn Williams – ffilm anghonfensiynol, ddi-iaith, a ddarluniai daith dyn o Gymru yn gadael cartref ac yn symud i Lundain. Mae'r wynebau dieithr dienw, y goleuadau neon, rhuthr a sŵn y ddinas oll yn esgyn mewn cresendo ac yn mynd yn drech nag ef wrth iddo deimlo'n gaeth a than fygythiad ac, yn y pen draw, mae'n dychwelyd i Gymru. Yr un fu profiad y bwrdd wrth i'w gynrychiolwyr ddychwelyd i Gymru yn waglaw. Ymddangosai felly fod brwydr hir, rwystredig a barodd am bum mlynedd i geisio sicrhau mwy o arian i Gymru o'r BFI wedi ei cholli.

Fodd bynnag, roedd gwaeth i ddod i'r BFfC. Er gwaethaf ei gydweithio clòs gyda CCC, yn Chwefror 1978, flwyddyn yn unig ar ôl iddo ddyfarnu grant gwerth £23,000 i'r bwrdd, a llai na chwe mis ar ôl i'r bwrdd benodi ei gyfarwyddwr cyntaf, cyhoeddodd y pwyllgor ffilm ei fod am dorri grant y BFfC yn gyfan gwbl. Sylweddolodd Dafydd Elis-Thomas enbydrwydd y sefyllfa. Ar noswyl Gŵyl Ddewi, ysgrifennodd lythyr a groniclai ei ddadansoddiad o ddifrifoldeb y sefyllfa:

> Yn ei râgair i'r llyfr cyntaf a gyhoeddwyd yn Gymraeg, er nad ydy'r ysgolheigion i gyd yn gytûn ar hynny, mae William Salesbury yn argraffu'r hyn a elwid yn faniffesto'r Dadeni Dysg a dyneiddiaeth Brotestannaidd Gymraeg. Slogan bwysig y rhagair ydy 'Mynnwch ddysg yn eich hiaith [*sic*]'. Angen cyfatebol ail hanner yr ugeinfed ganrif ydy mynnu cyfathrebu ar bob cyfrwng torfol a chreu diwylliant boblogaidd [*sic*] eang drwy'r cyfryngau technolegol.[65]

Heb gefnogaeth na chyllid oddi wrth CCC, a'r Swyddfa Gymreig a'r BFI yn gyndyn o roi unrhyw arian iddynt, roedd y dyfodol yn ddu i'r BFfC. Yn wir, roedd dyfodol ffilmiau Cymraeg eu hiaith unwaith eto yn y fantol.

Achubiaeth

A'r pwyllgor ffilm yn argymell torri ei grant ym 1978, roedd y bwrdd mewn cyfnod argyfyngus wrth i'r dyfodol edrych yn dra anobeithiol. Daeth y penderfyniad bum mis yn unig ar ôl i CCC ddyfarnu £25,000 i'r bwrdd i'w roi ar dir cadarn, ac afraid dweud bod penderfyniad y pwyllgor ffilm yn gwbl annisgwyl. Bu'r cyngor a'r bwrdd yn cydweithio'n glòs ers blynyddoedd wrth bwyso ar y BFI am ragor o arian, a buddsoddodd CCC yn helaeth yng ngweith-garwch y bwrdd. Roedd torri'r grant yn mynd yn groes i'r ysbryd cyfeillgar a fu rhwng y ddau gorff, ac roedd y datblygiad newydd hwn yn ergyd boenus ac yn ysgytwad sylweddol. Roedd y goblyg-iadau'n bellgyrhaeddol: yn anorfod, byddai'r bwrdd yn dod i ben ac felly byddai'n rhaid diswyddo'r cyfarwyddwr, a fu yn y swydd ers llai na chwe mis. Penodwyd John (Jack) James o Fethesda, cyn-ŵr camera, yn Hydref 1977, ac yn ystod ei chwe mis cyntaf bu'n ceisio sefydlu ystafell olygu i'r bwrdd a oedd, ar y cyd â swyddfa weinyddol fechan, yn bencadlys iddo erbyn hyn yn y Coleg Normal. Ac yntau wedi honni adeg ei benodi, '[t]he idea that we are a kind of amateur show will stop from now on', yn wyneb penderfyniad syfrdanol y pwyllgor ffilm, edrychodd fel pe bai ei benodiad, a'r gwaith a wnaed ganddo, yn gyfan gwbl seithug.[66] Roedd rhai o blith y wasg yn argyhoeddedig mai tacteg arall gan CCC oedd hon i geisio sicrhau mwy o arian o'r BFI, ond mae'r gwirionedd yn fwy cymhleth o lawer, ac yn ymwneud â gofynion cyllidol sylweddol y bwrdd.

Cyflwynodd y BFfC gais i'r cyngor am £45,000 ar gyfer 1978/9, er mai dim ond cyfanswm o oddeutu £62,000 yr oedd y pwyllgor ffilm yn disgwyl ei dderbyn, gan gynnwys arian oddi wrth y BFI ac arian canolog CCC. Roedd y pwyllgor ffilm, nid am y tro cyntaf yn ei hanes, yn wynebu cyfyng-gyngor amhosibl. Ar y naill law, roedd y swm y gofynnwyd amdano yn cynrychioli 70 y cant o'r cyfanswm a oedd gan y pwyllgor i'w rannu, a fyddai'n gadael £16,000 yn unig i gefnogi gweithgareddau ffilm eraill trwy Gymru, megis grantiau cynhyrchu ffilm, cyrsiau addysgol, dosbarthu ffilmiau ac arian ar gyfer prynu offer. Ar y llaw arall, gallai lleihau grant y bwrdd olygu y câi'r peirianwaith gweinyddol ei gynnal ond na fyddai ganddo ddigon o arian ar gyfer cynhyrchu ffilmiau.

Roedd pedwar aelod o'r pwyllgor ffilm yn daer yn erbyn rhoi grant sylweddol i'r bwrdd, sef Mik Flood, rheolwr canolfan gelfyddydau'r Chapter yng Nghaerdydd, Chris Monger a Laurie McFadden, ill dau yn darlithio yng Ngholeg Celf Caerdydd, a Peter Stead, darlithydd hanes yng Ngholeg Prifysgol Abertawe. Dadleuwyd ganddynt y byddai grant mor fychan â £16,000 yn gyrru cyw-gyfarwyddwyr dros y ffin i chwilio am grantiau, ac yn ergyd farwol i'r ymdrechion i fagu diwylliant o gynhyrchu ffilm yng Nghymru. Dywedwyd hefyd: 'We see no point in the Welsh Arts Council running a film department with its only function being the administration of one major grant and three or four smaller ones in the course of the year.'[67] Er bod y pedwar yn cefnogi amcanion y bwrdd, teimlent yn gryf y dylid blaenoriaethu gweithgareddau ffilm ym mhob ardal o Gymru, yn hytrach na rhoi cyfran fawr o'r arian i un sefydliad. Roeddent yn gweld y sefyllfa fel un amhosibl, wrth gydnabod bod bai ar y BFI am ei ddiffyg parodrwydd i roi cymhorthdal ystyrlon i CCC. Yn ogystal, roedd aelodau'r pwyllgor ffilm yn ei gweld hi'n chwithig mai ef oedd yr unig gorff a roddai arian i'r bwrdd. Â Mik Flood a'i gefnogwyr yn ennill y frwydr, penderfynwyd torri grant y bwrdd a gollyngwyd y stori i'r papurau newydd.[68]

Disgrifiwyd penderfyniad y pwyllgor ffilm gan y wasg fel 'amazing decision', 'remarkable turnaround', 'complete reversal of policy' a 'major political blunder' a fyddai'n sicr o godi 'an embarrassing storm of protest'.[69] Ond cafwyd datblygiad arall, yr un mor ddramatig a chyhoeddus. Ar 13 Mawrth, gwrthododd aelodau bwrdd CCC benderfyniad y pwyllgor ffilm i dorri grant y bwrdd. Yn ddi-os, roedd Aneurin Thomas, Ardalyddes Môn, a dau aelod o'r cyngor, sef Bedwyr Lewis Jones a John Roberts Williams, yn allweddol wrth wyrdroi'r penderfyniad.[70] Er mawr ryddhad i'r bwrdd, dyfarnwyd £7,000 iddo barhau â'i weithgareddau dros dro, gyda dyfodol ei gyllido i'w drafod wedi i CCC glywed faint o gymhorthdal a fyddai ganddo ar gyfer y flwyddyn ddilynol. Dywedodd Ardalyddes Môn, cadeirydd CCC:

We unanimously agreed that the Bwrdd Ffilmiau and its work should continue although we fully understood the very difficult position in which the film committee was placed due to its insufficient funding from the British Film Institute. We cannot see the Bwrdd Ffilmiau cease to have any money, so their administrative costs will be met and the matter referred back to the film committee for them to reconsider their allocations within their annual grant in the light of the council policy that Bwrdd Ffilmiau should continue. This decision is not a criticism of the film committee who are as anxious as we are to have the board continue.'[71]

Deuddydd yn ddiweddarach, ymddiswyddodd Mik Flood, Chris Monger, Laurie McFadden a Peter Stead fel protest yn erbyn y ffaith bod eu penderfyniad wedi ei wyrdroi mewn ffordd mor ddisymwth:

> We felt it crucially important to impress on the Welsh Arts Council, the BFI and the Welsh Office that to fulfil the duties we have been appointed to do we must be provided with adequate funding . . . We do not believe that the council as yet realises the gravity of the present situation. What is at stake is not merely Welsh-language film-making but all film-making in Wales.[72]

Ymhellach, teimlai Mik Flood na ddylai'r pwyllgor fod yn cyfrannu arian tuag at weinyddiaeth sefydliadau, ond y dylai'r arian fynd at gynhyrchu ffilmiau. Dadleuodd hefyd na fyddai ei argymhelliad gwreiddiol wedi rhwystro cyfarwyddwyr Cymraeg eu hiaith rhag ymgeisio i'r pwyllgor ffilm am gyllid. Yn ôl colofn olygyddol y *Western Mail*: 'In overruling their own film committee, the Welsh Arts Council found themselves in the invidious position of having to choose between securing at least the short-term future of the Welsh Film Board – Bwrdd Ffilmiau Cymraeg – and being able to nurture a larger number of independent film-makers based in the Principality.'[73]

Er i fwrdd y cyngor ymyrryd wrth blymio i ganol y pair, roedd y berthynas rhwng CCC a'r BFfC bellach wedi ei suro. Dwysaodd yr elyniaeth wedi i Llion Williams, ysgrifennydd y BFfC, anfon llythyr i'r Swyddfa Gymreig yn cyffelybu agwedd CCC at ffilmiau Cymraeg i agwedd y BFI. Ysgrifennodd Aneurin Thomas lythyr candryll ato:

> In the second sentence of the first paragraph of the 19th May letter you wrote '. . . it became patently clear that neither the BFI nor the Welsh Arts Council were prepared to support Welsh language Professional filmmaking'. Is that what members of the Bwrdd believe? Is it right that you bracket the BFI and the Welsh Arts Council together in such a damning sentence and then go on in the same sentence to add to it, the

full range of the Bwrdd's aim, implicating WAC again in non-support of the Bwrdd? [. . .] It seems to me that only by working together very closely can the Bwrdd and the WAC get full justice done to a Welsh language film service, including a goodly amount of Welsh language film-making. Your letter slaps us as much as it does the BFI. I believe such a tactic is bound to be counter productive and harmful to both you and us, or if not that, at least unsuccessful.[74]

Mynegodd aelodau'r pwyllgor ffilm a barhaodd wrth eu gwaith bryderon mawr ynglŷn â pholisïau a sefyllfa weinyddol y bwrdd. Afraid dweud nad oedd y bwrdd, yn llygaid y pwyllgor, wedi cael gwared yn llwyr o'r canfyddiad ei fod yn gorff amaturaidd. Anobeithiodd y pwyllgor ffilm dro ar ôl tro gyda diffyg polisïau, cyfansoddiad, amcangyfrifon trylwyr a strategaethau'r bwrdd. Roedd hefyd wedi syrffedu ar ei orddibyniaeth ar nawdd CCC â'i anallu i chwilio am ffynonellau nawdd amgenach. Gofynnwyd i'r bwrdd felly greu datganiadau polisi a oedd yn rhannu eu meysydd gwaith yn rhai y gellid eu hariannu gan y cyngor, a'r rheini y gellid eu hariannu, mewn egwyddor, o ffynonellau eraill. Penderfynwyd y dylid ariannu ei gostau gweinyddol a thechnegol gan y cyngor, ac y dylai'r bwrdd edrych tuag at ffynonellau amgen er mwyn sicrhau arian i gynhyrchu ffilmiau. Cytunwyd y gallai'r tair cymdeithas ffilm ranbarthol gyfrannu at gost y sinema deithiol, ac y gallai'r bwrdd wneud ceisiadau i CCC hefyd i wneud ffilmiau. Yn y pen draw, yn Ebrill 1978, penderfynwyd clustnodi £20,000 i'r bwrdd, ar yr amod ei fod yn cyflwyno manylion cyllidol a datganiadau polisi yn nodi ei fwriadau byr- a hirdymor i'r pwyllgor ffilm, ac yn ymdrechu i sicrhau cyllideb o ffynonellau eraill.

Er i'r £20,000 sefydlogi'r bwrdd, cododd sefyllfa lawn tensiwn arall wrth iddo gyflwyno cais am swm a oedd yn fwy na chyfanswm y grant y byddai'r pwyllgor ffilm yn ei dderbyn. Er ei fod yn ymddangos yn benderfyniad rhyfedd ar ran y bwrdd, teimlid nad oedd yn medru parhau heb i'w grant gael ei gynyddu'n sylweddol. Bu'r sinema deithiol dan ofal Philip ap Iorwerth yng ngwanwyn 1978 yn llwyddiannus, a bu'r cynllun llogi ffilmiau yn llwyddiant, ond erbyn hyn roedd rhai mudiadau wedi gweld pob ffilm a oedd yn y catalog. Ni allai'r bwrdd ddiwallu'r angen am ffilmiau Cymraeg. Ehangwyd gweithgareddau'r bwrdd yn y flwyddyn a fu: sefydlwyd ystafell dorri ym Mangor, trosleisiwyd cartwnau a brynwyd gan HTV a throsleisiwyd cartwnau Visnews ar gyfer plant, ond nid oedd digon o gyllid ar gael i gynhyrchu ffilm wreiddiol.

Mewn cyfarfod â Jim Davies, roedd un aelod o'r pwyllgor ffilm, Leslie Jones HMI, yn gwbl ddiflewyn-ar-dafod wrth fynnu yr ymdriniwyd â'r bwrdd mewn modd goddefgar iawn, ond roedd yn rhaid i'r aelodau ddeall yr angen am dryloywder ac atebolrwydd a dogfennaeth glir ynghylch ei sefyllfa ariannol. Cytunwyd ar ddiwedd y cyfarfod y byddai'r bwrdd yn dal i bwyso ar y Swyddfa Gymreig am nawdd, ac y byddai'r pwyllgor a'r bwrdd yn dechrau deialog i drafod polisïau'r dyfodol. Yn dilyn y cyfarfod, ceisiodd Jim Davies sicrhau bod y bwrdd yn tynhau ei strwythur gweinyddol, wrth ysgrifennu at y cyfarwyddwr, Jack James, a gofyn iddo ofalu ei fod yn darparu ffigyrau ar gyfer CCC. Er gwaethaf llafur Jim Davies, a'r cytundeb gyda'r pwyllgor ffilm, cafwyd datblygiad a dorrodd ar ei draws ac a effeithiodd yn andwyol ar hygrededd y BFfC.

Ychydig wythnosau wedi'r cyfarfod gyda'r pwyllgor ffilm, a llai na blwyddyn wedi ei benodi, bu Jack James yn absennol o'i waith oherwydd salwch. Ni ddychwelodd i'w waith fyth ar ôl hynny. Cafwyd cryn drafferth i dderbyn tystysgrifau meddygol, ac ni fu unrhyw gysylltiad ag ef ar ôl 29 Ionawr 1979. Ar ôl derbyn cyngor cyfreithiol, ysgrifennodd Llion Williams ato yn gofyn am eglurhad ysgrifenedig boddhaol. Ni dderbyniwyd ateb ganddo ac felly terfynwyd ei gytundeb gwaith ar 31 Mawrth 1979.[75] Dyma gyfnod o argyfwng dwys i'r bwrdd: nid oedd ganddo fawr ddim hygrededd o du'r pwyllgor ffilm, nid oedd ganddo arweiniad nac ychwaith gyfansoddiad, ac roedd yr aelodau'n ceisio chwilio am nawdd o ffynonellau eraill. Ar yr un pryd, teimlai'r pwyllgor ffilm yn hynod o rwystredig. Ceisiwyd cydweithio â'r bwrdd, ond roedd y cyfarfodydd yn seithug heb gyfarwyddwr, tra oedd aelodau'r bwrdd yn mynnu nad oeddent yn medru darparu manylion cyllidol i'r pwyllgor. Heb amcangyfrifon cyllidol na datganiadau polisi, nid oedd gan y pwyllgor ffilm sail i benderfynu ar grant y bwrdd. Yn eironig ddigon, ofnai'r pwyllgor y gallai gweinyddiaeth sigledig y bwrdd danseilio dyfodol cynhyrchu ffilm trwy gyfrwng y Gymraeg, gan y bu CCC yn pwyso am fwy o arian y llywodraeth at weithgareddau trwy'r Gymraeg, gan gynnwys ffilm, ers tro, ac roedd gan argyfwng diweddaraf y bwrdd y potensial i andwyo ei ymdrechion yn gyfan gwbl.

Y Swyddfa Gymreig

Yn y blynyddoedd a fu, bu CCC yn pwyso ar y Swyddfa Gymreig yn gyson i roi mwy o arian i hyrwyddo gweithgareddau celfyddydol trwy gyfrwng yr iaith Gymraeg. Yn ystod 1978, wedi i'r pwyllgor ffilm wrthod rhoi nawdd i'r bwrdd, bu Dafydd Elis-Thomas yn gweithio'n ddiflino er mwyn ceisio cael arian i'r bwrdd oddi wrth y Swyddfa Gymreig, gan ysgrifennu'n gyson at John Morris, Ysgrifennydd Gwladol Cymru, yn ogystal ag at Ardalyddes Môn. Bu hyn yn rhan o ymgyrchu ehangach i sicrhau nawdd tuag at ddiwylliant Cymraeg, oblegid yn ystod 1978 bu Gwynfor Evans hefyd yn lobïo'r Swyddfa Gymreig am arian tuag at recordiau pop Cymraeg, a Dafydd Williams yn lobïo i gael mwy o arian er mwyn cyhoeddi llyfrau Cymraeg.[76] Yn ogystal, lluniwyd dogfen gan Gyngor yr Iaith Gymraeg ar gais Ysgrifennydd Gwladol Cymru, a gyhoeddwyd dan y teitl *Dyfodol i'r Iaith Gymraeg*.[77] Y bwriad oedd paratoi adroddiad y gellid ei ddefnyddio'n sail i bolisi trylwyr ar gyfer yr iaith Gymraeg. Y casgliad cyntaf a nodwyd oedd bod yr 'iaith Gymraeg mewn argyfwng. Dylai'r Llywodraeth roi arweiniad a chyhoeddi polisi pendant o ddwyieithrwydd effeithiol yng Nghymru.'[78] Yn ogystal, honnwyd fel hyn: 'Credwn mai nawr yw'r amser i'r Llywodraeth a'r bobl fel ei gilydd wneud ymdrech galed . . . Y ffordd i fynd ymlaen yw drwy fabwysiadu dwyieithrwydd sy'n golygu defnyddio'r naill iaith neu'r llall yn naturiol at unrhyw ddiben. Dylai'r Llywodraeth arwain y farn gyhoeddus yn y materion pwysig hyn, nid ei dilyn.'[79] Yn y cyd-destun hwn, felly, ac yn dilyn cyfarfod ym Mangor rhwng Ardalyddes Môn, Jim Davies, a Robert Jones o'r Swyddfa Gymreig, ymddangosai fel pe bai'r Swyddfa Gymreig yn ystyried o ddifrif roi arian tuag at y gweithgareddau hyn.

Cyn y gellid gwireddu'r cynlluniau, roedd yn ofynnol i'r bwrdd roi ei dŷ mewn trefn a chynllunio i'r dyfodol, ac i'r Swyddfa Gymreig gael ei hargyhoeddi bod y bwrdd yn mynd i ddefnyddio'r arian mewn dull priodol ac effeithiol, a bod ei weinyddiaeth yn gadarn. Aeth y pwyllgor ffilm ati, trwy gyfrwng Martyn Howells a John Roberts Williams, i annog y bwrdd i ddogfennu yn fwy trylwyr gan fod arian mawr yn y fantol. Roedd yn bwysicach fyth i'r aelodau arddangos gallu ac effeithlonrwydd, gan eu bod yn gweithredu heb na gweinyddwr na chynhyrchydd. O ganlyniad, galwyd cyfarfod arbennig o rai o'r aelodau ar 7 Mawrth 1979 ac aed ati i gynllunio ar gyfer y dyfodol. Tociwyd rhestr aelodau'r bwrdd a ffurfiwyd is-bwyllgor cynhyrchu a phwyllgor rheoli er mwyn gwneud gweinyddiaeth y bwrdd yn fwy effeithiol. Am y tro cyntaf erioed, cytunwyd ar raglen waith a pholisïau i'r dyfodol. Ymysg y polisïau roedd penodi gweinyddydd, cynhyrchu isafswm o ddwy awr o ffilmiau yn ystod y flwyddyn honno (1979/80), a threfnu sinema deithiol wirioneddol broffesiynol. Ychydig ddiwrnodau'n ddiweddarach, ar 12 Mawrth 1979, yn Nhŷ'r Cyffredin, cyhoeddodd Ysgrifennydd Gwladol Cymru, John Morris, y grantiau newydd ar gyfer y flwyddyn 1979/80 i gefnogi'r iaith Gymraeg, gan ddyfarnu grant o £20,000 i'r BFfC.[80] Roedd hyn yn ddatblygiad annisgwyl o safbwynt y bwrdd, gan nad oedd ganddo unrhyw aelod staff llawn-amser. Dywedodd y Swyddfa Gymreig, mewn datganiad i'r wasg:

> The measures, in conjunction with the Government's firm commitment to bring the Welsh 4th Channel into operation in the Autumn of 1982, went a long way to meet the recommendation made by Council for the Welsh language in its report 'A Future for the Welsh Language' and gave a clear indication of the Government's concern for the well-being of the Welsh Language.[81]

Er i'r arian esgor ar nifer o ffilmiau, arwyddocaol yw'r ffaith bod yr arian wedi'i ddyfarnu yng nghyd-destun y sianel Gymraeg arfaeth-edig. Yn eironig, ymhen blynyddoedd, fe fyddai'r sianel yn gwbl allweddol yng ngwanychiad terfynol y BFfC. Er i CCC barhau i'w ariannu'n rhannol, teimlai nifer o aelodau'r bwrdd fod grym gormodol gan CCC, a'i fod yn tra-arglwyddiaethu ar y celfyddydau yng Nghymru.[82] Cwynwyd bod pŵer aruthrol gan y swyddogion a oedd yn teyrnasu dros ffurfiau celfyddydol unigol, a'u bod yn cael eu hudo gan yr hyn a oedd yn gelfyddydol ffasiynol ar y pryd.[83] Dadlennodd yr ymdrechion i wasgu arian o groen y BFI, ac ymateb y corff Llundeinig, y modd yr oedd imperialaeth ddiwylliannol yn hydreiddio'r sefydliad yn llwyr, a'i rym panoptig a wnâi bob ymdrech gan y bwrdd yn seithug. Trwy wrthod arian i'r bwrdd, fe'i cosbwyd am beidio â chynhyrchu ffilmiau a gyfatebai i'r dehongliad cul o ffilm a hyrwyddid gan y BFI.

O ganlyniad i'r arian newydd o du'r Swyddfa Gymreig, cafwyd cyfnod o benllanw cynhyrchu gyda phedair ffilm yn gweld golau dydd mewn cyfnod byr. Fodd bynnag, nid oedd yn bosibl i'r bwrdd orffwys ar ei rwyfau, gan fod y sianel newydd ar y gorwel ac roedd gan CCC a'r Swyddfa Gymreig syniadau pendant ynglŷn â chyfeiriad a datblygiad y bwrdd. Yn y ddwy bennod nesaf, edrychir ar y pedair ffilm gyntaf a gynhyrchwyd fel uned gynhyrchu annibynnol er mwyn ystyried i ba raddau y llwyddodd y bwrdd i foddhau ei gynulleidfa.

Nodiadau

[1] Llyfrgell Genedlaethol Cymru [LlGC], casgliad y Bwrdd Ffilmiau Cymraeg, 1/2, cofnodion cyfarfod y bwrdd, 24 Hydref 1973.

[2] Fe'i dangoswyd am y tro cyntaf yn Theatr Fach y Maes am 3.30 o'r gloch y prynhawn, ddydd Mawrth, 7 Awst 1972, ond cafwyd rhagddangosiad ar gyfer y cast yn Theatr Llangefni am 8 o'r gloch nos Sadwrn, 4 Awst 1972.

[3] LlGC, casgliad y Bwrdd Ffilmiau Cymraeg, 1/2, cofnodion cyfarfod y bwrdd, 24 Hydref 1973.

[4] LlGC, casgliad Cyngor Celfyddydau Cymru 4, FILM/C/1/1, llythyr Peter Dean at Jim Davies, 29 Awst 1973.

[5] LlGC, casgliad y Bwrdd Ffilmiau Cymraeg, 9/1/3, papur trafod y sinema deithiol gan Wilbert Lloyd Roberts, 25 Medi 1974.

[6] LlGC, casgliad y Bwrdd Ffilmiau Cymraeg, 1/2, cofnodion cyfarfod 7 Mai 1975.

[7] Roedd cost llogi ffilm yn amrywio o bunt am gartŵn chwe munud o hyd, i ddeg punt am gomedi trigain munud: LlGC, casgliad Dafydd Elis-Thomas, G1/2, copi o erthygl wedi ei theipio gan Wil Aaron, 'Ffilmiau Cymraeg', dim dyddiad.

[8] LlGC, casgliad Cyngor Celfyddydau Cymru, 4, FILM/C/1/1, llythyr Aneurin Thomas at Keith Lucas, cyfarwyddwr y BFI, 15 Hydref 1973.

[9] H. Keith Evans oedd cadeirydd y pwyllgor ffilm. Mik Flood, Jack James, Harley Jones, John Ormond a Charles Roebuck oedd yr aelodau gwreiddiol eraill. Roedd Wil Aaron yn absennol o'r cyfarfod cyntaf.

[10] LlGC, casgliad Cyngor Celfyddydau Cymru, 4, FILM/C/1/1, memorandwm oddi wrth Martyn Howells at Aneurin Thomas, Bob Harris a Bill Dufton, 14 Hydref 1974.

[11] Ibid.

[12] Cyngor Celfyddydau Cymru, *Adroddiad Blynyddol 1976* (Caerdydd: CCC, 1976), t. 7.

[13] LlGC, casgliad Cyngor Celfyddydau Cymru, FILM/EC/1/1, llythyr Aneurin Thomas at Keith Lucas, 28 Ebrill 1975.

[14] Ym 1975, derbyniodd Northern Arts £19,000 a Yorkshire Arts £10,000. Yn ystod yr un flwyddyn gwariwyd £452,980 ar y Theatr Ffilm Genedlaethol ar y South Bank: British Film Institute, *BFI Annual Report 1975* (London: BFI, 1975), t. 13.

[15] LlGC, casgliad Cyngor Celfyddydau Cymru, FILM/EC/1/1, llythyr Martyn Howells at Alan Knowles, 21 Ebrill 1975.

[16] LlGC, casgliad Cyngor Celfyddydau Cymru, FILM/EC/1/1, memorandwm oddi wrth Martyn Howells at Aneurin Thomas, 22 Rhagfyr 1975.

[17] Y Swyddfa Gymreig, *Ein Democratiaeth yn Newid: Datganoli i Gymru a'r Alban*, Cmnd 6348 (Caerdydd: Gwasg Ei Mawrhydi, 1975).

[18] Ibid., t. 52.

[19] Rhagflaenodd Goschen fformiwla Barnett. Fe'i defnyddiwyd gyntaf ym 1888 er mwyn dosrannu cyllid rhwng yr Alban ac Iwerddon mewn cymhariaeth â Lloegr a Chymru. Rhoddwyd fformiwla Barnett ar waith yn yr Alban a Gogledd Iwerddon ym 1979, cyn ei ymestyn i Gymru ym 1980.

[20] British Film Institute, *Annual Report 1975* (London: BFI, 1975), t. 13; LlGC, casgliad Cyngor Celfyddydau Cymru, FILM/EC/1/1, llythyr Aneurin Thomas at Keith Lucas, 29 Rhagfyr 1975.

[21] Roedd yr Arglwydd Lloyd o Hampstead (Dennis Lloyd) yn gadeirydd y BFI rhwng 1973 a 1976.

[22] LlGC, casgliad Cyngor Celfyddydau Cymru, FILM/EC/1/1, llythyr Aneurin Thomas at Keith Lucas, 29 Rhagfyr 1975.

[23] LlGC, casgliad Cyngor Celfyddydau Cymru 4, FILM/C/1/2, cofnodion cyfarfod y pwyllgor ffilm, 3 Chwefror 1976. Awgrymwyd enw Huw Wheldon fel cynrychiolydd i Gymru.

[24] LlGC, casgliad Cyngor Celfyddydau Cymru, FILM/EC/1/1, llythyr Aneurin Thomas at Richard Lloyd-Jones, 13 Ebrill 1976.

[25] Ibid.

[26] Ond ni wnaeth wahaniaeth o safbwynt cyllidol. Cynigiwyd £15,000 i CCC ar gyfer 1976/7, sef 0.6 y cant o gyllid blynyddol y BFI. Y swm y gofynnwyd amdano oedd £70,000; £175,000 (7 y cant) a oedd yn ddyledus i Gymru o ddefnyddio fformiwla Goschen. LlGC, casgliad Cyngor Celfyddydau Cymru, FILM/EC/1/1, llythyr Alan Knowles at Aneurin Thomas, 19 Mai 1976.

[27] LlGC, casgliad Cyngor Celfyddydau Cymru, FILM/EC/1, llythyr Robert Lloyd-Jones at Aneurin Thomas, 10 Mehefin 1976.

[28] LlGC, casgliad Cyngor Celfyddydau Cymru, FILM/EC/1/1, nodyn at Aneurin Thomas oddi wrth yr Adran Addysg a Gwyddoniaeth, 2 Gorffennaf 1976.

[29] LlGC, casgliad Cyngor Celfyddydau Cymru, FILM/EC/1/1, llythyr John Spence at Aneurin Thomas, 6 Gorffennaf 1976.

[30] LlGC, casgliad Cyngor Celfyddydau Cymru, FILM/EC/1/1, llythyr Aneurin Thomas at Keith Lucas, 6 Medi 1976.

[31] LlGC, casgliad Cyngor Celfyddydau Cymru, FILM/EC/1/1, datganiad i'r Wasg, 19 Medi 1976.

[32] Ibid.

[33] LlGC, casgliad Cyngor Celfyddydau Cymru, FILM/EC/1/1, llythyron Jim Davies a D. Llion Williams at Cledwyn Hughes, Emlyn Hooson a Dafydd Wigley, 23 Medi 1976.

[34] LlGC, casgliad y Bwrdd Ffilmiau Cymraeg, 6/1/3, copi o gofnodion Tŷ'r Cyffredin, 28 Hydref 1976.

[35] Ceir dadansoddiad llawn o waith Cyngor yr Iaith Gymraeg yn Godfrey Harrison, 'Language and politics, interests and constituencies: the career of the Council for the Welsh Language', *Multilingual Matters*, 18, 3 (1997), 182–92.

[36] LlGC, casgliad Dafydd Elis-Thomas, G1/2, llythyr Barry Jones at Dafydd Elis-Thomas, 14 Rhagfyr 1976.
[37] LlGC, casgliad Cyngor Celfyddydau Cymru, FILM/EC/1/1, llythyr James Callaghan at Aneurin Thomas, 11 Hydref 1976.
[38] LlGC, casgliad Cyngor Celfyddydau Cymru, FILM/EC/1/1, nodyn Aneurin Thomas at aelodau CCC gogyfer â chyfarfod y cyngor ar 6 Gorffennaf 1977.
[39] LlGC, casgliad y Bwrdd Ffilmiau Cymraeg, 1/2, cofnodion cyfarfod y bwrdd, 12 Chwefror 1974.
[40] Nid yw'r un o'r ffilmiau cynnar hyn wedi goroesi.
[41] Wil Aaron, 'Ffilmiau Cymraeg', *Barn*, 165 (1976), 325.
[42] LlGC, casgliad Dafydd Elis-Thomas, G1/2, catalog y Bwrdd Ffilmiau Cymraeg.
[43] LlGC, casgliad y Bwrdd Ffilmiau Cymraeg, 29/5/3, toriad o'r *Western Mail*, Clive Betts, 'Has success spoilt the Welsh cinema?', dim dyddiad.
[44] Ibid.
[45] Ibid.
[46] Ibid.
[47] LlGC, casgliad y Bwrdd Ffilmiau Cymraeg, 17/3, llythyr Stewart Jones at D. Llion Williams, 4 Awst 1974.
[48] LlGC, casgliad Dafydd Elis-Thomas, G1/2, 'Ffilmiau Cymraeg', erthygl wedi'i theipio gan Wil Aaron.
[49] Ibid.
[50] LlGC, casgliad y Bwrdd Ffilmiau Cymraeg, 1/2, cofnodion cyfarfod y bwrdd, 12 Mai 1976.
[51] LlGC, casgliad Cyngor Celfyddydau Cymru 4, FILM/C/1/2, cofnodion cyfarfod y pwyllgor ffilm, 24 Chwefror 1977.
[52] Clive Betts, 'Films in Wales "not good enough" for cash grant', *Western Mail*, 9 Mai 1977, 9; 'Bitter row over Welsh film aid', *Liverpool Daily Post*, 10 Mai 1977, 7; 'Film-makers under fire get big grants rise', *Western Mail*, 10 Mai 1977, 2; Wil Aaron, 'Unfair criticism of Welsh films', *Western Mail*, 13 Mai 1977, 10; 'Mr 7 per cent's formula', *Liverpool Daily Post*, 14 Mai 1977, 5; 'Dim dimau [sic] i'r Bwrdd Ffilmiau Cymraeg', *Y Cymro*, 17 Mai 1977, 5; 'Golygyddol', *Y Cymro*, 17 Mai 1977, 6.
[53] Betts, 'Films in Wales "not good enough" for cash grant', 9.
[54] Ibid.
[55] Aaron, 'Unfair criticism of Welsh films', 10.
[56] Ibid.
[57] 'Bitter row over Welsh film aid', 7.
[58] LlGC, casgliad y Bwrdd Ffilmiau Cymraeg, 1/2, llythyr Dafydd Wigley at D. Llion Williams, 16 Mai 1977.
[59] LlGC, casgliad Dafydd Elis-Thomas, G1/2, toriad o *Screen International*, 'BFI in Wales: probe call is rejected', 17.
[60] LlGC, casgliad Cyngor Celfyddydau Cymru 4, FILM.EC.1.1, llythyr Philip Hosegood, dim cyfeiriad, dim dyddiad penodol, Mehefin 1977.
[61] LlGC, casgliad Dafydd Elis-Thomas, G1/2, llythyr Keith Lucas at Aneurin Thomas, 26 Medi 1977.

[62] LlGC, casgliad Cyngor Celfyddydau Cymru 4, FILM/EC/1/1, llythyr Aneurin Thomas at Philip Hosegood, 11 Tachwedd 1977; Clive Betts, 'M.P.s join fight to get cash for films unit', *Western Mail*, 24 Awst 1977, 7.

[63] Betts, 'M.P.s join fight to get cash for films unit', 7.

[64] LlGC, casgliad y Bwrdd Ffilmiau Cymraeg, 1/2, cofnodion cyfarfod y bwrdd, 9 Chwefror 1978.

[65] LlGC, casgliad Dafydd Elis-Thomas, G1/2, llythyr Dafydd Elis-Thomas at Ysgrifennydd Gwladol Cymru, John Morris, 29 Chwefror 1978.

[66] Betts, 'M.P.s join fight to get cash for films unit', 7.

[67] Clive Betts, 'Four resign in row over grant for film makers', *Western Mail*, 15 Mawrth 1978, 9.

[68] 'Film board row looms after cash turnabout', *Daily Post*, 24 Chwefror 1978, 7; 'Ergyd farwol i'r bwrdd ffilmiau', *Y Cymro*, 28 Chwefror 1978, 3; 'Cash cutback threatens film board', toriad heb ffynhonnell o gasgliad y Bwrdd Ffilmiau Cymraeg, 29/5/3.

[69] 'Film board row looms after cash turnabout', *Daily Post*, 24 Chwefror 1978, 7.

[70] LlGC, casgliad y Bwrdd Ffilmiau Cymraeg, 33/4/2, llythyr at Dafydd Elis-Thomas oddi wrth Llion Williams yn nodi: 'Rwy'n weddol ffyddiog y bydd Ardalyddes Môn ac Aneurin Thomas yn gefnogol i'r Bwrdd Ffilmiau yng nghyfarfod y Cyngor . . . ac yn sicr y bydd John Roberts Williams a Bedwyr yno'n brwydro!'

[71] 'Bid to end Welsh films grant overruled', *Western Mail*, 14 Mawrth 1978, 9.

[72] Betts, 'Four resign in row over grant for film makers', 9.

[73] Golygyddol, 'Poor take', *Western Mail*, 15 Mawrth 1978, 8.

[74] LlGC, casgliad y Bwrdd Ffilmiau Cymraeg, 33/4/2, llythyr Aneurin Thomas at D. Llion Williams, 27 Mehefin 1978.

[75] LlGC, casgliad y Bwrdd Ffilmiau Cymraeg, 1/2, cofnodion cyfarfod 12 Ebrill 1979.

[76] LlGC, casgliad y Bwrdd Ffilmiau Cymraeg, 33/4/2, llythyr Barry Jones at Dafydd Elis-Thomas, 4 Gorffennaf 1978.

[77] Cyngor yr Iaith Gymraeg, *Dyfodol i'r Iaith Gymraeg* (Caerdydd: Gwasg Ei Mawrhydi, 1978).

[78] Ibid., t. 21.

[79] Ibid., t. 1.

[80] Rhoddwyd hefyd £55,000 i Gyngor Llyfrau Cymru, £20,000 i ffilmiau iaith Gymraeg, £25,000 i'r Mudiad Ysgolion Meithrin, a £91,000 i gyhoeddi llyfrau Cymraeg i oedolion: LlGC, casgliad y Bwrdd Ffilmiau Cymraeg, 33/3, datganiad i'r wasg gan y Swyddfa Gymreig, 12 Mawrth 1979.

[81] Ibid.

[82] Yn ôl Glyn Tegai Hughes: 'Roedd yna hanes bod Cyngor y Celfyddydau wastad yn awyddus i gymryd drosodd unrhywbeth llwyddiannus roedd y cymdeithasau wedi eu creu', ac roedd gan rai aelodau o CCC 'ddiffyg dealltwriaeth' o'r Gymraeg. Cyfweliad yr awdur â Glyn Tegai Hughes, 28 Medi 2007.

[83] Ibid. Meic Stephens a oedd yn gyfrifol am yr adran lenyddol a Peter Jones am yr adran gelf.

5

Teisennau Mair *(1979) a* Newid Gêr *(1980)*

Wedi edrych yn fanwl ar gyd-destun sefydlu'r Bwrdd Ffilmiau Cymraeg (BFfC) a'r brwydrau i ennill cyllid i gynhyrchu ffilmiau, priodol yw asesu i ba raddau y llwyddodd i wireddu ei amcanion. Er mwyn tafoli graddau'r llwyddiant hwnnw, byddai'n ddefnyddiol cynnig dadansoddiad beirniadol o'r cynnyrch, sef y ffilmiau unigol, a hynny mewn perthynas â'r modd y cawsant eu derbyn gan y wasg a'r cyhoedd.

Wrth sefydlu'r bwrdd yn gwmni cyfyngedig gyda statws elusennol ym 1973 nodwyd yr amcanion canlynol:

(a) I gynhyrchu ffilmiau gwreiddiol, proffesiynol yn yr iaith Gymraeg gogyfer ag ieuenctid ac oedolion.
(b) Dybio ac is-deitlo deunydd da o ieithoedd eraill.
(c) I ddenu Cyfarwyddwyr ffilm proffesiynol i weithio trwy gyfrwng yr iaith ac annog sgriptwyr yng Nghymru i gydweithio gyda Chyfarwyddwyr.
(ch) I ddosbarthu ac arddangos ffilmiau ledled y wlad mewn theatrau a neuaddau addas.[1]

Yr ysfa i warchod ac ymestyn cyrhaeddiad yr iaith ac ymdrech i ddyrchafu'r diwylliant Cymraeg – dyna a sbardunai ei weithgareddau, ac ystyrid ffilm fel arf i'w ddefnyddio yn y frwydr ieithyddol-ddiwylliannol.

Wedi ei sefydlu, nodweddid y bwrdd gan unigrywder ac arwahanrwydd ei statws. Roedd yn uned gynhyrchu annibynnol a fodolai y tu allan i sffêr gyfryngol byd y teledu yng Nghymru, a'r unig gorff Cymraeg a gynhyrchai ffilmiau proffesiynol a'u dangos i gynulleidfa. O edrych ar gyd-destun ehangach y bwrdd, ymddengys i'w amcanion fod yn rhai gwirioneddol uchelgeisiol gan eu bod yn ceisio hau hadau mewn tir cwbl anial. Fel yr amlinellwyd yn y bennod gyntaf, ni chaed cefndir na thraddodiad o gynhyrchu ffilmiau proffesiynol yng Nghymru, ac yn sicr ddigon yn yr iaith Gymraeg. O ganlyniad, roedd diffyg personél a feddai ar y sgiliau angenrheidiol i gyfar-wyddo, sgriptio, cynhyrchu a rhoi cefnogaeth dechnegol i'w ffilmiau yn rhwystredigaeth barhaus. Roedd y bwrdd yn ddibynnol ar eneidiau hoff cytûn a oedd yn rhannu'r un weledigaeth a'r un amcanion, rhai a oedd yn barod i aberthu cyflog bras er mwyn ymryddhau o gadwyni confensiwn y BBC a HTV. Llafur cariad ydoedd i'r rheini a dorrodd eu dannedd wrth arbrofi gyda chynnyrch y bwrdd. O ystyried diffyg profiad y criwiau technegol, a chyda'r esgid fach yn gwasgu'n dynn trwy gydol ei hanes, gellir dweud ei bod yn wyrthiol iddo lwyddo i gynhyrchu unrhyw beth o gwbl.

Wrth gofio'r rhwystrau parhaus hyn yr oedd raid i'r bwrdd eu goresgyn, mae angen hefyd ystyried gweithgarwch y bwrdd o bersbectif y gynulleidfa. Yn y cyfnod cyn sefydlu S4C, roedd y profiad o wylio dramâu ffuglen trwy'r Gymraeg ar y sgrin wedi ei gyfyngu i dameidiau prin o wasanaeth y BBC yng Nghymru a HTV. Bu llenorion fel John Gwilym Jones, John Ellis Williams, Idwal Jones ac Islwyn Ffowc Elis yn ennill eu plwyf fel awduron radio yn ystod y 1950au, a chyfrannodd ffyniant dramâu radio yn y Gymraeg at ddatblygiad pellach ar y teledu. Yn ystod y 1960au comisiynodd y BBC weithiau newydd yn ogystal ag addasiadau teledu o weithiau llenyddol Cymraeg. Ymhlith y rhain roedd *Chwalfa* (BBC, 1966) a seiliwyd ar nofel T. Rowland Hughes, a *Lleifior* (BBC, 1969), cyfres a seiliwyd ar ddwy o nofelau Islwyn Ffowc Elis, *Cysgod y Cryman* ac *Yn ôl i Leifior*. Daeth nifer o weithiau eraill o law John Gwilym Jones ac Islwyn Ffowc Elis, a oedd, yn ôl rhai, yn amlygu parodrwydd darlledwyr i gynhyrchu deunydd a heriai syniadau traddodiadol am Gymru trwy ymdrin â phynciau dadleuol.[2] Cafwyd addasiadau hefyd o ddramâu llwyfan Gwenlyn Parry – *Tŷ ar y Tywod* (BBC, 1969) ac, yn ddiweddarach, *Y Tŵr* (BBC, 1980). Rhagflaenodd y rhain ddramâu a ddarlledwyd ar ddiwedd y 1970au a dechrau'r 1980au a adlewyrchai ymwybyddiaeth fwy cyffredinol o ddadrithiad cym-deithasol, ond parhawyd hefyd â'r arfer o greu cyfresi llwyddiannus trwy addasu nofelau Cymraeg a bortreadai'r Gymru draddodiadol. Yn ystod y 1970au cafwyd y datblygiadau mwyaf llwyddiannus ym maes y ddrama hanesyddol gydag addasiadau nodedig o nofelau Marion Eames – *Y Stafell Ddirgel* (BBC, 1971) a'r *Rhandir Mwyn* (BBC, 1973) – ac addasiad o *Enoc Huws* Daniel Owen (BBC, 1975). Sail llwyddiant y cyfresi hyn oedd cryfder yr ysgrifennu a pharodrwydd y BBC i neilltuo cryn adnoddau ar gyfer cynhyrchu dramâu cyfnod o'r fath.[3]

Yn sgil penodi Meredydd Evans yn bennaeth yr adran adloniant ysgafn, cafwyd adfywiad yn y maes hwnnw hefyd. Bu cryn gynnydd ym maes comedi, gyda Ryan Davies a Ronnie Williams yn profi'n gyfuniad poblogaidd, a chafwyd nifer o gomedïau sefyllfa poblogaidd fel Y Dyn Swllt (BBC, 1964) ac Ifas y Tryc (BBC) a lansiwyd ym 1966, y ddwy wedi eu hysgrifennu gan W. S. Jones (Wil Sam) a'r prif rannau'n cael eu chwarae gan Charles Williams a Stewart Jones. Comedi mwyaf llwyddiannus y cyfnod hwn, fodd bynnag, oedd Fo a Fe (BBC, 1970–7) a ysgrifennwyd gan Gwenlyn Parry a Rhydderch Jones. Llwyddwyd hefyd i wireddu uchelgais a fu'n freuddwyd gan ddarlledwyr Cymru ers amser maith sef cynhyrchu cyfres lwyddiannus yn croniclo bywyd bob dydd – genre a oedd yn gofyn am gryn fuddsoddiad ariannol yn ogystal â chast sylweddol. Cynnig cyntaf y BBC oedd Byd a Betws (BBC, 1967), cyfres a feirniadwyd oherwydd ei phortread hen ffasiwn o'r bywyd Cymreig ac y penderfynwyd rhoi'r gorau iddi yn y pen draw. Yr un fu hanes yr ail gynnig, sef Tresarn (BBC, 1971).[4] Ond, gyda'r trydydd cynnig, Pobol y Cwm, a lansiwyd ym 1974, cafwyd llwyddiant, a hynny yn bennaf o ganlyniad i'r cast cryf, cymeriadau credadwy a'r fformat syml. Pur draddodiadol felly oedd arlwy'r ddrama a oedd ar gael i gynulleidfaoedd Cymraeg eu hiaith, gyda phwyslais cryf ar fuddsoddi adnoddau helaeth i addasu nofelau hanesyddol nodedig ac ymdrechion ysbeidiol yn unig i fynd i'r afael â'r byd modern.

Roedd y teledu fel cyfrwng i wylio ffilm yn tyfu mewn pwysigrwydd wrth i gynulleidfaoedd y sinemâu edwino. Bu'r niferoedd a fynychai'r sinema yn syrthio'n gyson oddi ar yr Ail Ryfel Byd, ac erbyn diwedd y 1950au, bu cwymp ym maint y gynulleidfa. Parhaodd hyn trwy gydol y 1970au, i'r fath raddau fel bod nifer y tocynnau a werthwyd ym 1980 lai na hanner y nifer a werthwyd ddegawd ynghynt, a phrin 6 y cant o'r nifer a werthwyd ym 1945. Yn ystod y 1930au a'r 1940au, roedd nifer yn mynychu'r sinema ddwy os nad tair gwaith yr wythnos; erbyn 1970, dim ond 2 y cant o'r boblogaeth a oedd yn ymweld â'r sinema yn wythnosol.[5]

Roedd y newidiadau hyn yn rhan o drawsnewid yng nghysyniad y sinema fel sefydliad. Wedi'r Ail Ryfel Byd, newidiwyd dimensiwn gofodol gwylio ffilm, gan symud o amgylchedd cymdeithasol y sinema i sffêr breifat yn y cartref, a hynny trwy gyfrwng y teledu, ac yn ddiweddarach trwy gyfrwng y peiriant fideo. Yn y 1970au, felly, gwelwyd ceisiadau niferus i adnewyddu'r profiad o *spectacle*, ac i chwistrellu elfen broffidiol i mewn i'r diwydiant mewn cyfnod pan oedd gofod y gwylio yn cael ei drawsnewid. Rhan annatod o hyn oedd ailasesu'r cynnyrch a'r sylweddoliad nad oedd rhai mathau o ffilmiau yn hyfyw yn economaidd, a bod yn rhaid creu neu addasu ffurfiau newydd. Un canlyniad cwbl ysgubol oedd i brif stiwdios Hollywood droi at gynhyrchu *blockbusters* drudfawr megis *Jaws* (Steven Spielberg, 1975), *Star Wars* (George Lucas, 1977), *Grease* (Randal Kleiser, 1978) a *Superman* (Richard Donner, 1978), a lwyddodd, dros dro o leiaf, i arafu cwymp ffigyrau mynediad ym Mhrydain yn ystod y 1970au hwyr. Fodd bynnag, hanfod llwyddiant *blockbuster* yw'r ffaith ei fod yn ddigwyddiad arbennig ac unigryw, sydd yn cadarnhau mai profiad achlysurol yw mynychu'r sinema, mewn gwrthgyferbyniad â'r profiad o wylio torfol fel y ceid 30 mlynedd ynghynt. Yn yr hinsawdd honno, felly, roedd un o bedwar prif amcan y bwrdd, sef teithio ffilmiau ar hyd a lled Cymru i bobl wylio mewn awyrgylch torfol, yn mynd yn gwbl groes i raen arferion y cyfnod, a rhaid oedd gobeithio y byddai ffilm Gymraeg mor apelgar i'r gynulleidfa Gymraeg ag y byddai'r *blockbuster* i'r boblogaeth gyfan.

Er gwaethaf dihoeniad y ffigyrau mynediad, ystyrir y 1970au yn ddegawd creadigol allweddol yn Hollywood. Llaciwyd cyfyngiadau ar gynnwys treisgar a rhywiol, a theimlwyd effaith dylanwad prif themâu'r cyfnod, megis y mudiad hawliau dynol, *rock and roll*, cyffuriau a'r mudiad *hippy*. Profodd Hollywood ddadeni o ganlyniad i chwalu'r system stiwdio a dyfodiad cenhedlaeth newydd o gyfarwyddwyr arbrofol a elwid yn *Movie Brats*, mewn cyfnod a adwaenir bellach fel y Don Newydd neu'r *New Wave*. Roedd y genhedlaeth hŷn a'r *moguls* bondigrybwyll yn dod i ddiwedd eu teyrnasiad, a chododd ton newydd o gyfarwyddwyr ifanc a oedd yn dyheu i arbrofi gyda'r cyfrwng. Cynhyrchwyd ffilmiau a gyfrifid yn llwyddiannau ysgubol, yn fasnachol ac yn artistig, megis *The Godfather* (Francis Ford Coppola, 1972), *The Exorcist* (William Friedkin, 1973) a *Close Encounters of the Third Kind* (Steven Spielberg, 1977). Erbyn 1979, y flwyddyn y cynhyrchwyd *Teisennau Mair*, rhyddhawyd ffilmiau mor amrywiol ag *Alien* (Ridley Scott, 1979), *Apocalypse Now* (Francis Ford Coppola, 1979) a *Manhattan* (Woody Allen, 1979).

Penodi ail gyfarwyddwr

Wedi cyfnod diffaith y bwrdd dan arweiniad ei gyfarwyddwr cyntaf, Jack James, daeth chwa o awyr iach pan benodwyd Gwilym Owen yn gynhyrchydd y BFfC ar 1 Awst 1979, penodiad a fu'n gatalydd ar gyfer llu o weithgareddau wedi tawelwch y misoedd cynt. Dan ei adain ef y gwelwyd penllanw cynhyrchu'r bwrdd ffilmiau wrth iddo esblygu'n uned gynhyrchu annibynnol, a llwyddwyd i sicrhau bod grant y Swyddfa Gymreig yn un blynyddol a roddodd sicrwydd ariannol i'r bwrdd am flynyddoedd. Yn ystod dwy flynedd gyntaf ei arweinyddiaeth cynhyrchwyd pedair o ffilmiau i oedolion, sef *Teisennau Mair* (Gareth Wynn Jones, 1979), *Newid Gêr* (Alan Clayton, 1980), *O.G.* (Gareth Wynn Jones, 1981) ac *O'r Ddaear Hen* (Wil Aaron, 1981).

Dechrau simsan: Teisennau Mair

O ystyried diffyg profiad y bwrdd, a disgwyliadau'r cyrff cyllido, gellid bod wedi tybio y byddai ei ymgais gyntaf fel uned gynhyrchu annibynnol yn esgor ar ffilm seml a enillai boblogrwydd parod a bri iddo. Ac o ystyried llwyddiannau dirifedi Hollywood wrth gynhyrchu ffilmiau fformiwla, gellid bod wedi tybio y byddai'r bwrdd hefyd yn mynd ati i ddilyn y patrwm arferol o gynhyrchu ffilm a fyddai'n apelio at gynulleidfa eang. Egwyddorion syml sy'n cynnal ffilmiau Hollywood a nodweddir y ffilmiau hyn gan naratif clir lle y ceir undod o ran amser a gofod. O ganlyniad i'r dull datblygedig o olygu (*continuity editing*) mae'r technegau sy'n rhoi bodolaeth i'r ffilm yn gyfan gwbl gudd, gan y celir popeth artiffisial er mwyn hwyluso'r profiad o wylio i'r gynulleidfa. Yn gyffredinol maent yn ffilmiau dealladwy a diamwys ac iddynt apêl emosiynol sy'n trosgynnu ffiniau dosbarth a hil gyda'u hestheteg ryngwladol, oesol. Fodd bynnag, yn hytrach na ffilm seml a chonfensiynol, dewisodd y bwrdd gynhyrchu ffilm ac iddi destun dadleuol, cyfansoddiad amser cymhleth a symbolaeth ddi-ben-draw. Pwysau amser oedd i'w gyfrif am hyn.

Pan benodwyd Gwilym Owen yn gynhyrchydd i'r bwrdd ym mis Awst 1979, yn ôl telerau ei gytundeb, roedd yn ofynnol iddo gynhyrchu hyd at ddwy awr o ffilmiau newydd Cymraeg ar gyfer y flwyddyn honno (1979–80).[6] Roedd hi'n ras felly i ddod o hyd i sgript addas i'w throi'n ffilm. Yn awr yr argyfwng, trowyd at yr Eisteddfod Genedlaethol oherwydd ym Mhrifwyl Caernarfon y flwyddyn honno noddwyd cystadleuaeth sgriptio gan y bwrdd, gyda Gareth Wynn Jones, a oedd yn aelod o'r bwrdd ac yn gyfarwyddwr proffesiynol, yn beirniadu. Gofynnwyd am 'Sgript ffilm tua hanner awr yn seiliedig ar chwedl, llên gwerin neu ddigwyddiad hanesyddol yng Ngwynedd'.[7] Er gwaetha'r ffaith mai tair sgript yn unig a dderbyniwyd, ystyriai Gareth Wynn Jones bob un yn 'ardderchog', a *Teisennau Mair* gan 'Ffani Caradog' a gipiodd y wobr gyntaf.[8] Yn ei feirniadaeth, barnodd: 'Sgript ddramatig a chyffrous yw hon. Mae iddi gynllun pendant a fyddai'n rhoi cyfle i gyfarwyddwr ei gyflawni'n llwyr. Ceir ynddo [*sic*] ddigon o le i ddigrifwch ac erchylltra, a cheir cyffyrddiadau ysgafn a stori bendant.'[9] Roedd Gareth Wynn Jones wedi ei blesio'n arw, felly, gan sgript arobryn Iwan Meical Jones, ac yn eiddgar i fynd ati i'w chyfarwyddo.[10] Gyda chyfyngiadau amser yn pwyso'n drwm ar Gwilym Owen, yn ogystal â'r angen i brofi i'r cyrff cyllido nad camgymeriad dybryd oedd buddsoddi yn y gwaith, ymddangosodd sgript Iwan Meical Jones fel manna o'r nefoedd.

Mater arall oedd cael sêl bendith y bwrdd i fwrw ymlaen. Gofynnwyd i aelodau eraill y bwrdd ei ddarllen, gan gynnwys Aled Vaughan, Gruffudd Parry, John Roberts Williams a Gwyn Thomas, a chafwyd ymateb cymysg, gyda rhai yn ei chefnogi i'r carn ac eraill yn gwbl anfodlon.[11] Gofidiai Gruffudd Parry ei bod yn rhy anturus ac nad oedd yn ddigon poblogaidd.[12] Roedd nifer o agweddau hefyd yn poeni John Roberts Williams, ond gan fod amser yn prinhau, cytunodd yntau hefyd i fwrw ei goelbren o blaid y ffilm. Wedi trafodaeth rhwng Gwilym Owen, Jim Davies a Llion Williams, cytunwyd y dylid bwrw ymlaen â'r fenter a'i ffilmio yn ystod hydref 1979.[13] Gwelir felly gyda'r ffilm gyntaf hon nad strategaeth nac ychwaith ddyhead artistig a bennai'r cyfeiriad artistig, ond dyfodiad arian annisgwyl, gwasgfa amser a'r angen i gynhyrchu ffilm – unrhyw ffilm – yn yr iaith Gymraeg. Gwilym Owen ei hun a weithredai fel cynhyrchydd arni, ac ef hefyd a ofalai am gytundebu actorion, trefnu criw a gweinyddiaeth ariannol y cynhyrchiad.

Dechreuwyd rhoi cig ar esgyrn y sgript wrth gyflogi cast a chriw. Penderfynwyd castio Marged Esli, J. O. Roberts a Cefin Roberts i'r prif rannau, a Clive Roberts a Glyn Williams i ymgymryd â'r rhannau llai. Gan fod diffyg arbenigedd technegol yng Nghymru, rhaid oedd cyflogi criw o'r tu hwnt i Glawdd Offa, a huriwyd criw o

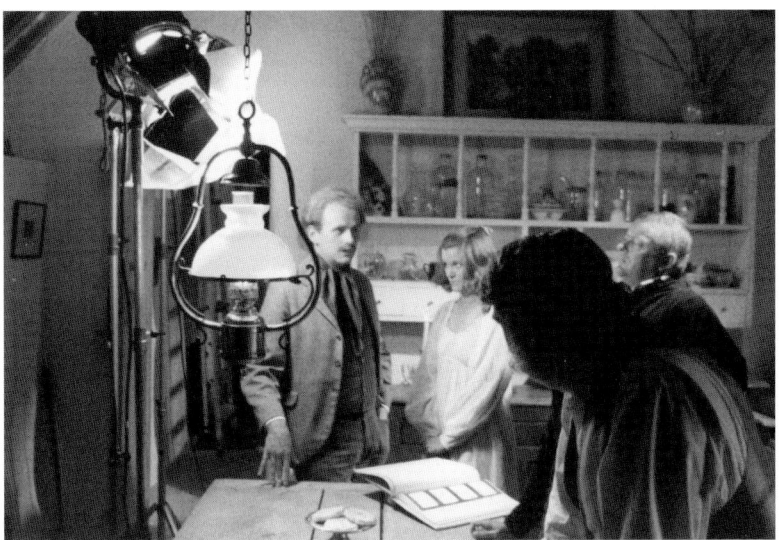

1. Cefin Roberts (Llew), Marged Esli (Mair) a J. O. Roberts (Goronwy)
yn ffilmio *Teisennau Mair* (Gareth Wynn Jones, 1979).
(Trwy ganiatâd Llyfrgell Genedlaethol Cymru)

2. Cefin Roberts (Llew)
a Marged Esli (Mair)
yn ffilmio *Teisennau Mair*
(Gareth Wynn Jones, 1979).
(Trwy ganiatâd Llyfrgell
Genedlaethol Cymru)

3. Y cyfarwyddwr Gareth Wynn Jones gyda Dafydd Hywel (Huw Handi Twls) ac Elliw Haf (Bet).
(Trwy ganiatâd Llyfrgell Genedlaethol Cymru)

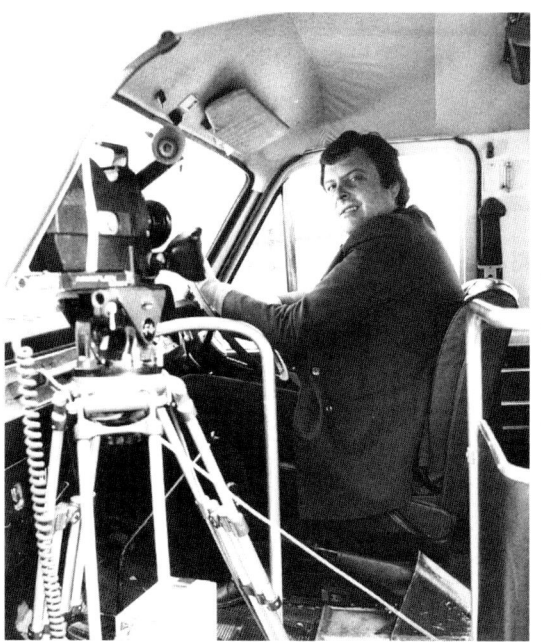

4. John Pierce Jones (O.G.) yn ystod y ffilmio.
(Trwy ganiatâd Llyfrgell Genedlaethol Cymru)

5. Y teulu Vaughan yn *O'r Ddaear Hen* (Wil Aaron, 1981):
J. O. Roberts (Arthur Vaughan), Valerie Wynne-Williams
(Dr Miriam Vaughan) a Bethan Jones (Anna Vaughan).
(Trwy ganiatâd Llyfrgell Genedlaethol Cymru)

6. Y stỳnt ddramatig ar ddiwedd *O'r Ddaear Hen*.
(Trwy ganiatâd Llyfrgell Genedlaethol Cymru)

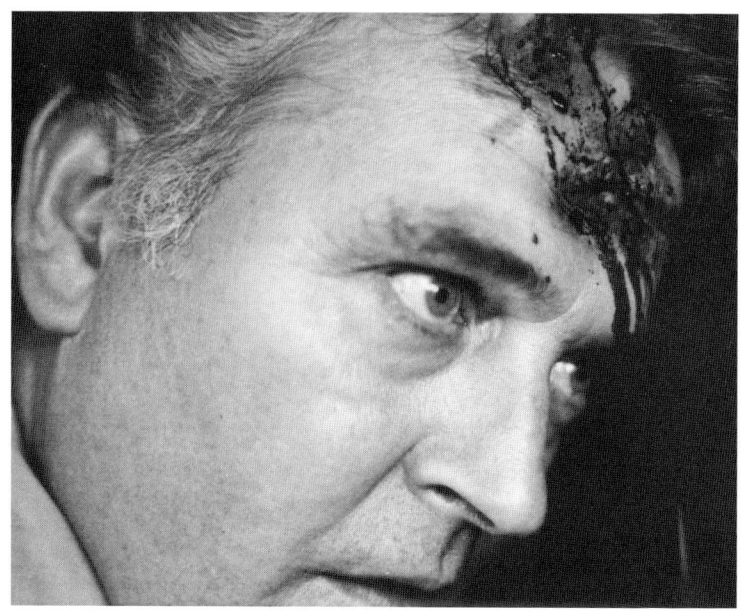

7. Arthur Vaughan (J. O. Roberts) yn gelain wedi'r ddamwain angheuol.
(Trwy ganiatâd Llyfrgell Genedlaethol Cymru)

8. Un o brif olygfeydd *Madam Wen* (Pennant Roberts, 1982).
(Llun: Sion Jones. Trwy ganiatâd S4C a Llyfrgell Genedlaethol Cymru)

9. John Pierce Jones a Marged Esli mewn golygfa o *Madam Wen*.
(Llun: Sion Jones. Trwy ganiatâd S4C a Llyfrgell Genedlaethol Cymru)

10. Marged Esli fel Madam Wen.
(Llun: Sion Jones. Trwy ganiatâd S4C a Llyfrgell Genedlaethol Cymru)

11. Charles Williams ac Ian Saynor yn ffilmio un o'r golygfeydd tafarn.
(Llun: Sion Jones. Trwy ganiatâd S4C a Llyfrgell Genedlaethol Cymru)

12. Elen Roger Jones a Marged Esli yn ystod y ffilmio.
(Llun: Sion Jones.
Trwy ganiatâd S4C a Llyfrgell Genedlaethol Cymru)

13. Un o olygfeydd dramatig *Madam Wen*.
(Llun: Sion Jones. Trwy ganiatâd S4C a Llyfrgell Genedlaethol Cymru)

14. Y criw cynhyrchu a'r actorion Janet Aethwy ac Iestyn Garlick.
(Llun: Sion Jones. Trwy ganiatâd S4C a Llyfrgell Genedlaethol Cymru)

15. John Ogwen yn *Madam Wen*.
(Llun: Sion Jones. Trwy ganiatâd S4C a Llyfrgell Genedlaethol Cymru)

dri o Avon Bristol Films i ymgymryd â'r gwaith ffilmio, a daethpwyd o hyd i arbenigwyr gwisgoedd a choluro o Fryste a Chaerfaddon. Talwyd £180 yr wythnos i Marged Esli, J. O. Roberts a Cefin Roberts, swm bychan o'i gymharu â ffi y swyddogion gwisgoedd a cholur, sef £250 yr wythnos. Cyfansoddwyd cerddoriaeth wreiddiol ar gyfer soddgrwth, ffliwt a thelyn gan Dulais Rhys, athro yn Ysgol Gyfun Rhydfelen, Pontypridd. Canolwyd y rhan fwyaf o'r ffilmio yng Nghrugan Ddu yn y Groeslon, sef tŷ fferm Elwyn Parry Jones, is-olygydd *Panorama* a ganiataodd i'r ffilmio ddigwydd yn ei gartref yn rhad ac am ddim. Yng Nghrugan Ddu y ffilmiwyd saethiadau mewnol 'Brynbedyddfa', tra defnyddiwyd Plas Glanrafon ger y Bontnewydd ar gyfer y saethiadau allanol. Defnyddiwyd lleoliadau eraill megis Eglwys Betws Garmon, Llyn Nantlle, Talymignedd, gofaint yn Llandwrog a Chwm Ystradllyn.[14] Mewn cyfnod o drawsnewid i'r bwrdd, wrth i awenau'r arweinyddiaeth gael eu trosglwyddo ac wrth i'r bwrdd ysgwyddo baich cyfrifoldeb llwyr am gynhyrchu'r ffilm fel uned gynhyrchu annibynnol, aethpwyd ati i gynhyrchu ffilm ac iddi uchelgais wirioneddol. Ynddi ceir symbolaeth ddi-bendraw, gyda chyfeiriadau rhywiol yn britho'r testun a dilyniant breuddwydiol heriol yn ogystal.

Ar 3 Hydref 1979, trefnwyd cynhadledd i'r wasg yng Nghrugan Ddu, i gyd-fynd â chychwyn ffilmio *Teisennau Mair*. Wedi derbyn cymhorthdal annisgwyl o £20,000 yn Ebrill gan y Swyddfa Gymreig, a sylwadau negyddol y British Film Institute (BFI) am safon y ffilmiau yn fyw yn y cof, roedd argyhoeddi'r cyrff cyllido o safon *Teisennau Mair* yn flaenoriaeth gan Gwilym Owen. Pan ymgymerodd â swydd cynhyrchydd y bwrdd, gofynnwyd iddo sicrhau bod y bwrdd yn datblygu'n gorff realistig a oedd yn haeddu cefnogaeth ariannol.[15] I'r perwyl hwn, mynnodd mai'r ysgogiad i greu ffilmiau safonol a oedd yn gyrru'r bwrdd: 'We are aiming to produce the best-possible film to convince the Welsh Office that our grant should be continued next year. We are also aiming to provide films that perhaps could be considered for the new Welsh language TV service.'[16] Yn ogystal ag argyhoeddi'r arianwyr o safon y ffilm, pwysleisiwyd hefyd ei bod yn 'ffilm boblogaidd . . . a all ddal ei thir wrth ochr ffilmiau Saesneg'.[17] Roedd hwn yn haeriad dewr o ystyried y cyllid bychan a oedd ar gael i gynhyrchu'r ffilm. Wrth ymateb i gwestiynau ynglŷn â hyn, cyfaddefodd y cyfarwyddwr, Gareth Wynn Jones, fod y cyfyngiadau ariannol yn golygu bod yn rhaid bod yn 'hynod ddisgybledig', ond gwadodd fod yn rhaid cyfaddawdu'n ormodol â safon y ffilm.[18] Yn hytrach, pwysleisiodd arbenigrwydd y sgript, a oedd yn sgript ffilm wreiddiol Gymraeg: 'Fuo hon erioed yn nofel nac erioed yn ddrama lwyfan . . . Ar gyfer ffilm y bwriadwyd y sgript.'[19] Ategodd Gwilym Owen arbenigrwydd y sgript fel ffilm wreiddiol: 'Mae'r awdur wedi ysgrifennu yn nhermau ffilm yn unig. Golygfeydd byrion cofiadwy. Cameos cyflym. Deialog cryno sy'n creu'r tyndra angenrheidiol mewn stori o'r fath.'[20] Yn ogystal â phwysleisio safon y ffilm a'r ffaith ei bod yn ffilm wreiddiol yn yr iaith Gymraeg, ymfalchïwyd hefyd fod amryw o'r pymtheg a weithiai ar y ffilm, yn actorion a chriw, yn Gymry Cymraeg ac mai 'cywaith tîm' oedd Teisennau Mair.[21]

Lleolir y ffilm ar ddiwedd y bedwaredd ganrif ar bymtheg, ac mae'n troi o gylch Mair (Marged Esli), merch a chanddi 'wyneb del a chalon ddu', sy'n cyrraedd ardal wledig i weithio fel morwyn ym Mrynbedyddfa. Daw hi a Llew (Cefin Roberts), gwas y gof sy'n fodlon ei fyd, yn gariadon, ond mae ei ddiffyg uchelgais yn dân ar groen Mair sydd felly'n ei adael i briodi Goronwy (J. O. Roberts), meistr canol oed Brynbedyddfa. O gael gwybod am y garwriaeth gynnar, mae Goronwy yn gwylltio'n gacwn ac mae'r ddau yn cydgynllwynio i ladd Llew er mwyn achub eu priodas.

Fel yr awgryma'r crynodeb o'r naratif, ffilm ac iddi ddigonedd o felodrama yw Teisennau Mair. Yn ôl yr awdur, seiliwyd y ffilm ar chwedl Blodeuwedd, a gwelir hynny yn enwau'r cymeriadau gwrywaidd ac yn y ferch ifanc nwydwyllt sy'n fodlon lladd er mwyn diwallu ei hanghenion a chyflawni ei hamcanion. Yn ôl yr awdur, tra llwyddodd Blodeuwedd i dorri cwlwm priodas trwy fod yn anffyddlon i'w gŵr, mae Mair yn torri cwlwm sanctaidd cariad, trwy aberthu ei chariad er mwyn priodas a rydd iddi statws a chyfoeth, cyn ei ladd wrth i'w gorffennol gyda Llew fygwth ei phriodas.[22]

Ond er gwaetha'r cyfeiriadau at Blodeuwedd, mae dehongli'r adolygiadau niferus o'r ffilm yn dangos y modd y methodd Teisennau Mair â chyrraedd ei nod uchelgeisiol. Methwyd â phlesio'r gynulleidfa o ganlyniad i'w natur felodramatig a'i defnydd helaeth o symbolaeth. Yn ogystal, roedd y ffaith bod y weithred rywiol yn rhan mor ganolog o'r naratif naill ai'n dieithrio'r gynulleidfa neu'n achosi iddi beidio â chymryd y ffilm o ddifrif o gwbl. Ond yn fwy sylfaenol fyth, parodd diffyg dealltwriaeth o gyfansoddiad amseryddol ffilm at gynnyrch nad oedd gobaith i'r gynulleidfa wneud unrhyw synnwyr o'i stori.

Er gwaethaf dyhead y bwrdd i bwysleisio arwyddocâd y ffilm safonol hon i'r Cymry Cymraeg, rhoddodd y wasg fwy o sylw i'w chynnwys, a hynny i un olygfa benodol lle y mae cymeriad Goronwy yn agor ei falog ac yn bygwth ysbaddu ei hun â chyllell. Datganodd y *Western Mail* mewn pennawd cofiadwy: 'Murder and sex go into new Welsh film', cyn i'r gohebydd, Clive Betts, fanylu: 'Cameras rolled yesterday on a story of illicit love, sexual mutilation and gory murder that could be the making of the Welsh-language film industry.'[23] Ymddengys i destun y ffilm afael yn nychymyg y wasg Gymraeg hefyd wrth i'r *Cymro* gyhoeddi: 'Gwerth £20,000 o ryw a gwaed ffilm Gymraeg.'[24] Cyn i'r ffilm gael ei saethu yn ei chyfanrwydd, felly, roedd y penawdau'n canolbwyntio ar ddimensiynau mwyaf dadleuol y ffilm.

Cafwyd *premiere* o'r ffilm yn Theatr Gwynedd, Bangor ar 18 Mawrth 1980, gyda nifer o bwysigion yn bresennol, gan gynnwys yr is-Weinidog Wyn Roberts o'r Swyddfa Gymreig, ac Ardalyddes Môn, cadeirydd Cyngor Celfyddydau Cymru (CCC). Dyma enghraifft o banopticiaeth llythrennol ar waith gyda ffilmiau'r bwrdd yn gynhenid weledol ac felly'n darparu cyfleodd i'r cyrff cyllido arsyllu'n ddisgyblaethol arnynt. Deallodd Iorwerth Roberts o'r *Daily Post* bwysigrwydd eu presenoldeb: 'the people who hold the purse strings – the angels as it were – were there to cast an eye on what producer Gwilym Owen and director Gareth Wynn Jones had done with their money'.[25] Ymateb ffafriol dros ben a gafwyd gan Iorwerth Roberts ar dudalen flaen y *Daily Post* lle y cymeradwyodd arwahanrwydd y ffilm oddi wrth y system Eingl-Americanaidd, a honni bod y cynhyrchiad yn cynnwys 'strong earthy stuff'.[26] Datganodd fod y ffilm yn profi bod Eryri cyn odidoced ag unrhyw leoliad ffilmio, a bod y perfformiadau a gafwyd yn claddu'r myth mai amaturiaid oedd actorion Cymraeg: 'First class photography, sympathetic imaginative direction, powerful acting and an unusual script have all the ingredients of success.'[27] Credai fod potensial i'r ffilm lwyddo mewn gwyliau ffilm, ond cydnabu hefyd y byddai'n hollti'r gynulleidfa Gymraeg: 'Welsh audiences will either love it or hate it – there is no middle way.'[28] I Iorwerth Roberts, ni welwyd ei thebyg erioed o'r blaen, a mynnodd fod y ffilm, wrth drafod rhyw, yn mentro i dir newydd. Aeth mor bell â chodi cwestiwn – un cynamserol, efallai – sef a oedd *Teisennau Mair* yn arwyddo oes aur newydd ar gyfer ffilmiau Cymraeg?

Ond nid argyhoeddwyd pawb. Cafwyd tipyn o grafu pen yn adolygiad W. R. Lewis yn *Barn* lle y cwestiynodd yr haeriad mai ar chwedl Blodeuwedd y seiliwyd y stori gan mai 'gorgyffwrdd . . . mewn modd hynod amwys' a gaed ar y gorau.[29] Ceisiodd 'gydag anhawster, roi braslun i'r plot', a chamddeallodd yr olygfa ddramatig wrth gredu bod Goronwy yn 'poeni . . . am ran arbennig o'i gorff. (Braidd yn aneglur yw natur ei gymhlethdod.)'[30] Canmolwyd y ffilm o safbwynt technegol ac actio 'penigamp' y cast, ond dyfalodd y byddai cryn dipyn o bendroni wrth geisio dilyn rhediad y plot. Roedd hwn yn bwynt a godai yn gyson ym mhob adolygiad. Cyfaddefodd Eifion Glyn: 'Mi fues i'n y niwl am gryn amser ar y cychwyn yn ceisio gafael ar linyn y stori.'[31] Cryn ddryswch a barodd y ffilm i Annes Gruffydd a oedd yn ei hadolygu ar gyfer *Y Faner* hefyd: 'Roeddwn yn y niwl ac yn ceisio fy ngorau glas i ddirnad ymhle yn union yr oeddwn mewn amser ac i ddatgordeddu trefn y digwyddiadau.'[32]

Un o nodweddion amlycaf *Teisennau Mair* yw cyfansoddiad amseryddol y ffilm, lle y gwneir defnydd helaeth o ôl-fflachiau a dyma oedd gwraidd y cymhlethdod a'r diffyg dealltwriaeth ar ran y gynulleidfa. Os ystyrir cysyniad a swyddogaeth yr ôl-fflach, dadlennir yn rhannol y rhesymau am fethiant y ffilm. Diffinnir ôl-fflachiau gan Maureen Turim yn ei chyfrol *Flashbacks in Film: Memory and History* fel: 'an image or a filmic segment that is understood as representing temporal occurrences anterior to those in the images that preceded it'.[33] Mae'r egwyddor o 'achos ac effaith'[34] yn arbennig o bwysig yng nghyfansoddiad ffilm naratif, ac mae'n ganolog hefyd i'r ffordd y mae ôl-fflachiau yn gweithio. Mae achos a'i ganlyniad wedi'u gwreiddio bob tro mewn system o resymeg amseryddol. Nid yw'n anghyffredin i blot ffilm beidio â chyflwyno digwyddiadau mewn trefn amseryddol, gronolegol, gyda D. W. Griffith yn arbrofi gyda'r cysyniad ar ddechrau'r ugeinfed ganrif yn ei ffilm *Intolerance* (1916).

Yn ôl Bordwell, Staiger a Thompson yn eu cyfrol nodedig *The Classical Hollywood Cinema*, ceir arwyddion neu 'giwiau' sy'n rhagarwyddo ôl-fflachiau: 'pensive character attitude, close-up of face, slow dissolve, voice-over narration, sonic "flashback", music'.[35] Yn ogystal â'r dyfeisiadau sy'n rhagflaenu'r ôl-fflach, ceir system resymegol i esbonio'r rheswm amdano, er mwyn cyfiawnhau'r naid amseryddol. Gellir tadogi ôl-fflach ar gof cymeriad, gyda'r weithred o gofio yn cymell yr ôl-fflach. Er bod plot *Teisennau Mair* yn defnyddio ôl-fflachiau, ac yn llithro yn ôl ac ymlaen mewn amser yn rheolaidd, prin iawn yw'r arwyddion a geir fel arwyddbyst i'r gynulleidfa. Yr unig arwydd testunol o dreigl amser yw bod cymeriad Llew heb fwstas pan yw'n canlyn Mair a'i fod yn gwisgo mwstas (sinsir, pur afrealistig) ar ôl i'w carwriaeth ddod i ben. Defnyddir techneg arall orgynnil hefyd, wrth i ddiwedd rhai golygfeydd gael eu lliwio yn goch neu'n binc. Ceir neidiau amser di-rif, felly, ond fawr ddim arwyddion gweledol na llafar i gynorthwyo'r gynulleidfa i sefydlu rhediad y ffilm mewn amser. Mae'r technegau a ddefnyddir gan *Teisennau Mair* yn rhy brin, yn amwys, ac yn bur annigonol yn eu swyddogaeth, ac amlygir hyn yn yr adolygiadau o'r ffilm, sy'n tystio i ddryswch llwyr y gynulleidfa a methiant y ffilm i hebrwng y gynulleidfa ar daith naratifol.

Tra oedd Iorwerth Roberts yn honni bod y ffilm yn mentro y tu hwnt i'r confensiynau sinemataidd Eingl-Americanaidd a oedd yn llanw'r sinemâu prif ffrwd, dywedodd Rhys Owen: 'it follows the unreal mould of European films and is truly fascinating'.[36] Wrth ymdrechu i fodloni anghenion y cyrff cyllido, ac yn yr ymdrech i ddangos bod y bwrdd yn gorff safonol, proffesiynol, aethpwyd ati i geisio cynhyrchu ffilm Ewropeaidd ei naws. Yn hytrach na ffilm naratif gonfensiynol, felly, mae *Teisennau Mair* yn gwneud defnydd helaeth o symbolau er mwyn allanoli teimladau'r cymeriadau. Barnodd W. R. Lewis yn ei adolygiad nad bwriad y ffilm oedd cyflwyno stori, ond 'dadansoddi cyflyrau meddwl drwy ddefnyddio symbolaeth', ond gwelodd, erbyn diwedd y ffilm, i'r symbolaeth fynd yn ddiystyr a pheri cryn ddryswch:

> Efallai fy mod yn cyfeiliorni yn hyn o beth ond credaf y dylai rhywun, ar ôl darllen neu weld unrhyw waith creadigol, fedru i raddau helaeth iawn grynhoi, mewn ychydig o eiriau, 'neges' neu 'ystyr' y gwaith hwnnw. Os digwydd i rywun fethu gwneud hyn ni ddylem feio'n hunain bob tro. Y mae gan yr artist ei gyfrifoldeb hefyd.[37]

Wrth i *Teisennau Mair* allanoli teimladau'r cymeriadau trwy gyfrwng symbolaeth, roedd ei gwrthrychedd (mewn perthynas â'r cymeriadau) yn dieithrio'r gwyliwr. Teimlai Annes Gruffydd 'fod rhywbeth mor rhyddieithol â chacen fel symbol o ryw a marwolaeth yn dueddol o greu effaith yn groes i'r bwriad';[38] i Rhian Williams roedd y symbolaeth yn 'aruchel, afrealistig ac yn methu'n ulw'.[39] Beirniadodd y ffilm am ei bod yn rhy gymhleth o symbolaidd ac yn rhy uchelgeisiol mewn gwlad lle nad oedd traddodiad o gynhyrchu ffilmiau:

> Amherir ar y ffilm gan symbolaeth di-ben draw o ddarlun o gorff merch a chipio'n ôl i'r gorffennol, golwg ar garreg fedd clochydd nad oes sôn amdano o gwbwl yn y ffilm. Un teisen 'dolig fawr o symbolaeth sydd yma heb afael go iawn ym mlas y deisen ei hun. Fy argraff gyntaf i oedd mai'r triongl tragwyddol oedd yma gydag ystyr dyfnach iddo, ond wedi chwilio ni allaf ddod o hyd i'r peth dyfnach hwnnw, dim ond lobscows o symbolaeth i guddio rhywbeth hanfodol syml, ac 'roedd y symbolau ei [sic] hunain, wedi colli'u heffeithiolrwydd.[40]

Nodwedd arall y canolbwyntiwyd arni wrth adolygu'r ffilm oedd ymateb y gynulleidfa i'r testun beiddgar. Rhagwelodd rhai nad oedd y Cymry'n barod ar gyfer ffilm a ymdriniai â rhyw mewn ffordd mor amrwd. Bu'r *Cymro* yn erfyn am aeddfedrwydd a meddyliau agored:

> Rhaid wrth awyrgylch oeddefgar [sic] i feithrin ysbryd anturus ac arloesol: y math o ysbryd a amlygwyd gan y Bwrdd Ffilmiau Gymraeg [sic] . . . cododd yr hen fwgan ei ben unwaith eto: soniwyd am ffieidddra, a diffyg chwaeth. Gobeithio na wnawn ni fygu'r fenter cyn iddi gymryd ei hanadl gyntaf; gobeithio na fydd i *Teisennau Mair* yr un ffawd a [sic] *The Life of Brian*, a gobeithio y dangoswn ddigon o barch a goddefgarwch tuag at ein cyd-ddyn i'w alluogi ef i benderfynu drosto'i hun; fe fyddai hynny'n fuddugoliaeth foesol ynddi'i hun.[41]

Er gwaetha'r gri am oddefgarwch, awgrymodd Rhys Owen fod nifer yn mynd i weld y ffilm er mwyn ei beirniadu a chael eu pechu: 'Some of the people there came to see "Teisennau Mair" as others years before had gone to witness a hanging. They knew, from reports, what to expect, were delivered the goods, and went home licking self-inflicted wounds.'[42] Roedd eraill yn gweld ymdriniaeth y ffilm â rhyw yn gyfan gwbl chwerthinllyd. Codwyd amheuon yn ogystal am y sgript, ac un llinell arbennig a barodd i'r gynulleidfa chwerthin yn anfwriadol. Ailadrodda Mair y frawddeg 'Dim ond peth bach oedd o' dro ar ôl tro wrth geisio argyhoeddi Goronwy mor ddibwys oedd ei pherthynas rywiol gyda Llew. Fel y dywed Annes Gruffydd:

> Nid oes angen dychymyg byw iawn i ddirnad posibiliadau amwysder y fath eiriau ac yn eu cyd-destun maent yn llwyddo i ladd golygfa

gyffrous a chynhyrfus yn gelain. Digon gwir y gwneir defnydd o'r llinell ychydig yn ddiweddarach a hynny'n dra effeithiol ond o'i chlywed y tro cyntaf roedd y gynulleidfa fel un gŵr yn eu dyblau yn chwerthin, – ymateb na allai yn ei fyw ond bod yn andwyol i'r tyndra yr amcenid ato.[43]

Er gwaetha'r feirniadaeth hallt o'r symbolaeth a'r plot dryslyd, roedd y beirniaid yn unfryd unfarn fod y golygfeydd o gefn gwlad Cymru a geid yn y ffilm yn ogoneddus. Gellid tybio eu bod wedi gweld nifer helaeth o olygfeydd tebyg o Loegr yn y ffilmiau hanesyddol o stabl Merchant Ivory, megis *The Europeans* (James Ivory, 1979), a âi'n fwyfwy poblogaidd ar y pryd, a bod y cyfle i weld golygfeydd godidog o Gymru ar y sgrin fawr i'w groesawu'n gynnes. Ond hefyd gellir tybio bod yr adolygwyr, er yn beirniadu'r ffilm, yn teimlo rheidrwydd, am ei bod yn ffilm Gymraeg, i ddod o hyd i agweddau ohoni a oedd i'w canmol ac yn awyddus i'r ffilm lwyddo. Adolygwyr oedd y rhain a chanddynt fuddsoddiad diwylliannol yn y cynnyrch. Gwelir gyda'r ffilmiau dilynol y modd y bu i'r berthynas rhwng y wasg a'r bwrdd ddatblygu yn y blynyddoedd nesaf.

Derbyniad cymysg a gafodd *Teisennau Mair*, felly, a hynny'n adlewyrchu'r tyndra a oedd wrth graidd gweithgarwch y bwrdd. Roedd y tensiwn hwnnw, rhwng diddanu cynulleidfa ar y naill law a chynhyrchu ffilmiau a ystyrid yn ddigon safonol i ddenu grantiau ar y llaw arall, yn un a drafodwyd eisoes yng ngoleuni sylwadau cyfeiliornus y BFI ynglŷn â'r ffilmiau cynnar. Yn amlwg, roedd y bwrdd am i'w ffilmiau fod yn boblogaidd, ond roedd sylliad parhaus CCC yn eu harwain ar hyd llwybr arall. Trawodd W. R. Lewis yr hoelen ar ei phen wrth iddo sôn am y ffrithiant sylfaenol wrth graidd bodolaeth y bwrdd, a oedd, yn ei eiriau ef, 'yn syrthio rhwng dwy stôl'.[44]

Roedd *Teisennau Mair* heb os yn brosiect cyntaf uchelgeisiol; roedd yn herio canfyddiad amseryddol y gynulleidfa, yn ymdrechu i greu naws cyfnod arall ac yn ceisio gwyntyllu pwnc astrus ar yr un pryd. Ymdrechwyd i greu ffilm gelfyddydol Ewropeaidd a'i chwistrellu â dogn o Gymreictod trwy gyfrwng chwedl Blodeuwedd, rhywbeth a amlygai ddiddordebau llenyddol nifer o aelodau'r bwrdd. Er iddi fethu â phlesio'r rhan fwyaf o adolygwyr, bu cynhyrchu'r ffilm yn brofiad gwerthfawr i'r bwrdd, wrth i'w aelodau a'i swyddogion ddysgu bod angen cropian cyn cerdded. O ganlyniad i'r wers bwysig hon, cafwyd mwy o lwyddiant, ond llai o uchelgais, gyda'i ffilm nesaf, *Newid Gêr*.

Cropian cyn cerdded: Newid Gêr

Newid Gêr oedd yr ail ffilm i'r bwrdd ei chynhyrchu fel uned annibynnol. Eisoes, lleolwyd *Teisennau Mair* yng ngogledd Cymru, a gwnaed penderfyniad bwriadol i leoli'r ail ffilm yn ne-orllewin y wlad, yng ngoleuni swyddogaeth genedlaethol honedig y bwrdd. Er gwaetha'r awydd ymddangosol hwn i ysgwyddo rôl wirioneddol genedlaethol, *Newid Gêr* oedd yr unig ffilm a wnaethpwyd ac a leolwyd y tu allan i Wynedd. Ymgorffora'r ffilm nifer o'r cymhleth-dodau a wynebwyd gan y bwrdd, nid yn unig o safbwynt yr ymdrech i arddel swyddogaeth genedlaethol, ond hefyd yng nghyd-destun y drafodaeth ehangach ynglŷn â'r math o ffilmiau y dylid eu cynhyrchu. Does dim dwywaith bod *Teisennau Mair* a *Newid Gêr* yn cynrychioli dau begwn eithaf cynnyrch y bwrdd, i'r fath raddau fel yr ymddengys ei gynnyrch, yn y cyfnod hwn, yn gyfan gwbl sgitso-ffrenig. Tra oedd *Teisennau Mair* yn ffilm ddramatig hanesyddol llawn symbolaeth wedi ei seilio ar chwedl Blodeuwedd, mae *Newid Gêr* yn ffilm gyfoes gynnil.

Ar ôl methu â gwireddu uchelgais *Teisennau Mair*, penderfynodd y bwrdd y dylid cynhyrchu ffilm gwbl wahanol, sef 'ffilm boblogaidd wedi ei lleoli yn Nyfed'.[45] Gofynnwyd i Euryn Ogwen Williams ddatblygu syniad a gyflwynasai i Gwilym Owen eisoes am ffilm wedi ei lleoli yn ardal y Preseli. Roedd gweledigaeth Euryn Ogwen Williams, a oedd yn gynhyrchydd teledu annibynnol, yn gwbl glir:

> Roeddwn i'n awyddus i weld ffilm y byddai pobl yn mynd i'w gweld nid am ei bod yn ffilm Gymraeg, ond am eu bod am weld ffilm . . . Pan ofynnodd Gwilym Owen, cynhyrchydd y Bwrdd am syniadau, euthum ati i lunio drafft, nid o Ffilm Fawr, gyda neges gudd, ond ffilm y byddai pawb yn ei mwynhau.[46]

Mae ei eiriau'n ddadlennol, ac yn amlygu nifer o bethau am y bwrdd ac am Gymru yn gyffredinol yn ystod y cyfnod hwn. Cyfeiria'n uniongyrchol at fater a gododd yn yr adran ar *Teisennau Mair*, sef y berthynas arbennig iawn a gafwyd rhwng cynnyrch y bwrdd a'i gynulleidfa. Awgryma fod cefnogaeth cynulleidfa yn aml yn deillio o'r gefnogaeth naturiol a roddir i unrhyw gynnyrch cyfrwng Cymraeg, yn hytrach nag ysfa wirioneddol i weld ffilm. Cyfeiria at y rheidrwydd os nad y pwysau a deimlodd nifer i fynd i weld ffilm 'am ei bod yn ffilm Gymraeg', a byddai'r duedd hon, a'r geiriau hyn, yn seinio fel dolef ddiddiwedd yng nghlustiau'r bwrdd yn ystod y blynyddoedd nesaf, gydag *O.G.* ac *O'r Ddaear Hen*. Yn ymhlyg yng ngeiriau Euryn Ogwen Williams ceir yr awgrym y dylid cynnig adloniant a mwynhad i gynulleidfaoedd, yn hytrach nag anelu bob tro at ffilmiau 'celfyddydol' honedig. Gellir dadlau ei fod yn gorsymleiddio mater cymhleth wrth bolareiddio'r drafodaeth, ond yng nghyd-destun *Teisennau Mair*, a achosodd gymaint o gamddealltwriaeth a dryswch ymhlith cynulleidfaoedd, gellir deall ei awydd i droi at ffilm symlach o lawer. Ymryddhau oddi wrth y math o ffilm a wnaed eisoes a thorri cwys newydd, boblogaidd oedd ei nod felly, gan roi uchelgais artistig – a fethodd mewn fford mor drychinebus gyda *Teisennau Mair* – i'r naill ochr. Dyma'r tro cyntaf i'r bwrdd feddwl o ddifrif am anghenion y gynulleidfa wrth fynd ati i baratoi ffilm, a gellid priodoli hynny i gyfraniad y personél. Gydag Euryn Ogwen Williams yn gynhyrchydd annibynnol, ac Alan Clayton yn gyn-bennaeth drama i sianel fasnachol HTV yn cyfar-wyddo, roeddent ill ddau yn hen lawiau ar gynhyrchu rhaglenni a oedd yn apelio at y cyhoedd, a hynny heb orfod plesio corff ariannu celfyddydol. Roeddent yn awyddus hefyd i wreiddio'r ffilm mewn ardal benodol iawn ac i roi fersiwn o Ddyfed ar y sgrin y byddai pobl yn medru ei adnabod, wrth osgoi hen ystrydebau rhamantus o gefn gwlad, megis 'golygfeydd o hen foi mewn welintons yn cerdded trwy'r brwyn tua'r machlud'.[47]

Yn *Newid Gêr* mae Keith Lloyd yn cael ei ladd mewn damwain ralïo gan adael Anwen yn weddw ifanc sy'n gorfod magu ei babi ar ei phen ei hun. Mae Steve, cyd-yrrwr Keith, yn awyddus i drwsio'r car chwilfriw ac i rasio eto. Wrth i Steve drwsio'r car yng ngarej Anwen mae'r ddau yn closio'r araf, sy'n dân ar groen John, brawd Keith, sy'n benderfynol o ennill y ras ei hunan. Mae'r ffilm felly yn arddangos ymdrech Steve i ennill y ras ac i ennill calon Anwen hefyd. Llwydda i ennill y ras, ac mae ei berthynas ag Anwen yn cryfhau, ond mae yntau'n marw mewn damwain ar ôl parti i ddathlu ei fuddugoliaeth. Roedd naratif, arddull a chyfoesedd *Newid Gêr* yn gwrthgyferbynnu'n drawiadol â'r hyn a'i rhagflaenodd, gan arwyddo'r her allweddol a wynebai'r bwrdd, sef profi ei fod yn medru llwyddo wrth ddilyn llwybr arall. Aethpwyd ati i gastio unigolion a oedd yn adnabyddus am eu rhannau yn *Pobol y Cwm*. Dewi 'Pws' Morris oedd yn y brif ran, gyda Dafydd Hywel yn portreadu Stan, gweithiwr yn y garej. Fe wnaeth William Huw Thomas bortreadu'r ddau frawd, John a Keith, tra dewisiwyd Sue

Jones-Davies i chwarae rhan Anwen. Dyma ran Gymraeg gyntaf yr actores o Abergwaun, ond roedd hi eisoes yn adnabyddus am chwarae Judith yn y ffilm ddadleuol *The Life of Brian* (Terry Jones, 1979).

Ar ôl wythnos o ymarfer yng nghanolfan yr Urdd, Heol Conwy, Caerdydd, saethwyd y ffilm yn ei chyfanrwydd mewn cwta bythefnos ym mhentref Llanilar yn ystod Ebrill 1980. Defnyddiwyd nifer fawr o leoliadau amrywiol yn y pentref ar gyfer y ffilmio, gan gynnwys Tafarn y Falcon, yr Hen Ysgol, mynwent yr Eglwys a'r Ystwyth Garage. Ffilmiwyd golygfa'r ddamwain, yn ogystal â'r ralïo, ar dir Berthlwyd, fferm y cyflwynydd a'r cantor poblogaidd Dai Jones, a oedd ar y pryd yn cyflwyno'r rhaglen *Siôn a Siân* ar gyfer HTV. Cwbl allweddol i lwyddiant y ffilm oedd Clwb Moduro Aberystwyth, ac yn ôl y cast, hwy oedd 'sêr y ffilm'.[48] Yn ogystal â benthyg dau gar oddi wrthynt am bythefnos, cymerodd 60 o aelodau, a'u ceir, ran ganolog yng ngolygfa'r rali. Roedd eu harbenigedd yn gwbl allweddol wrth yrru a darparu'r ceir, ac fe wnaeth un aelod, Keith Middleton, weithredu i bob pwrpas fel dyn stỳnt wrth gymryd lle Dewi Pws yn y golygfeydd peryclaf. Ymddangosant fel actorion cefndir a chyfrannu hefyd at y ffilm mewn ffyrdd pur *ad hoc*, trwy ddod o hyd i bropiau bychain yn ôl y galw.

Yn gyffredinol, ystyrid *Newid Gêr* yn llwyddiant gan y wasg a'i cymharodd yn ffafriol â *Teisennau Mair*. Adolygwyd y ddwy ochr yn ochr nifer o weithiau, gan i'r ddwy ffilm gyd-deithio ar hyd a lled Cymru fel rhan o ŵyl '80 Theatr Cymru. I Rhian Williams, a oedd yn adolygu i'r *Cymro*, roedd y ddwy ffilm yn crisialu'r her a wynebai'r bwrdd, wrth ymdrin â chyfrwng a oedd yn newydd iawn i'r Gymraeg. Wrth gymharu'r ddwy ffilm, dywed eu bod 'yn dilyn graddodiad [*sic*] cwbwl gwahanol i'w gilydd, y naill yn American-aidd elfennol efo plot syml ac ystrydebol, a'r llall yn uchelgeisiol artistig'.[49] Nodwyd gan fwy nag un adolygydd mai ffilm yn y traddodiad 'Americanaidd' oedd *Newid Gêr*. Yn yr adolygiadau ceir cyfeiriadau at y ffilm yn efelychu *Hell Drivers* (Cy Endfield, 1957) a *The Wages of Fear* (Henri-Georges Clouzot, 1953), dwy ffilm a chanddynt gyflymder cerbydau a chystadleuaeth yn ganolog i'r naratif. Fe'i cymharwyd hefyd â chyfresi teledu poblogaidd y cyfnod, megis *Starsky and Hutch* a *Dallas*, hyd yn oed, gan ei bod, yng ngolwg un adolygydd, yn dilyn yr un rysáit, sef stori syml, drist, ragweladwy ei therfyn a oedd yn sicr o gynnig adloniant i'r gwyliwr.[50]

Ers y 1930au, mae Hollywood wedi defnyddio rhuthr, cyffro a chystadleuaeth y byd rasio fel canolbwynt i nifer o'i ffilmiau. Fel sy'n arferol gyda ffilmiau *genre*, mae i'r ffilmiau nifer o nodweddion anhepgor. Mae'n arferol iddynt gynnwys cystadleuaeth danbaid rhwng y prif gymeriad a gyrrwr neu yrwyr eraill; cariad neu gariad potensial nad yw'n deall hudoliaeth y gamp; damwain erchyll sy'n niweidio neu'n lladd rhywun sy'n peri i'r seren gwestiynu ei gymhelliad wrth rasio; trobwynt sy'n rhoi'r arwr yn ôl ar lwybr buddugoliaeth a saethiadau niferus o yrru cyflym. Ffilm gyntaf y *genre* (neu'r is-*genre*) hwn oedd *The Crowd Roars* (Howard Hawkes) a ryddhawyd ym 1932, gyda James Cagney yn chwarae'r prif gymeriad. Canola'r ffilm ar y tensiwn a'r gystadleuaeth rhwng dau frawd, ac fel yn *Newid Gêr*, mae'r gystadleuaeth rhwng y gyrwyr hefyd yn esgor ar gystadleuaeth bersonol. Ystyrir mai *Grand Prix* (John Frankheimer, 1966) a osododd safonau newydd ar gyfer y *genre*, a gellir gweld y modd y mae naratif *Newid Gêr* yn adlais cryf ohoni gyda'r ddwy ffilm yn canoli ar farwolaeth, cariad a rasio. Yn ogystal, gwelir ôl dylanwad *Le Mans* (Lee H. Katzin, 1971) ar *Newid Gêr* hefyd. Yn y ffilm honno, dychwela Michael Delaney (Steve McQueen) at her aruthrol ras 24 awr *Le Mans*, wedi iddo fod yn rhan o ddamwain y flwyddyn gynt a laddodd ei brif wrthwynebydd, Belgetti. Awgrymir bod perthynas yn datblygu rhyngddo a gweddw Belgetti, wrth i'r ras droi'n frwydr ffyrnig rhwng y Gulf Porshe a'r timau Ferrari. Mae naratif *Newid Gêr* felly yn cyd-fynd â strwythur naratifol ffilmiau tebyg o ganon Hollywood, sy'n arddangos adnabyddiaeth drylwyr o natur a chonfensiynau'r naratif, a newid sylfaenol yn nylanwadau'r bwrdd.

Nodwedd annatod o ffilmiau rasio yw dilyniannau cyflym, saethiadau chwim a golygu slic sydd oll yn creu deunydd cyffrous ar gyfer y gwyliwr. Yn hynny o beth mae technegau saethu *Teisennau Mair* a *Newid Gêr* yn gwbl wahanol. Defnyddia *Newid Gêr* dechneg a ddefnyddiwyd gan *Le Mans*, sef mowntio'r camera ar drwyn y car er mwyn rhoi dealltwriaeth glir i'r gwyliwr o gyflymder a risg y ras.

Tra oedd symbolaeth *Teisennau Mair* yn dieithrio gwyliwr, roedd techneg saethu *Newid Gêr* yn aml iawn yn oddrychol, ac yn rhoi'r gwyliwr yn sêt flaen y car rasio. Dywedodd un adolygydd: 'roedd fy stumog yn troi a hynny'n llythrennol gan fod ffotograffiaeth y rali bron yn gyfan gwbl oddrychol. Nid fi oedd yr unig un o bell ffordd i deimlo'n reit chwil cyn cael gwydraid o win yn ystod yr egwyl'.[51] Roedd y saethiadau cyflym wedi llwyddo yn eu nod, wrth i'r adolygwyr niferus ddatgan eu bod wedi mwynhau cyflymder y ffilm. Dywedodd Annes Gruffydd: 'Byddaf wrth fy modd yn gwylio ceir yn sgrialu ar draws y sgrin a ches i mo'm siomi'r tro yma';[52] a chydsyniodd Rhys Owen: 'it features dramatic clips from inside rally cars, pedal on the metal, rocketing along narrow country lanes'.[53] Yn ôl Rhys Owen, fe fyddai'r dilyniannau cyflym yn unig yn sicrhau y byddai'r ffilm yn apelio at gynulleidfa eang:

> Rare is the man who can resist the lure of speed, which is why Newid Gêr . . . is a success from the word go . . . it shows us daredevil rally drivers in their souped-up cars tearing along the narrow lanes around Aberystwyth, skidding round corners and risking their lives for the hell of it . . . This is a film to set the adrenalin pumping.[54]

Yn ogystal â'r saethiadau cyflym a'r toriadau gorffwyll sy'n rhan annatod o'r *genre*, tystiodd mwynhad y gynulleidfa i aeddfedrwydd a datblygiad cynyddol y bwrdd ym maes techneg adroddiadol ffilm. O ystyried y gamddealltwriaeth a geid o ganlyniad i dechnegau adroddiadol amrwd *Teisennau Mair*, roedd y ffaith i gynulleidfaoedd ddeall, ond hefyd fwynhau'r ffilm, yn gam mawr ymlaen.

Defnyddir technegau adroddiadol syml yn *Newid Gêr* er mwyn sicrhau bod y naratif yn hollol ddiamwys i'r gwyliwr. Mae'r olygfa angladdol agoriadol yn fodd i gasglu nifer o gymeriadau ynghyd er mwyn esbonio eu rôl yn y ffilm mewn modd syml ac uniongyrchol. Mae'r camera'n tremio ar draws y grŵp, ac yn amlygu pob cymeriad yn ei dro, i gyd-fynd â sylwebaeth y gweinidog wrth iddo eu henwi. Pan enwir Steve yn olaf, mae'r camera'n agosáu ato, ac yn ei gadarnhau fel prif wrthrych y ffilm. Mae'r agoriad cychwynnol felly yn fodd i drosglwyddo gwybodaeth helaeth i'r gynulleidfa, yn ogystal ag awgrymu prif themâu a chymeriadau'r ffilm, mewn modd hynod o syml ond effeithiol. Atgyfnerthir y syniad mai Steve yw prif gymeriad y ffilm trwy gyfres o ôl-fflachiau sy'n darlunio'r digwyddiadau sy'n arwain at farwolaeth Keith. Yn *Teisennau Mair*, ni chafwyd cymhelliad i'r ôl-fflachiau, gan adael y gynulleidfa heb syniad o leoliad y digwydd mewn perthynas â llinyn amseryddol y ffilm. Yn *Newid Gêr*, mae'r neidiau amseryddol yn gyfan gwbl ddiamwys i'r gwyliwr, fel y tystia'r adolygiadau:

> mae'n adrodd hanes yr hyn a ddigwyddodd cyn yr angladd – hynny ydi, yr hyn a achosodd yr angladd yn y lle cyntaf. Gwneir hyn drwy gyfrwng ôl-dremio'n gyfan gwbl, a'r rheini yn ôl-dremion hollol

weledol heb air o sgript ynddynt. Un peth a'm trawodd yn arbennig ynglŷn â *Newid Gêr* oedd effeithiolrwydd yr ôl-dremion: o'r gyntaf oll maen nhw'n eglur ac yn ddealladwy.[55]

Datblygodd techneg adroddiadol y bwrdd i'r fath raddau wrth arbrofi gydag ôl-fflachiau mewn ffordd bur soffistigedig. Wrth i'r hers symud allan o'r ffrâm, trwy yrru o dde'r ffrâm i'r chwith, ysgogir ôl-fflach ym meddwl Steve. Gwelir saethiad o ambiwlans yn adleisio'r hers, wrth symud allan o'r ffrâm yn yr un modd, sy'n datgelu Steve yn sefyll y tu ôl iddo. O safbwynt graffeg, felly, mae'r saethiadau yn debyg, ac mae hynny'n rheswm i gymell yr ôl-fflach ym meddwl Steve, ac mae'r golygu hefyd yn fodd i arddangos y modd y mae digwyddiadau'r presennol yn ysgogi atgofion o'r gorffennol. Ceir tystiolaeth bod y gynulleidfa wedi deall bwriad y cyfarwyddwr, gyda Rhian Williams yn dweud yn *Y Cymro*: 'roedd pob golygfa'n rhedeg yn esmwyth i'w gilydd, a rhai cyffyrddiadau da megis yr hers yn gadael y fynwent ac yn toddi'n hollol naturiol i ambiwlans'.[56] Felly'n groes i *Teisennau Mair* lle hepgorwyd y 'ciwiau' a gadael y gynulleidfa heb amcan lle'r oedd hi o safbwynt dimensiwn amseryddol y ffilm, mae *Newid Gêr* yn dangos datblyg-iad sicr yn ffilmiau'r bwrdd, gan arddangos y gallu i ddefnyddio technegau ffilmig er mwyn trosglwyddo gwybodaeth i'r gwyliwr trwy arwyddo'n glir y newidiadau amseryddol sy'n digwydd yn y plot.

O ganlyniad i'r plot a'r technegau adroddiadol syml, llwyddodd y bwrdd i greu ffilm a oedd yn ddealladwy i'r gynulleidfa. Fodd bynnag, cafwyd hefyd feirniadaeth bod y symlrwydd yn ei lyffetheirio, a dywedwyd 'ar adegau y mae'r symylrwydd a'r naïfrwydd yn chwerthinllyd o felodramatig.'[57] Cytunodd Rhys Owen â'r gwendidau ymysg y cymeriadau: 'Perhaps John . . . is portrayed black to an unacceptable extreme, but his hatred of Steve is to an extent under-standable, although somewhat overreactionary'.[58] O safbwynt y plot, dywedodd *Y Cymro*: 'Mae'r plot . . . yn syml a phroffwydol, ac fe wyddwn o'r dechrau nad marwolaeth Keith yw'r unig un cyn y diwedd. Gogoniant *Newid Gêr* yw ei symlrwydd, ond efallai fod hynny'n ormodol.'[59] Eto, cydsyniodd Rhys Owen: 'A simple tale of woe, predictable stuff, but entertaining all the same.'[60]

Wrth geisio cloriannu *Teisennau Mair* a *Newid Gêr* ochr yn ochr, ceisiodd Rhys Owen greu cysylltiad rhwng y ffilmiau, a thynnodd sylw at y ffaith bod marwolaeth yn chwarae rôl flaenllaw yn y ddwy ffilm, cyn dod i'r casgliad: 'it underlines the curious, compelling affair this Celtic people had with the subject'.[61] Er ei gred bod plot dyfnach *Teisennau Mair* yn rhagori ar symlrwydd *Newid Gêr*, rhagwelodd hefyd ymateb y gynulleidfa i'r ffilmiau: '*Newid Gêr* probably went down better with the audience due to its straight course without an "S" bend or a "U" turn in sight.'[62]

Beirniadwyd rhai o elfennau'r ffilm. Wrth feirniadu, amlygodd un adolygydd y berthynas arbennig a fodolai rhwng y cynnyrch a siaradwyr Cymraeg. Dywedodd: 'yr argraff ar y diwedd oedd nad oedd "Newid Gêr" yn llwyr daro deuddeg. 'Falle' mai bai'r gynulleidfa orfeirniadol oedd hyn – nodwedd nid anamlwg yng Nghymru.'[63] Gellir tybio bod yr 'or-feirniadaeth' hon yn deillio o gyd-destun gwylio'r gynulleidfa. Gwelir cyndynrwydd Rhian Williams i feirniadu, pan ddywed 'bod yna wendidau yn yr actio. Nid fi oedd yr unig un i beidio â chlywed llinellau cyntaf Sue Jones-Davies, ac yr oedd y ddeialog ar adegau'n ara' a thrwm gydag eiliad fechan o oedi rhwng y llinellau.'[64] Ond ar ôl beirniadu, mae'n gwneud ymgais i gymedroli'r feirniadaeth: 'Ond, efo actorion wedi'u meithrin, gan mwyaf, yn y theatr, yr oedd hwn, fel cynnig cyntaf, yn ddigon teg.'[65] Gyda'r ffilmiau nesaf, fe fyddai'r gynulleidfa'n diosg ei sensitifrwydd tuag at y cynnyrch, ac fe fyddai nifer o'r ffilmiau'n dioddef ymosodiadau ciaidd. Wrth gloi ei hadolygiad, roedd geiriau Rhian Williams yn croniclo'r ymateb a gafwyd i'r ddwy ffilm gyntaf: 'Does dim camp fawr yn "Newid Gêr", ond fel ffilm syml . . . yr oedd yn ymylu ar lwyddo, ac yn hon, credaf fod y Bwrdd Ffilmiau Cymraeg wedi cychwyn yn y gêr iawn.'[66]

Llwyddodd *Newid Gêr* oherwydd ei symlrwydd a'i natur elfennol, ond beirniadwyd *Teisennau Mair* yn hallt am fod yn oruchelgeisiol 'mewn gwlad lle nad ydi'r traddodiad ffilmiau wedi'i lwyr genhedlu hyd yn oed'.[67] Er nad oedd yn cyfeirio'n uniongyrchol at eiriau Euryn Ogwen Williams ynglŷn â chynulleidfaoedd yn mynd i weld ffilmiau 'gan eu bod yn ffilmiau Cymraeg', ymddengys i Rhys Owen farnu bod Euryn Ogwen Williams wedi llwyddo yn ei nod. Yn ei dyb ef: 'They should not be seen merely because of their "First" stature in the Welsh language, but due to their combined . . . appeal.'[68]

Wedi arbrofi gydag arddulliau pur wahanol yn ei ddwy ffilm gyntaf fel uned gynhyrchu annibynnol, roedd y bwrdd yn awr yn gorfod penderfynu o blaid pa ochr i fwrw ei goelbren. Ar yr un pryd, roedd y gynulleidfa, a fu, ar y cyfan, yn amyneddgar gyda'r cynnyrch ac yn gefnogol i'r ymdrechion, yn prysur newid ei hagwedd. Gyda'r sianel Gymraeg arfaethedig ar y gorwel ar ôl brwydr hirfaith, edrychid ar gynnyrch y bwrdd fel arwydd o'r hyn a oedd i ddod, a chan hynny, gyda disgwyliadau a phwysau tra gwahanol. Yn y cyd-destun hwn yr edrychir ar y ddwy ffilm nesaf, *O.G.* ac *O'r Ddaear Hen*.

Nodiadau

1. Llyfrgell Genedlaethol Cymru [LlGC], casgliad y Bwrdd Ffilmiau Cymraeg, 3/1, cofnodion cyfarfod 14 Hydref 1982.
2. Robert Smith, 'Darlledu a'r iaith Gymraeg', yn Geraint H. Jenkins a Mari A. Williams (goln), *Eu Hiaith a Gadwant? Y Gymraeg yn yr Ugeinfed Ganrif* (Caerdydd: Gwasg Prifysgol Cymru, 2000), t. 322.
3. Ibid., t. 323.
4. Ibid., t. 324.
5. David Docherty, David Morrison a Michael Tracy, *The Last Picture Show? Britain's Changing Film Audiences* (London: BFI, 1987), t. 29.
6. LlGC, casgliad y Bwrdd Ffilmiau Cymraeg, 1/2, adroddiad y cynhyrchydd, ynghlwm wrth gofnodion 14 Mai 1979.
7. *Rhestr Testunau Eisteddfod Genedlaethol Frenhinol Cymru. Caernarfon a'r Cylch, 4–11 Awst 1979* (Caernarfon a'r Cylch: Pwyllgor Gwaith Eisteddfod Genedlaethol Frenhinol Cymru, Caernarfon a'r Cylch, 1979), t. 212.
8. Gareth Wynn Jones, 'Beirniadaeth sgript ffilm', yn Thomas Myrfyn Bassett (gol.), *Cyfansoddiadau a Beirniadaethau Eisteddfod Genedlaethol Frenhinol Cymru Caernarfon a'r Cylch 1979* (Llandysul: Gwasg Gomer dros Lys yr Eisteddfod, 1979), tt. 212–13.
9. Ibid., t. 213.
10. Roedd Iwan Meical Jones yn gweithio yn Llyfrgell Genedlaethol Cymru. Darlledwyd un ddrama o'i eiddo, *Y Gigfran*, gan BBC Cymru ym mis Mawrth 1977. Dywedodd iddo gael ei ysbrydoli gan hanes llofruddiaeth yng ngwlad Groeg, a ymddangosodd yn y *Sunday Express* yn Rhagfyr 1978. Dyna a roddodd y syniad iddo o wyrdroi chwedl Blodeuwedd yn hanes am ŵr a gwraig yn cynghreirio yn erbyn cyn-gariad. Gw. Gwilym Owen, 'Y bwrdd ffilmiau', *Pais*, 10 Mawrth 1980, 26–7.
11. LlGC, casgliad y Bwrdd Ffilmiau Cymraeg, 1/2, adroddiad y cynhyrchydd ar gyfer cyfarfod 16 Hydref 1979.
12. LlGC, casgliad y Bwrdd Ffilmiau Cymraeg, 22/4/1, llythyr Gwilym Owen at Gareth Wynn Jones, 24 Awst 1979.
13. LlGC, casgliad y Bwrdd Ffilmiau Cymraeg, 22/4/1, llythyr Gwilym Owen at John Roberts Williams, 24 Awst 1979. Nodir yn yr un llythyr gan Gwilym Owen ei fod wedi tynnu sylw Gareth Wynn Jones at sylwadau John Roberts Williams ynglŷn â '(1) Coluro y ddau brif gymeriad (2) y barcut [*sic*] a'r problemau (3) y golygfeydd ar y diwedd'.
14. 'I ateb y gofyn', *Y Faner*, 2 Tachwedd 1979, 13.

15 Ibid.
16 Clive Betts, 'Murder and sex go into new Welsh film', *Western Mail*, 4 Hydref 1979, 11.
17 'I ateb y gofyn', 13.
18 Ibid.
19 'Gwerth £20,000 o ryw a gwaed ffilm Gymraeg', *Y Cymro*, 9 Hydref 1979, 2.
20 'I ateb y gofyn', 13.
21 Ibid.
22 LlGC, casgliad y Bwrdd Ffilmiau Cymraeg, Ffeil 3/4, datganiad i'r wasg, 3 Tachwedd 1979.
23 Betts, 'Murder and sex go into new Welsh film', 11.
24 'Gwerth £20,000 o ryw a gwaed ffilm Gymraeg', 2.
25 Iorwerth Roberts, 'Day to day Wales: première was rare treat', *Daily Post*, 10 March 1980, 1.
26 Ibid.
27 Ibid.
28 Ibid.
29 W. R. Lewis, 'Dwy ffilm newydd', *Barn*, 207/208 (1980), 128.
30 Ibid.
31 Eifion Glyn, 'Cam pwysig ymlaen', *Y Cymro*, 10 Mawrth 1980, 11.
32 Annes Gruffydd, 'Cropian a llwyddo; rhedeg a baglu', *Y Faner*, 5 Rhagfyr 1980, 16.
33 Maureen Turim, *Flashbacks in Film: Memory and History* (Routledge: London, 1989), t. 1.
34 'Cause and effect'.
35 David Bordwell, Janet Staiger a Kristin Thompson, *The Classical Hollywood Cinema: Film Style and Mode of Production to 1960* (New York: Columbia University Press, 1985), t. 5.
36 LlGC, casgliad y Bwrdd Ffilmiau Cymraeg, 29/5/3, toriad papur newydd heb ffynhonnell: Rhys Owen, 'Two films in Welsh', 24 Hydref 1980.
37 Lewis, 'Dwy ffilm newydd', 128.
38 Gruffydd, 'Cropian a llwyddo; rhedeg a baglu', 16.
39 Rhian Williams, 'Cychwyn yn y gêr iawn', *Y Cymro*, 21 Hydref 1980, 10.
40 Ibid.
41 LlGC, casgliad y Bwrdd Ffilmiau Cymraeg, 29/5/3, toriad papur newydd heb ffynhonnell. Roedd *Monty Python's Life of Brian* (Terry Jones, 1979) yn ffilm gomedi, ond fe'i hystyriwyd yn ddadleuol oherwydd y modd y dychanwyd crefydd. Cafwyd protestio tanbaid ynglŷn â'r ffilm gan grwpiau crefyddol a chyhuddwyd y cynhyrchwyr o fod yn gableddus. Gwrthododd rhai gwledydd, megis Iwerddon a Norwy, ddangos y ffilm, ac felly hefyd nifer o ardaloedd o fewn y DU.
42 Owen, 'Two films in Welsh'.
43 Gruffydd, 'Cropian a llwyddo; rhedeg a baglu', 16.
44 Lewis, 'Dwy ffilm newydd', 128.
45 LlGC, casgliad y Bwrdd Ffilmiau Cymraeg, 1/2, adroddiad y cynhyrchydd, 7 Chwefror 1980.

[46] Lyn Ebenezer, 'Aelodau'r clwb moduro yw sêr y ffilm', *Y Cymro*, 20 Mai 1981, 31.
[47] Ibid.
[48] Ibid.
[49] Williams, 'Cychwyn yn y gêr iawn', 10.
[50] Owen, 'Two films in Welsh'.
[51] Gruffydd, 'Cropian a llwyddo; rhedeg a baglu', 16.
[52] Ibid.
[53] Owen, 'Two films in Welsh'.
[54] Ibid.
[55] Gruffydd, 'Cropian a llwyddo; rhedeg a baglu', 16.
[56] Williams, 'Cychwyn yn y gêr iawn', 10.
[57] Ibid.
[58] Owen, 'Two films in Welsh'.
[59] Williams, 'Cychwyn yn y gêr iawn', 10.
[60] Owen, 'Two films in Welsh'.
[61] Ibid.
[62] Ibid.
[63] Williams, 'Cychwyn yn y gêr iawn', 10.
[64] Ibid.
[65] Ibid.
[66] Ibid.
[67] Ibid.
[68] Owen, 'Two films in Welsh'.

6

O.G. *(1981) ac* O'r Ddaear Hen *(1981)*

Gwanwyn a haf 1981 oedd cyfnod mwyaf addawol a thoreithiog y Bwrdd Ffilmiau Cymraeg (BFfC). Trefnodd Gwilym Owen gynhadledd i'r wasg er mwyn tynnu sylw at ei lwyddiannau diweddar a'r bwrlwm o weithgareddau a oedd ar droed. Gan iddo lwyddo i gynhyrchu dwy awr a hanner o ffilmiau yn hytrach na'r ddwy awr y gofynnwyd amdanynt adeg ei benodi, yr argraff gyffredinol oedd bod y bwrdd yn cael ei lywio mewn modd effeithiol a phroffesiynol. Erbyn Mai 1981, roedd dros 6,000 o bobl wedi gweld *Teisennau Mair* a *Newid Gêr*, ac roedd grwpiau a mudiadau niferus wedi llogi'r ddwy ffilm hefyd. Dathlwyd y ffaith bod *Teisennau Mair* wedi ennill y brif wobr ffilm yn yr Ŵyl Ffilm Geltaidd a gynhaliwyd yn Harlech y flwyddyn honno, gan guro 25 o ffilmiau eraill o Gymru a thu hwnt. Dywedodd Jim Davies, a oedd yn parhau i fod yn gadeirydd y bwrdd, fod twf a datblygiad aruthrol wedi bod dros ddwy flynedd, a bellach rhaid oedd ystyried y bwrdd yn 'uned gynhyrchu gredadwy'.[1] Pwysleisiwyd bod cynnyrch y bwrdd yn safonol, bod ei ffilmiau'n medru cystadlu â safonau proffesiynol a thechnegol ffilmiau a gynhyrchwyd yn Ewrop, a bod ei ffilmiau 'cystal os nad gwell'.[2] Atgyfnerthwyd ei eiriau mewn pennawd yn *Yr Herald Gymraeg* a ddatganodd: 'Y bwrdd ffilmiau yn cynhyrchu: ffilmiau Cymraeg cystal ag unrhyw wlad'.[3] Barnodd Jim Davies yn y *Daily Post* y gallai'r llwyddiannau cynnar hyn esgor ar ddatblygiadau arwyddocaol: 'I have no doubt that if we can continue to achieve the same standards, more money will be forthcoming so that we can create a little film industry in Wales.'[4] Y bluen fwyaf yng nghap y bwrdd oedd y ffaith i'r Swyddfa Gymreig ddangos hyder a ffydd yn ei gynnyrch trwy gynyddu ei grant i £67,000, tra oedd cefnogaeth hefyd yn parhau oddi wrth Gyngor Celfyddydau Cymru (CCC) a Chymdeithas Celfyddydau Gogledd Cymru (CCGC).

Soniwyd gyda brwdfrydedd am y pecyn o ffilmiau y bwriadwyd eu cynhyrchu erbyn yr hydref. Ymhlith y rhain roedd *O.G.* a oedd yn cychwyn ar y broses o'i ffilmio, *Y Blaidd* gan Gwyn Thomas (*O'r Ddaear Hen* yn y diwedd), a dwy ffilm ddeng munud yr un i blant a seiliwyd ar y rhaglen *Teliffant*. Ond cyd-destun mwyaf arwyddocaol y cyfnod i'r bwrdd oedd dyfodiad y bedwaredd sianel arfaethedig. Eisoes, cafwyd trafodaethau cynnar ynglŷn â chyfraniad y bwrdd i'w harlwy a defnyddiwyd y gynhadledd i'r wasg fel llwyfan i wthio agenda'r bwrdd i esblygu'n rhan annatod o wasanaethau'r sianel newydd. Datganodd Jim Davies:

> gellir dweud mai'r Bwrdd yw'r unig uned gynhyrchu annibynnol sydd mewn bod yng Nghymru ar hyn o bryd. Mae ganddo'r cefndir a'r profiad i ymgymryd â'r gwaith, ac os daw'r cyfle mae'n debyg y byddai'n barod iawn i'w gael ei ystyried fel ffynhonnell bosibl ar gyfer creu ffilmiau o bob math ar gyfer y sianel newydd. [5]

Fe fu Awdurdod S4C yn cwrdd â chynrychiolwyr o sector annibynnol gogledd Cymru eisoes, ac yn y cyfarfod tanlinellwyd y pwyslais arbennig a roddid ar gynnyrch annibynnol. Yn dilyn y cyfarfod, penderfynodd aelodau'r bwrdd fod yn rhaid iddynt ffurfio polisïau penodol i ymdrin â'r sianel. Penderfynwyd y dylid cynnig gwasanaeth fel uned gynhyrchu i S4C, heb golli golwg ar ei amcanion sylfaenol, sef cynhyrchu ffilmiau i'w teithio ledled Cymru. Awgrymwyd hefyd, yn dilyn trafodaeth gyda golygydd rhaglenni S4C, y dylid cynnig cynhyrchu un ffilm ar gyfer y sianel ar gyfer y flwyddyn ariannol gyfredol.[6]

Gellir gweld felly fod y bwrdd yn llwyr ymwybodol fod ei ddyfodol wedi ei rhwymo'n dynn wrth S4C, a'i bod yn bwysig i'r sianel fod yn gwbl argyhoeddedig o safon ei waith. Sylweddolwyd hefyd fod yr hinsawdd ddarlledu a chyfryngol yn yr iaith Gymraeg ar fin cael ei thrawsnewid yn sylfaenol ac y byddai'r goblygiadau'n bellgyrhaeddol. Yr hyn na ragwelyd, fodd bynnag, oedd y byddai'r drafodaeth danllyd am y sianel, nad oedd eto wedi dechrau darlledu, yn taflu cysgod hir dros waith y bwrdd. Yng nghyd-destun y fenter newydd arloesol hon, fe fyddai ei waith o hyn allan yn cael ei weld fel rhagflas o'r hyn a fyddai'n ymddangos ar sgriniau'r genedl o fewn 15 mis. Bu'r ymgyrch i sicrhau sianel deledu Gymraeg yn un hirfaith ac emosiynol, ac roedd y disgwyliadau yn uchel. Cyn pen dim, gwelwyd ymateb negyddol, eithafol ar adegau, i weithgaredd y bwrdd, o ganlyniad i'r cysylltiad anorfod a wnaed rhwng ei gynnyrch a'r sianel arfaethedig.

Y fro a'r filltir sgwâr: O.G.

O ganlyniad i'r hwb a gafwyd ar ôl ennill gwobr yr Ŵyl Ffilm Geltaidd, a chynnydd y grant o'r Swyddfa Gymreig, roedd y disgwyliadau'n uchel ar gyfer y ffilm nesaf. Gyda'r ddwy ffilm gyntaf, pendiliwyd rhwng yr angen i blesio cynulleidfa a'r angen i sicrhau cefnogaeth y cyrff ariannu wrth gynhyrchu ffilmiau yr ystyrid eu bod o werth celfyddydol. O ganlyniad, ceisiwyd cyfuno'r ddeubeth gydag *O.G.* trwy bartneru'r cyfarwyddwr a enillodd iddynt wobr mewn gŵyl ffilm, sef Gareth Wynn Jones, gydag awdur hynod o boblogaidd a oedd yn enwog am ei waith comedi a'i gymeriadau cofiadwy, sef Wil Sam. Eisoes cafwyd llwyddiant ym 1974 gyda'i ffilm *Scersli Bilîf* lle'r ymddangosodd ei gymeriad mwyaf cofiadwy, Ifas y Tryc.

Wedi i Gwyn Thomas a Gruffudd Parry ddarllen sgript *O.G.*, penderfynwyd bwrw ymlaen â'r ffilm ar yr amod bod gwelliannau'n cael eu trafod rhwng Wil Sam a Gareth Wynn Jones. Poenai Gruffudd Parry am gydbwysedd y straeon yn y ffilm. Gofidiai hefyd am y *genre* a'r cydbwysedd yr oedd ei angen rhwng comedi, ffars a thrasi-comedi. Pwysleisiodd hefyd yr angen i sicrhau bod y ffilm yn manteisio ar bob cyfle ffilmig posibl, ac na ddylid cynnwys '[d]igwyddiadau . . . er eu mwyn eu hunain ac nid er mwyn y stori'.[7] Erbyn Mehefin 1981, roedd y ffilmio a rhan gyntaf y golygu eisoes wedi eu cwblhau, ac yn ei adroddiad i'r bwrdd roedd Gwilym Owen yn llawn hyder: 'Fe ymddengys y bydd hon yn ffilm boblogaidd iawn ac o safon dechnegol uchel ryfeddol.'[8]

Fel cymaint o waith Wil Sam, thema ganolog *O.G.* yw'r cysyniad o fro, cyfraniad dyn iddi a'r berthynas rhyngddynt, a hynny trwy gyfrwng y prif gymeriad, O. G. Owen (John Pierce Jones). Mae ei deyrngarwch i'w bentref, Llannerch, yn golygu ei fod yn esgeuluso'i wraig ifanc, Bet (Elliw Haf), sy'n cwyno ei fod yn 'cario'r pentre' 'ma ar ei gefn o'. Rhydd ei gorff a'i enaid i'w gymuned, ac mae holl weithgareddau cymdeithasol y pentref, boed bapur bro, cymdeithas ddrama, hyfforddi parti cerdd dant, neu'r aelwyd, yn dibynnu arno ef. Yn ogystal, ceisia gyflawni swydd sy'n fwy na llawn-amser wrth redeg garej. Gydag O.G. oddi cartref yn Cill Airne am benwythnos gyda'r parti cerdd dant, mae Bet, sy'n cwyno'n gyson ei bod wedi ei hamddifadu o sylw corfforol, yn syrthio i freichiau dyn arall, y deheuwr ecsotig Huw Handi Tŵls (Dafydd Hywel). Dioddefa O.G. strôc ar y ffordd adref o Cill Airne, ac mae'n rhaid iddo ef a Bet fynd i fyw i Fangor, ymhell o'r pentref a'i amrywiol weithgareddau. Mae doctor ecsentrig o Fangor, Dr Shady (Huw Ceredig), yn cynnig mynd ag O.G. i Lannerch i leddfu tipyn ar ei hiraeth, ond daw trasiedi i'w ran yn y diwedd wrth iddo farw mewn damwain erchyll o dan olwynion ei hen fws yn ei hen garej.[9] Gellir dadlau bod plot y ffilm, mewn un ystyr, yn debyg iawn i *Teisennau Mair*, ffilm gynharach o eiddo'r bwrdd. Unwaith yn rhagor, mae merch yn twyllo ei chariad, ac arweinia plotiau'r ddwy ffilm at farwolaeth y dyn yn y pen draw. Mae *O.G.* hefyd yn ailbobi nifer o'r dyfeisiadau stoc a geir yn *Teisennau Mair*, yn bennaf y triongl o ryngberthnasau rhwng gŵr, gwraig a chariad, ond yn eu trawsblannu i gyd-destun cyfoes.

Saethwyd y ffilm mewn tair wythnos yn ardal Caernarfon. Defnyddiwyd Garage Gwalia, Caeathro, fel Garej O.G. ond ffilmiwyd y rhan fwyaf yn ardal Llanwnda a Llandwrog. Defnyddiwyd swyddfa'r post a gwestai'r Stables a'r Goat yn Llanwnda, yr ysgol yn Llandwrog, a huriwyd bwthyn am bythefnos er mwyn saethu'r golygfeydd o gartref O.G. a Bet. Ar ôl i'r stori droi tuag at Fangor, defnyddiwyd tafarn yr Union fel hoff dafarn Dr Shady, a thŷ yn Heol y Garth fel tŷ newydd O.G. a Bet. Defnyddiwyd Côr y Lôn Goed fel côr cerdd dant dan arweiniad O.G., a chan fod peth o'r naratif yn cynnwys trip i Iwerddon, gwnaed trefniadau arbennig gyda British Rail Sealink i fynd â chriw o 11 o bobl, a chast o 21, ar fwrdd y St Columba, o Gaergybi i Dun Laoghaire, i'w ffilmio yn ymarfer ar y ffordd i Cill Airne.

Cyn teithio â'r ffilm o gwmpas Cymru, cafwyd rhybudd swyddogol gan y bwrdd ynglŷn â'i chynnwys, a sgrechiodd pennawd erthygl Clive Betts yn y *Western Mail* '"Explicit" film starts tour'.[10] Rhybuddiodd Gwilym Owen ei bod yn anaddas i blant o dan 16 oed oherwydd y golygfeydd ystafell wely, neu'r 'sex angle' fel y'i gelwid gan Clive Betts. Dyfynnwyd Gwilym Owen: 'We are issuing this warning because we wish to safeguard ourselves, knowing what Welsh Wales is like. The two scenes are both short and similar scenes appear not infrequently on television. O.G. is a businessman who does so much work that he does not have the energy to meet his wife's demands at night.'[11] Ymddengys felly i Gwilym Owen ddysgu gwers bwysig, yn ogystal â dealltwriaeth ddyfnach o'i gynulleidfa, wedi'r ymateb a gafwyd i *Teisennau Mair*, wrth iddo gyfeirio at y ffaith bod 'rhai beirniaid . . . yn dal i gredu na ellir trafod rhai o agweddau bywyd drwy gyfrwng yr iaith Gymraeg'.[12]

Erbyn *premiere O.G.* ac *O'r Ddaear Hen* yn Theatr Gwynedd, Bangor, ar 17 Hydref 1981, a'r daith ddilynol o'r ddwy ffilm o gwmpas Cymru, roedd ymdrech y bwrdd i gyfrannu at gynnyrch y sianel Gymraeg newydd wedi dwyn ffrwyth. Cynigiwyd iddo gytundeb i gynhyrchu ffilm ramant hanesyddol 90 munud o hyd, i'w dangos dros Nadolig 1982. Cwblhawyd y rhan fwyaf o'r manylion erbyn hynny, gan gynnwys apwyntio Pennant Roberts, a weithiodd ar *Doctor Who, The Professionals* a *Juliet Bravo*, i gyfar-wyddo'r ffilm newydd, sef *Madam Wen*. Wrth lansio'r ffilmiau newydd, felly, hyrwyddwyd y comisiwn newydd hwn i'r eithaf, trwy greu cysylltiad anorfod ym meddyliau'r gynulleidfa rhwng ffilmiau'r bwrdd a chynnyrch y sianel.

Cafwyd ymateb syfrdanol o amrywiol i *premiere O.G.* ac *O'r Ddaear Hen*. Yn ôl *Y Faner*, roedd 'balchder yn yr awyr' ac ymfalchïwyd bod y noson yn 'ddigwyddiad' ac y cafwyd 'steil' i'r lansio.[13] Dywedwyd nad rhyw '"urddas benthyg" oedd i'r noson, gan fod deunydd y ffilmiau yn drwyadl Gymraeg a Chymreig'.[14] Amlygwyd y berthynas arbennig rhwng ffilmiau Cymraeg a'r gynulleidfa wrth i'r adolygiad ganmol y rheini a oedd y tu ôl i'r ffilm fel arloeswyr diwylliannol, a mawrygwyd y digwyddiad gan fod y ffilmiau yn Gymraeg. Canmolwyd Gwilym Owen a'i 'anniddigrwydd creadigol' a Jim Davies a'i 'athroniaeth symbylol', a barnwyd bod 'angen yr egni hwn i ddymchwel rhagfur yr anawsterau sy'n wynebu aml fenter Gymraeg y dyddiau hyn'.[15] Wrth droi at y ffilmiau, cafwyd mwy o ganmoliaeth, wrth gyhoeddi '[b]ydd y ddau gyflwyniad yn gwneud noson gampus yn y mannau y bwriedir ymweld â nhw ar daith y misoedd nesaf: gellir rhagweld cynulleidfaoedd yn cael blas mawr ar y dangosiadau'.[16] Bu Glyn Evans yn *Y Cymro* yn gefnogol iawn i'r bwrdd ers y dyddiau cynnar, ac roedd ei adolygiad yntau o *O.G.* yn ei osod yn glir yng nghyd-destun y sianel deledu newydd. Barnodd fod y ffilmiau 'yn rhywbeth i godi calon rhywun' ac aeth yn ei flaen i ddweud: 'Nid codi calon yn unig ond hefyd yn rhywbeth i greu ffydd ynglŷn â dyfodol y Bedwaredd Sianel.'[17] Yn sicr fe fyddai'r bwrdd wedi croesawu ei ganmoliaeth, oherwydd ei ffon fesur wrth wylio'r *premiere* ffilmiau oedd 'y gellid yn rhesymol ddisgwyl i rywun droi oddiwrth rhaglen [*sic*] Saesneg er mwyn gweld y rhain pe'u teledid'.[18] Roedd adolygiad byr Iorwerth Roberts yn y *Daily Post* hefyd yn bositif: er iddo farnu bod y ffilm efallai bum munud yn rhy hir, canmolodd berfformiadau'r actorion a'r ddeialog naturiol.[19]

Er gwaethaf brwdfrydedd *Y Faner* a'r *Cymro* dros y fenter, yn ogystal â'u hargyhoeddiad a'u hedmygedd o ymroddiad di-sigl y cynhyrchydd a'r cadeirydd, newidiodd natur yr adolygiadau yn llwyr, wrth iddynt fwrw ati i drafod y ffilmiau. I'r *Faner*, doedd *O.G.* ddim yn taro deuddeg. Dychmygwyd y byddai'n ffilm boblogaidd iawn ar daith, ond gresynwyd bod 'y symudiadau yn araf – yn boenus o araf ar brydiau, a hynny i'w deimlo'n fwy am fod datblygiad y stori i'w ragweld beth ffordd ymlaen llaw o hyd'.[20] Fel gwrthgyferbyniad llwyr i'r ganmoliaeth a fu i 'anniddigrwydd creadigol' Gwilym Owen ynghynt yn yr adolygiad, yn awr fe'i beirniadwyd yn bersonol. Yn wir, roedd ymosodiadau personol yn rhywbeth a nodweddai'r trafod a fu yn dilyn taith *O.G.*:

> Wrth gynnig beirniadaeth ar bapur bro *Y Blewyn Glas* – yn ei dillad [*sic*] bob dydd ym Machynlleth – fe ddwedodd Gwilym Owen nad oedd lawn mor slic a'r [*sic*] *Dinesydd* yn Steddfod Caerdydd. Dyma'r feirniadaeth honno'n taro'n ôl fel bwmerang ar ei gynhyrchiad ef o *O.G.* – er y rhaid cydnabod bod rhan o'r gwendid yn y sgript.[21]

Siomwyd Glyn Evans gan un agwedd o'r ffilm. Wrth feirniadu'r olygfa garu ddof yn y ffilm, dywedodd: 'Mae'n amlwg bellach ei bod yn dor-cyfraith gwneud ffilm heb olygfa noeth er nad oes gen i gof am y Mesur Noethni Gorfodol (Mewn Ffilmiau) yn mynd drwy'r Senedd. 'Doedd mo'i hangen mewn gwirionedd ond dyna fo rhaid bod yn gyfoes.'[22] Cododd gwestiynau hefyd ynglŷn â *genre* y ffilm. Fe'i hyrwyddwyd fel comedi, ond cawsai drafferth i ddod o hyd i unrhyw ddeunydd comig ynddi: 'mae iddi ei darnau gogleisiol fel y byddai rhywun yn disgwyl o deipiadur Wil Sam ond y mae'n stori rhy drist i fod yn ddim ond comedi gyda'i diwedd eironig o drychinebus'.[23] Nid Glyn Evans oedd yr unig un i gwestiynu *genre* y ffilm. Mewn adolygiad yn *Pais*, barnodd Ann Llwyd nad oedd 'yn taro deuddeg fel comedi ddu'.[24] Ond nid oedd y feirniadaeth hon yn ddim o gymharu â'r un a oedd ar ddod. Ymddangosodd llythyr ymosodol dros ben yn *Y Faner* yn beirniadu'r ffilm yn hallt ac yn gwawdio'r *genre* honedig yn llwyr. Amlinellodd llythyr Tony Roberts a Huw Roberts blot y ffilm, gan gynnwys strôc a marwolaeth annhymig O.G., cyn gofyn, gyda'u tafodau'n dynn yn eu boch:

Gyda phlot fel hyn y mae'r gomedi hon yn sicr yn haeddu ei lle wrth ochr comedïau mawr yr oesoedd megis Hamlet, Macbeth ac Oedipus. Er yr holl ddigrifwch yma ni ysgogwyd yr 'auditorium' llai na gorlawn i ollwng mwy nag ambell i grechwen dyletswyddol. A yw dyn yn cael strôc yn ddigri? Ai digri yw ei weld yn gadael y busnes a oedd wedi ei adeiladu dros y blynyddoedd? Ai digri fod ei wraig yn disgwyl plentyn gan rywun arall ar ôl iddi ei dwyllo? A yw gweld dyn yn marw tan fŷs yn ddigri?[25]

I'r ddau hyn a oedd yn fyfyrwyr yn y Coleg Normal, Bangor, roedd y ffilm yn un '[d]di-chwaeth a dideimlad', ac yn 'disgyn yn drist rhwng bod yn gomedi ddu . . . a thrasiedi felodramatig'.[26] Ond yn niweddglo'r llythyr y cafwyd y sylwadau mwyaf melltithiol: 'rydym wedi syrffedu ar orfod derbyn deunydd yn y Gymraeg na fyddai unrhyw olygydd mewn unrhyw iaith arall wedi meddwl dwywaith cyn ei daflu i'r fasged sbwriel. Rydym yn edrych ymlaen, felly, ychydig yn llai brwdfrydig tuag at raglenni bondigrybwyll y *Sianel Gymraeg*.'[27]

Eisoes, felly, roedd cynnyrch y bwrdd yn arwain at anobaith ynglŷn â chynnyrch arfaethedig y sianel. Rhoddwyd cyfle i Gwilym Owen ateb y cwynion yn *Y Faner*, ac mae ei erthygl yntau'n awgrymu rhesymau am y rhwygiadau dyfnion ymysg y gynulleidfa. Nodweddir ei lith gan ddadlau ymosodol a phersonol. Gan fanteisio ar y berthynas agos rhwng y ffilmiau a'u cynulleidfa mewn cenedl fechan, ymchwiliodd i gefndir y ddau lythyrwr, cyn troi ei gynddaredd ar y grŵp roc yr oedd y ddau ohonynt yn perthyn iddo, sef Angylion Stanli. Cyhuddwyd eu caneuon o fod yn gwbl Seisnigaidd, yn ystrydebol ac amherthnasol i'r genedl Gymreig, er gwaetha'r ffaith eu bod yn canu yn gyfan gwbl yn Gymraeg.[28] 'A dyna mae'n debyg yw'r ffordd i fod yn boblogaidd ymhlith y Cymry ifanc heddiw,' taranodd Gwilym Owen, '[r]hoi llyfiad ysgafn o'r iaith ar ffurf estron gan gredu eich bod chi'n cyfrannu at safonau Cymreictod'.[29]

Yn ei hanfod, dadleuai Gwilym Owen nad oedd barn Huw Roberts a Tony Roberts yn adlewyrchu barn na chwaeth y mwyafrif. Hawliai fod y ffilmiau wedi eu cynhyrchu ar gyfer 'cynulleidfa cymysg [sic] Gymraeg', yn hytrach nag 'arbenigwyr sydd, wedi dwy flynedd o gwrs coleg, yn credu eu bod yn gwybod y cyfan am dechneg sgriptio, cyfarwyddo, actio a chynhyrchu'.[30] Yn ogystal â datgelu agwedd bur nawddoglyd tuag at '[d]rwch y boblogaeth', fel y'u disgrifiwyd ganddo, dadlennodd geiriau Gwilym Owen fodolaeth dau fath o gynulleidfa Gymraeg: y gwylwyr cyffredin ar y naill law a'r rheini a oedd yn hyddysg mewn technegau ffilm a theledu ar y llall, rhai a fu'n dilyn cyrsiau coleg megis y radd gyfathrebu yn y Coleg Normal. Gan gyfeirio at y ddau lythyrwr ac eraill addysgedig fel 'angylion', dadleuodd Gwilym Owen: 'Fe ŵyr pob un ohonom mai prin yw nifer yr angylion ymhlith y Cymry Cymraeg sy'n debyg o droi allan i wylio'r ffilmiau hyn. Go brin y bydd Mrs Jones yn Harlech neu Mrs Edwards yn Llanelli yn edrych ar y ddau gynhyrchiad gan chwilio am yr un perffeithrwydd nefolaidd ag y gwnaeth y ddau Mr Roberts.'[31] Yr ensyniad y tu ôl i'w eiriau oedd y byddai'r gynulleidfa draddodiadol Gymreig yn edrych am adloniant pur, yn hytrach na pherffeithrwydd technegol a naratifol. Ond yr hyn a fynegwyd ganddo yn anad dim oedd ei amharodrwydd i dderbyn beirniadaeth y ddau. Mynnai fod eu beirniadaeth yn amherthnasol gan nad ar eu cyfer nhw y cynhyrch-wyd y ffilmiau.

Esgorodd ei wrthymosodiad ar lythyr dienw gan 'Siomedig' yn amddiffyn hawl Tony Roberts a Huw Roberts i fynegi barn ynglŷn â'r ffilmiau. Dewis awdur y llythyr oedd aros yn ddienw, gan ei fod yn poeni, '[p]e ddatgelwn [sic] pwy ydwyf, byddai perygl i Gwilym Owen neilltuo tri chwarter ei lith nesaf yn olrhain gwerth fy nghyfraniad personol i fywyd fy nghenedl – a hynny'n tynnu sylw oddi wrth y drafodaeth ar y ffilmiau'.[32] Er gwaetha'r ffaith na ddatgelwyd pwy oedd awdur y llythyr, nid lladd ar y ffilmiau nac ar Gwilym Owen oedd ei fwriad, ond gwneud cais i drafod a beirn-iadu'n iach. Yn wir, teimlai fod y ffilmiau a welodd 'cystal â llawer peth Saesneg a welais cyn hyn – ac, yn wir, yn well na llawer peth'.[33] Canolir ei sylw ar safon y ffilmiau yn hytrach nag ar ymosodiadau personol. Parodd ymateb ciaidd Gwilym Owen iddo anobeithio'n llwyr, wrth holi'n rhwystredig: 'A oes raid i feirniadaeth iach, ar unrhyw ffurf ar gelfyddyd, ddod i hyn mor aml yn y Gymraeg?'[34] Cytunodd â'r ddau nad comedi oedd *O.G.*, gan farnu mai 'tristwch sy'n bennaf yn y darlun – ac nid yw'r gogleisiadau digri, lawer tro, yn asio'n gysurus gyda'r tristwch hwnnw'.[35] Ond nid beirniadu oedd prif ergyd na bwriad ei lythyr, ond yn hytrach 'mynnu'r hawl i feirniadu. A chadw'r drws yn llydan agored i rai fel Huw Roberts a Tony Roberts gael mynegi eu barn hwythau hefyd.'[36] Dychwelodd Gwilym Owen i'r ornest drachefn. Yn ei lythyr, pendronodd ynglŷn â phwy oedd y llythyrwr dienw, ac ymosododd arno yn ddiflewyn-ar-dafod: 'Rydan ni'r Cymry Cymraeg yn enwog am ddefnyddio'r dull yma o ysgrifennu, yn enwedig i'r wasg. Arwydd o'n tueddiadau di-asgwrn cefn yw hyn wrth gwrs'.[37] Dychwelodd 'Siomedig' yntau i'r ffrae dan y ffugenw diwygiedig 'Dal yn siomedig'. Mynnodd lynu at fod yn ddienw gan fod rheidrwydd iddo wneud hynny o ganlyniad i 'ansawdd ysgrifennu Gwilym Owen ei hun'.[38] Dywedodd fod y ddau fyfyriwr wedi profi'r pris a oedd i'w dalu am feirniadu'n agored, a phe na baent wedi bod mor agored yna ni fyddai Gwilym Owen wedi medru edliw iddynt eu cysylltiadau. Roedd yn llygad ei le wrth farnu:

> Un o'r pethau y mae mwyaf o'i angen arnom ar hyn o bryd, a hynny ymhob agwedd ar y celfyddydau, yw beirniadaeth oleuedig . . . ble mae'r beirniadu cytbwys sy'n gosod celfyddyd arbennig yn y glorian ac yn mesur ei thrwm a'i hysgafn? Mae'r math yna o feirniadaeth yn mynd yn gyson brinnach, ac fe ddylid rhoi cerydd llym i unrhyw un sy'n siglo hyder y rhai sydd yn barod i leisio'u barn yn onest ac yn agored.[39]

Roedd y ffrae gyhoeddus hon yn arwydd o'r agosrwydd rhwng y cynnyrch a'r gynulleidfa Gymreig, ac yn codi cwestiynau ynglŷn ag adolygu a beirniadu cynnyrch mewn cenedl fechan. Yn y cyd-destun hwn, roedd hyd yn oed y rheini a adolygai'n swyddogol yn ansicr o'u crefft, ac yn boenus o ymwybodol o'u cyfyngderau. Rhybuddiodd adolygydd *Y Faner* ei ddarllenwyr: 'Ymateb gwyliwr a gofnodir yn y golofn hon – nid sylwadau sy'n honni bod yn Ddilys Powelaidd eu hansawdd.'[40] Aeth at galon y mater, trwy holi 'beth fydd safon adolygu ar waith mor astrus arbenigol ag un y Bwrdd Ffilmiau?'[41] Hyd yn hyn, bu safon yr adolygiadau yn gymysg, a rhai yn wachul. Arddangoswyd camddealltwriaeth lwyr o naratif y ffilmiau, tra oedd eraill yn ymdrin â'r gwaith mewn modd rhagfarnllyd a thramgwyddus. Dadlennol yw adolygiad Glyn Evans yn *Y Cymro* a ddywedodd am gymeriad Bet, heb ronyn o eironi:

> Cai [*sic*] rhywun tipyn o anhawster i benderfynu ai tipyn o hen slwten ydoedd ynteu merch ieuanc yn chwilio'n ddigon cyfiawn am y rhyw a amddifadai ei gwr [*sic*] hi ohono . . . er mai rhan fechan iawn oedd i Gari Williams y mae'n rhaid cyfeirio at [*sic*]. Yr oedd ei gameo o 'hen ddyn budr' yn benigamp ac yn berfformiad i'w drysori.[42]

Roedd *Y Faner* yn llygad ei lle felly wrth farnu mai '[a]dolygu amatur ar gynnyrch proffesiynol fydd y norm am dipyn – a hynny o raid. Ond wrth i bentwr y ffilmiau gynyddu, dylai nifer yr adolyg-

---

wyr safonol amlhau hefyd: bydd y naill yn esgor ar y llall gobeithio ac yn cyd-dyfu.'[43]

Wedi ymgyrch faith, roedd y sianel newydd yn taflu ei chysgod hir dros wleidyddiaeth a diwylliant y cyfnod. Roedd ei dyfodiad hirddisgwyliedig i'w groesawu'n gynnes ond, ar yr un pryd, cafwyd chwilfrydedd ymhlith y gynulleidfa ynglŷn â'r math o raglenni a fyddai'n ymddangos. Pan ymddangosodd *O.G.* i sŵn datganiad balch y bwrdd o'i gomisiwn teledu cyntaf, profodd y cyhoedd ddadrithiad a dioddefodd y ffilm feirniadaeth lem. Dadlennodd y feirniadaeth ofidiau difrifol y gynulleidfa ynglŷn â safon rhaglenni'r sianel, ac amharodrwydd ymhlith rhai carfanau bellach, yn enwedig y garfan iau, i gyfaddawdu ar safonau er mwyn sicrhau cynnyrch Cymraeg.

Angylion a bwystfilod: O'r Ddaear Hen

Erbyn i'r BFfC gynhyrchu *O'r Ddaear Hen* ym 1981, roedd eisoes wedi cynhyrchu tair ffilm fel uned gynhyrchu annibynnol. Teimlid yn gyffredinol ei fod ynghanol cyfnod pur lewyrchus, a hynny o ganlyniad i'r cynnydd a gafwyd yn ei gymhorthdal oddi wrth y Swyddfa Gymreig. Wedi blynyddoedd o frwydro am arian oddi wrth y BFI a CCC, roedd y ffynhonnell newydd hon i'w chroesawu'n gynnes gan ei bod yn rhoi elfen gref o sefydlogrwydd i'w waith. Ni chafwyd erioed o'r blaen gyfnod mor doreithiog i ffilmiau Cymraeg. Yn ddiymwad, cafwyd cyfnod hynod o gynhyrchiol dan reolaeth Gwilym Owen ac roedd ei broffil cyhoeddus yn sicrhau bod sylw yn y wasg a'r cyfryngau i bob ffilm a gynhyrchwyd. Fodd bynnag, doedd y sylw ddim bob tro wrth fodd y bwrdd. Er gwaethaf ymdrechion y bwrdd, a'r sefyllfa ariannol led sefydlog, ni dderbyniwyd yr un o'r tair ffilm yn ddigwestiwn. Ar yr un pryd, tra oedd y bwrdd yn ymlafnio i greu ffilmiau Cymraeg, roedd y cyd-destun y gweithiai o'i fewn yn trawsnewid, a disgwyliadau a gobeithion y gynulleidfa hefyd yn esblygu yn wyneb dyfodiad y sianel Gymraeg newydd.

Yr hyn sy'n amlwg wrth fwrw golwg ar y tair ffilm gyntaf a gynhyrchwyd fel uned gynhyrchu annibynnol oedd y modd y ceisiwyd rhoi gogwydd gwirioneddol Gymreig i rai o'r ffilmiau. Gyda *Teisennau Mair* benthyciwyd yn helaeth o chwedl Blodeuwedd, a chyda *Newid Gêr* lleolwyd ffilm o draddodiad Hollywood yn ddwfn yng nghefn gwlad Cymru. Yn *O.G.* cafwyd ffilm a drafodai berthynas dyn â'i fro trwy edrych ar y syniad Cymreig o filltir sgwâr. Cyrhaeddodd y briodas hon rhwng technegau estron a chwistrelliad o Gymreictod ei anterth gydag *O'r Ddaear Hen,* wrth i'r bwrdd groesbeillio *genre* Americanaidd gyda phwnc hollol Gymreig a Cheltaidd. Er y lleolir y ffilm arswyd yn y presennol, deunydd crai'r ffilm yw hen chwedlau'r duwiau Celtaidd hynafol, a defodau aberthol a chysegredig y cyfnod paganaidd cyn-Gristnogol. Nod-wedd amlycaf unrhyw ffilm arswyd yw'r creadur sy'n creu ias a dychryn ymhlith y gynulleidfa, ac yn y ffilm defnyddir Cernunnos, y duw gwrywaidd corniog, fel catalydd ar gyfer ofn a thensiwn yn y ffilm. Cynigia'r ffilm sylwebaeth graff o ddwy gymdeithas, a dwy ffordd o gredu a byw, wrth wrthgyferbynnu'r byd paganaidd cyn-Gristnogol â'r byd Cristnogol yng Nghymru yn ystod chwarter olaf yr ugeinfed ganrif. Ymgais yr awdur, Gwyn Thomas, a'r cyfar-wyddwr, Wil Aaron, oedd cymhathu nifer o nodweddion ffilmiau arswyd, wrth ddyfeisio testun Cymreig a Cheltaidd, gan gynnig, ar yr un pryd, sylwebaeth ddeifiol ar y gymdeithas Gymraeg gyfoes.

Yn y ffilm, mae William Jones (Charles Williams) yn dod o hyd i hen ben carreg tra'n palu gardd ei dŷ cyngor ym Môn. Mae'r pen yn treulio'r noson ar y silff ben tân, ond yng nghanol y nos mae gwraig William, Jane (Elen Roger Jones), yn mynnu iddi hi weld rhywbeth sy'n codi arswyd arni. Mae William yn mynd â'r pen at Dr Miriam Vaughan (Valerie Wynne-Williams) yn y brifysgol ym Mangor, sy'n rhan o dîm sy'n cloddio am olion ar Fferm Gwernyfed, hen safle Celtaidd gerllaw. Wedi i'r pen gyrraedd ei chartref hi, mae'r bwystfil, sef ffigwr corniog hanner dynol, hanner anifeilaidd yn ymddangos iddi hithau hefyd. Drannoeth, tra mae merch y teulu, Anna (Bethan Jones), yn y tŷ, mae'r bwystfil yn ymddangos eto. Mae Miriam yn mynnu bod ei gŵr, Arthur (J. O. Roberts), yn dychwelyd y pen i dŷ William Jones, ond mae Jane yn ei wrthod. Ar ei ffordd oddi yno, ac wrth basio Gwernyfed, mae'r bwystfil yn ymddangos yn sedd gefn y car, sy'n arwain at ddamwain ddramatig a marwol-aeth Arthur.

Saethwyd y ffilm mewn pythefnos, y rhan fwyaf ohoni ar Ynys Môn. Lleolwyd golygfeydd y tŷ cyngor yng Ngaerwen a Bodffordd, a defnyddiwyd tŷ tafarn y California ger Benllech. Defnyddiwyd lleoliadau amrywiol yng Ngholeg Prifysgol Gogledd Cymru, Bangor, a Bryn Bras a Henblas oedd yr adeiladau a ddefnyddiwyd fel tŷ Dr Vaughan a'i theulu. Cafwyd dwy olygfa arbennig o heriol i'w ffilmio. Yn ogystal â'r ddamwain angheuol ar ffordd gefn ger Gaerwen, caed un olygfa pan geisiwyd ail-greu'r cyfnod paganaidd yn Nin Llugwy, hen bentref Rhufeinig ger Moelfre. Yn ogystal â'r her o bortreadu cyfnod arall, mae'r olygfa yn cynnwys aberth dynol. Defnyddiwyd aelodau o Theatr Fach Llangefni fel ychwanegion, a huriwyd gwaywffyn, cleddyfau, dagerau a thariannau er mwyn ceisio argyhoeddi.

Cafodd *O'r Ddaear Hen* gryn dipyn o sylw yn y wasg wedi'r noson lansio yn Theatr Gwynedd, Bangor, ac fe'i croesawyd yn frwd gan adolygwyr y papurau newydd a'r cylchgronau.[44] Nodwyd yn rhaglen y noson agoriadol ar 17 Hydref 1981 mai dyma'r ffilm arswyd Gymraeg gyntaf o'i bath, a chafwyd trafod brwd yn y wasg ynglŷn â statws y ffilm fel ffilm arswyd. I Iorwerth Roberts, roedd y ffilm yn llwyddo i'r dim: 'The horror is well sustained with subtle visual effects and rather less subtle and more stereotypical musical effects adding to the tension of its 50 minutes.'[45] Fodd bynnag, doedd gohebydd *Y Faner* heb ei argyhoeddi o gwbl.

> ni ddylid pwysleisio'n ormodol yr elfen o arswyd: oherwydd mae'r gair hwnnw wedi magu cynodiad arbennig drwy'r ffilmiau iasoer a ddaeth mor gyfarwydd bellach ar y cyfryngau. Ac mae codi disgwyliadau fod y Ddaear hen [*sic*] yn perthyn i'r genre hwnnw yn gwneud cam a'r [*sic*] ffilm.[46]

Gellir tybio ei fod yn rhagweld na fyddai'r ffilm yn diwallu anghenion y rheini a oedd yn awyddus i weld ffilm arswyd gyfoes. Gwelodd yr awdur felly fod yna wahaniaeth sylfaenol rhwng *O'r Ddaear Hen* a'r ffilmiau arswyd niferus a oedd mewn bri ar y pryd. Wedi'r cyfan, yn ystod y 1970au, rhyddhawyd 122 o ffilmiau arswyd Prydeinig, gan gynnwys rhai a ystyrir bellach yn enghreifftiau clasurol o'r *genre*. Cyfareddwyd cynulleidfaoedd gan ffilmiau iasol megis *A Clockwork Orange* (Stanley Kubrick, 1971), *Don't Look Now* (Nicolas Roeg, 1973), *The Wicker Man* (Robin Hardy, 1973) ac *Alien* (Ridley Scott, 1979), ac yn hwyrach croesawodd y 1980au gyffro *The Shining* (Stanley Kubrick, 1980) ac *An American Werewolf in London* (John Landis, 1981).[47] Mae Norman J. Warren yn darparu crynodeb defnyddiol o'r cyfnod o bersbectif ffilmiau arswyd y 1970au:

> The peak for the genre in this country was reached in the Seventies, both in terms of the sheer number of feature films made . . . but more importantly in terms of creativity, originality and quality . . . The 1970s

saw boundaries broken down, taboos challenged, censorship under assault and the rule books torn up.[48]

Roedd adolygydd *Y Faner* yn llygad ei le wrth honni nad oedd gan *O'r Ddaear Hen* fawr ddim yn gyffredin â ffilmiau arswyd mwyaf arwyddocaol y cyfnod. Nid dyma oedd cyd-destun mwyaf naturiol y ffilm. Roedd Glyn Evans yn nes ati pan ddatganodd fod *O'r Ddaear Hen* yn cymharu'n ffafriol iawn ag unrhyw beth a welwyd ar y gyfres deledu Saesneg *Hammer House of Horror*; mynnodd hefyd, gyda golwg ar y sianel newydd: 'Y mae'n gwbl deg cymharu â'r rhaglenni Saesneg hyn oherwydd gyda'r rheini y byddwn yn cystadlu.'[49] Cyfres oedd *Hammer House of Horror* a ddeilliodd o stabl Hammer Films, cynhyrchydd ffilmiau arswyd mwyaf blaengar Prydain a'i oes aur honedig yn rhychwantu 1955–72. Cynhyrchodd Hammer ffilmiau cofiadwy a dreiddiodd i ymwybod cynulleidfa'r cyfnod. Cysylltwyd cymeriadau megis Count Dracula, Baron Frankenstein, The Mummy a Professor Quatermass â'r stiwdio o ganlyniad i ffilmiau megis *Dracula* (1958), *The Curse of Frankenstein* (1957) a *The Quatermass Xperiment* (1955), ffilmiau a gafodd eu dangos droeon yn hwyr y nos ar y teledu. Yn ystod y 1950au a'r 1960au, roedd arddull a steil gothig y ffilmiau at ddant y gwyliwr cyffredin; erbyn y 1970au, edwinodd y stiwdio, yn bennaf o ganlyniad i ddiffyg buddsoddiad yn y diwydiant ffilm Prydeinig ac anallu'r cwmni i ddatblygu'r *genre* ar gyfer cynulleidfa newydd. Er i Glyn Evans glodfori'r ffilm wrth ddatgan ei bod yn debyg i ffilmiau Hammer, felly, nid oedd y gymhariaeth, mewn gwirionedd, yn un garedig. Y gwir amdani oedd bod y math yna o ffilmiau, gyda'u melodrama dros ben llestri a'u naratifau syml, wedi dyddio a chwythu eu plwc erbyn hynny. Ond dadlenna'r gymhariaeth fod Glyn Evans wedi ei argyhoeddi gan *genre* y ffilm:

Yr oedd yn afaelgar a'r tyndra fel tant telyn a'r awyrgylch yn codi'r arswyd a ddeisyfwd [*sic*] . . . yr oedd efallai le i dwtio a chymhennu yma ac acw . . . ond ar ochr arall y dafol, ac yn gwneud mwy na iawn am hyn, yr oedd y golygfeydd dychryn gyda'r wyneb dieflig a'r ddamwain gar drawiadol iawn gyda chymysgedd o sgrechfeydd dynol a metalaidd.[50]

Teimlodd Iorwerth Roberts yntau fod yr elfennu arswydus yn gweithio trwy gyfrwng y 'subtle visual effects',[51] a barnodd *Y Faner* fod y sgript yn fedrus ac yn cydio yn y dychymyg: 'Roedd gwead y ffilm yn glos [*sic*] – nodwedd hanfodol, gan y byddai unrhyw lacrwydd yn datod y tyndra ac yn difetha'r awyrgylch'.[52] Ond barn dra gwahanol a fynegwyd gan Ann Llwyd yn *Pais*, a ddaliai nad oedd yr arswyd na'r golygfeydd hanesyddol yn argyhoeddi o gwbl:

> Ar ddechrau'r ffilm, 'roedd golygfa o aberth yn digwydd yn ôl yn oes yr hen dderwyddon: digon o gyfle i greu awyrgylch meddech, ond pobl o gig a gwaed oedd y cymeriadau, ac nid oedd yna fwg na niwl i wneud y sefyllfa'n gredadwy – dim ond heulwen braf canol dydd.[53]

Cytunodd llythyrwr *Y Faner* gyda'i safbwynt wrth gyfeirio at honiadau Gwilym Owen am lwyddiant taith y ffilmiau: 'Waeth gen i faint o bobl a "neidiodd mewn ofn ac arswyd" . . . wrth weld O'r Ddaear Hen, doedd y gymysgedd i greu ofnadwyaeth ddim yn gyflawn yn y ffilm arbennig hon.'[54] Yn ôl y llythyrwr, 'nifer o ffactorau gweddol fychain' oedd yn tarfu ar yr effaith yr oedd angen ei chreu. Cytunodd gydag adolygydd *Pais* ynglŷn â'r olygfa agoriadol a oedd 'yn rhy debyg i ddarn o hanes mewn cyflwyniad i ysgolion'.[55] Honnai hefyd fod y ffilm yn colli'r gwyliwr o'r olygfa gyntaf gan fod y coluro mor aneffeithlon 'a'r gwyliwr o'r herwydd yn colli'r gallu i gredu yn yr olygfa – ac mae credinedd yn elfen hollbwysig mewn arswyd'.[56] Gwelodd fai hefyd ar y sgript:

> Roedd Lindsay Evans a Valerie Wyn Williams [*sic*] yn siarad fel petaent yn darllen o lyfr ar brydiau – yn wahanol iawn i ystwythder llefaru Charles Williams, Bethan Jones, Elen Roger Jones ac eraill. A oedd y ffaith fod y ddau hyn yn dod o'r de yn eu gwneud yn llai hyderus i ymgolli yn eu tafodiaith? Beth bynnag, roedd y siarad anystwyth yn garreg rwystr yn y datblygiad.[57]

Yr un oedd ymdriniaeth Huw Roberts a Tony Roberts ag *O'r Ddaear Hen* â'u hymdriniaeth ag *O.G.* Mewn llythyr deifiol i'r *Faner*, traethodd y ddau yn hir am eu siom wrth wylio *O'r Ddaear Hen*. Lladdwyd ar y ffilm o bob cyfeiriad, o ran cyrhaeddiad y ffilmio, safon yr actio ac adeiladwaith y ffilm, a chwestiynwyd ei hawl i gael ei disgrifio fel un arswyd gan ei bod yn 'ymbalfalu 'mlaen heb ddim o'r tyndra a'r tensiwn a gysylltа rhywun â ffilm o'r fath'.[58] Cymharwyd y ffilm â'r *B movies* a gafwyd yn America yn ystod y 1950au, ond barnwyd bod gan *O'r Ddaear Hen* 'ychydig yn unig o'r dychymyg a'r cwbl o eilraddoldeb' y ffilmiau hynny.[59] Y ffaith eu bod yn gweld bod Cymry Cymraeg yn gorfod derbyn safonau a chynnyrch eilradd a gythruddai'r beirniaid, ac er bod y ffilm yn amlwg wedi ei chynhyrchu ar gyllid bychan iawn, barnwyd nad oedd unrhyw dystiolaeth o ddychymyg na gwreiddioldeb i'w gweld. Dywedwyd bod y ffilm yn gwbl chwerthinllyd, yn enwedig yr olygfa olaf a leolwyd 'ar ffordd gul wledig ym Môn – pen Celtaidd yn y bwt [sic], y Diafol yn y set [sic] tu ôl, J. O. Roberts gwaedlyd yn sedd y gyrrwr, a'r cwbl yn llosgi'n golsyn. Arswydus? Oedd!'[60]

Roedd siom y ddau gyda safon y ffilm yn amlwg, ac ailadroddwyd y geiriau 'Ond *roedd* yn ffilm *Gymraeg*' yn goeglyd droeon, gan awgrymu yr ystyrid yn gyffredinol fod pob gwendid a brych yn diflannu yn wyneb y ffaith ei bod yn ffilm Gymraeg. Roedd y llythyr yn amlwg yn un a fyddai'n tynnu blewyn o drwyn nid yn unig eu hathro drama yn y Coleg Normal, J. O. Roberts, ond Jim Davies, cadeirydd y bwrdd, a oedd hefyd yn brifathro ar y coleg. Fel myfyrwyr ar y cwrs cyfathrebu, gobeithiodd y coleg borthi'r angen am staff ar gyfer y diwydiant teledu Cymraeg newydd, a phoenwyd y byddai sylwadau'r ddau yn peryglu enw da y sefydliad a dyfodol gwaith y myfyrwyr. Ond camarweiniol fyddai dehongli'r siom a fynegwyd yn y llythyr fel rhywbeth a berthynai i'r genhedlaeth ifanc yn unig. Datganodd Ithel Davies, y bargyfreithiwr a'r ymgyrchydd gwleidyddol, ar ôl gweld *O'r Ddaear Hen* yn Theatr y Werin, Aberystwyth, ac yntau ar y pryd yn ei wythdegau: 'Ni welais i erioed ffilmiau mor anghelfydd eu gwead na mor anhygoel ac anghredadwy eu cynnwys.'[61] Roedd yn tristáu am na chafodd y bobl ifanc a oedd yn bresennol, sef 90 y cant o'r gynulleidfa, flas ar rywbeth o safon greadigol a chelfyddydol gwell. Cwynwyd bod y ffilm yn anghynnil, yn 'ofer ac afradus' ac yn 'drychinebus o araf fel petai'n ymhyfrydu yn y cignoethni salw a bortreadid'.[62] Synnwyd yn fawr fod gan Gwyn Thomas, darlithydd yn Adran y Gymraeg, Coleg Prifysgol Gogledd Cymru, ran yn y gwaith: 'Ynteu a oedd yn dychmygu creu rhywbeth mwy na James Bond, neu Dracula, a thybio, efallai, fod hynny yn gyfraniad i gelfyddyd a moes yr oes bitw hon!'[63]

Genre y ffilm oedd cyd-destun uniongyrchol cyfran helaeth o'r feirniadaeth, felly, ond roedd materion eraill mwy sylfaenol hefyd yn hawlio sylw, a hynny ynglŷn â safon ac amrywiaeth actorion. Grŵp bychan iawn o actorion a weithiai yn broffesiynol ac a fedrai'r Gymraeg ac felly defnyddiwyd yr un actor yn aml mewn mwy nag un ffilm. Er enghraifft, defnyddiwyd Charles Williams, Elen Roger

Jones a Dafydd Hywel gan y bwrdd ar fwy nag un achlysur, ac roedd gan actorion eraill broffil amlwg ar y teledu fel cyflwynwyr. Cwynodd *Pais* fod yr un actorion yn ymddangos ym mhob ffilm, a darluniodd Ann Llwyd y sefyllfa fisâr a ddaeth o ganlyniad i weld yr un actor yn ymgymryd â rolau trawiadol o amrywiol:

> Mae'n drueni hefyd fod undeb Equity yn mynnu bod yr un hen wynebau ar ein sgrin yn feunyddiol yng Nghymru. Anodd yw derbyn bod actor ar un funud yn ymddangos o'n blaenau yn noeth mewn golygfa rywiol, a'r funud nesa' yn cyflwyno rhaglen blant ar y teledu.[64]

Roedd *Y Faner* yn meddwl bod perfformiadau'r actorion yn benigamp, ac *O'r Ddaear Hen* yn profi 'fod gennym actorion yng Nghymru bellach a all godi i ateb gofynion cyffrous y cyfnod. Doedd adnabod y wynebau ddim yn amharu ar y mwynhad – a dyna fesur o lwyddiant y cymeriadau.'[65] Fodd bynnag, fe gwestiynwyd addasrwydd defnyddio'r un actorion mewn ffilmiau y gwyddid o'r cychwyn y byddent yn cydredeg. Cytunodd adolygiad arall ynghylch safon y perfformiadau: 'Nid oedd y ffilm yn gofyn llawer o'r actorion a oedd ynddi, ond cafwyd perfformiad derbyniol gan bron pob un: Charles Williams, fel arfer, yn rhoi portread gwych o Charles Williams ac Elen Roger Jones, wrth gwrs, yn rhoi sglein ar ei pherfformiad hithau.'[66]

Nid argyhoeddwyd pawb. Barnodd Glyn Evans nad oedd 'yr actio efallai . . . yn gwbl gyson',[67] ac yn nhyb Huw Roberts a Tony Roberts – fel y disgwylid, efallai – roedd yr actio yn wan: 'Gyda Charles Williams yn portreadu ei hunan hoffus arferol, a'r actorion eraill yn baglu yn llyffetheiriau anystwyth y sgript, roedd yma'r fath ar arswyd nad oedd y cynhyrchwyr wedi ei ragweld.'[68]

Wrth i nifer o'r adolygiadau ddadlennu ofn nifer ynglŷn â diffyg safon ac uchelgais y sianel newydd, roedd eraill yn poeni y byddai'r sianel yn rhy uchelgeisiol ac yn amherthnasol i'r rhan fwyaf o'r gwylwyr. Roedd *O'r Ddaear Hen* at ddant y garfan hon. Canmolwyd Gwilym Owen gan un adolygydd am roi mwynhad ac adloniant i'w gynulleidfa yn hytrach nag 'amcanu at ryw [sic] weithredoedd esoterig eraill'.[69] Mae'r gwrthgyferbyniad, felly, rhwng sylwadau clodforus Glyn Evans ar y naill law a beirniadaeth Huw Roberts a Tony Roberts ar y llaw arall yn amlygu unwaith yn rhagor y rhwyg rhwng rhai mwy amddiffynnol a groesawai'r ffaith bod rhywbeth yn Gymraeg, a rhai a fynnai fod safon ac ansawdd cynnyrch Cymraeg yn uchel ac yn gystadleuol.

Er gwaetha'r gefnogaeth gref a gafwyd o du Glyn Evans ac eraill, ildiodd Gwilym Owen yn rhannol i'r feirniadaeth trwy gyfaddef bod yna wendidau i'r ffilm: 'Rydan ni i gyd yn gwybod fod yna nifer', meddai, 'gormod efallai'.[70] Dywedodd am y gwendidau hynny: 'Gellid bod wedi cael gwared o rai ohonynt gyda mwy o arian; gellid bod wedi cael gwared o eraill gyda mwy o ofal; byddid wedi hepgor eraill gyda gwell ysgrifennu.'[71] Tadogodd yr amher-ffeithrwydd ar y ffaith bod y cyfrwng yn ei fabandod yng Nghymru, a dadleuodd fod y criw cynhyrchu yn dal i ddysgu eu crefft a bod yna 'lawer o ffordd i fynd'.[72] Wrth ateb pwyntiau penodol a godwyd yn y llythyr yn trafod *genre* a ffilmiau 'B' Americanaidd, cyfaddefodd Gwilym Owen na allai eu hateb:

Efallai na wn i gymaint â'r ddau am y diffiniad priodol o ffilm arswyd a ffilm gomedi. 'Chefais i fawr o addysg yn y maes a deud y gwir . . . Dydw i ddim yn gwybod fawr ddim am ffilmiau 'B' America'r 50au – y cyfan a wn i yw nad oedd ffilm nodwedd o gwbl yn yr iaith Gymraeg hyd y 70au ac mai yn ei fabandod y mae'r cyfrwng o hyd oherwydd hynny.[73]

Yn anffodus i Gwilym Owen, nid oedd modd iddo orffwys ar ei rwyfau, gan fod helynt arall ar fin ei daro wrth i'r ffilm gael ei dangos i bartïon o blant ysgol. Aethpwyd â'r ffilm ar daith o gwmpas Cymru, gyda sêl bendith y cyfarwyddwyr addysg perthnasol, gan ymweld â chanolfannau yng Nghaernarfon, y Bala, Dinbych, Pwll-heli, Machynlleth, Llangefni, Aberystwyth a Harlech. Ar dudalen flaen *Y Cymro* o dan y pennawd bras 'Dychryn y plant', yn ogystal ag ar dudalennau'r *Daily Post*, adroddodd y papurau i nifer o athrawon a rhieni anfon llythyrau i gwyno wrth Gwilym Owen wedi i'r ffilm gael ei harddangos.[74] Roedd eu cwyn yn un ddeublyg. Yn gyntaf oll, cwynwyd bod nifer o'r plant yn methu cysgu mewn braw ar ôl gweld y ffilm, fel yr esboniwyd mewn llythyr gan rieni plant Ysgol y Gelli, Caernarfon:

Y mae adwaith nifer mawr o'r plant i rai golygfeydd yn y ffilm yn achosi cryn bryder inni. Ar ôl gweled y golygfeydd hynny brawych-wyd y . . . plant yn arw gan godi pob math o ofnau arnynt. Effeithiodd . . . arnynt i'r fath raddau fel bod plant a oedd ynn [*sic*] berffaith hapus a bodlon cynt wedi troi yn rhai hollol ofnus a nerfus. Enghreifftiau o hyn yw methu a [*sic*] chysgu yn y nos, ofn myned i'r gwely, gwlychu y gwely, ofn bod mewn ystafell heb gwmni, ofn myned o amgylch y tŷ yn ddigwmni.[75]

Lleisiwyd yr un gwyn gan Gomer Roberts, prifathro Ysgol Dyffryn Ardudwy, Geraint Lloyd Jones, prifathro Ysgol Trawsfynydd, a Ffestin Williams, prifathro Ysgol Penrhyndeudraeth. Ar y llaw arall, aeth Ffestin Williams i dir tipyn yn wahanol wrth gwyno am natur rywiol honedig y ffilm. Dywedodd wrth y *Daily Post*:

> it included two scenes which I considered particularly offensive and bordered on being sexual in their implication. One scene showed a young girl of about 14 years, washing her hair dressed in just a bath towel. The other showed a husband and wife getting out of bed, with the wife wearing only the frilliest of nightclothes . . . This was naturally much to the embarrassment of the younger children and particularly to those school teachers in charge of them.[76]

Heb os nac oni bai, bu sylwadau Ffestin Williams yn esiampl o orymateb o'r radd flaenaf, ac roedd yn dwyn i gof yr adwaith hysterig ac anaeddfed a gafwyd i natur rywiol honedig *Teisennau Mair*. Serch hynny, roedd y cwyno yn fêl ar fysedd Ivor Wynne Jones yn y *Daily Post* wrth iddo ymdrin â'r ymateb a fu i'r ffilm mewn dull coeglyd, ond llawn synnwyr cyffredin, trwy atgoffa'r darllenwyr fod yr ysgolion wedi cael eu rhybuddio ymlaen llaw mai ffilm arswyd oedd *O'r Ddaear Hen*. Wrth gyfeirio at y golygfeydd a ysgogodd gwynion am natur rywiol y ffilm, dywedodd:

> no-one apart from the teachers of Deudraeth saw anything sexually improper. What, then, are the specific charges relating to scenes which they say children would never be allowed to see in a Welsh home? They complained about two scenes. The first showed 53-year-old actress Valerie Wynne Williams [*sic*] wearing an all-concealing night-gown, as she left her bed to cross the room, and the second showed a younger girl swathed up to her armpits in a bathtowel. Seemingly this is insufficient clothing for the modern people of Deudraeth.[77]

Ymateb cymysg iawn a gafwyd i *O'r Ddaear Hen*, felly, fel y ffilmiau a'i rhagflaenodd. Ond amlygodd yr ymateb yr hollt a oedd yn lledu fwyfwy ymhlith y gynulleidfa Gymraeg. Tueddid, yn y gorffennol, i ymdrin â'r gynulleidfa Gymraeg fel un homogenaidd, unffurf, ond dadlennodd y dadlau ynglŷn ag *O'r Ddaear Hen* amrywiaeth barn ac agwedd tuag at y ffilm a thuag at y sianel deledu arfaethedig. Pwysleisiodd Gwilym Owen droeon wrth amddiffyn y ffilm taw menter ddiwylliannol oedd y bwrdd, yn hytrach na menter ddiwydiannol; ei brif ddiddordeb oedd gwarchod a chynyddu cyrhaeddiad yr iaith Gymraeg. Rhoddwyd hyn goruwch unrhyw gonsýrn am dechnegau neu estheteg ffilm. Wrth bwysleisio'r iaith, ar draul safon a phroffesiynoldeb, methodd y bwrdd â chyrraedd y nod y gosododd iddo'i hun. Yn ôl Wil Aaron, cyfarwyddwr y ffilm: 'doedd gan y Bwrdd ddim arbenigedd, nac ychwaith dim profiad o ffilm'.[78] Fel y gwelwyd, i rai carfanau o'r gynulleidfa, roedd y ffilm yn fethiant o ganlyniad i'r diffyg profiad hwnnw, ac nid oedd y ffaith bod y ffilm ei hun yn un Gymraeg yn ddigon o reswm dros esgusodi'r blerwch. Iddynt hwy, roedd yn rhaid i gynnyrch iaith Gymraeg fod cystal â ffilmiau iaith Saesneg. Mewn gwirionedd, roedd y ffaith ei bod yn Gymraeg yn ei gwneud hi'n bwysicach fyth nad oedd unrhyw gyfaddawdu â safon. Roedd yn rhaid i gynnyrch Cymraeg fod cystal os nad gwell *oherwydd* yr iaith, nid *er gwaethaf* yr iaith; nid oedd unrhyw beth arall yn ddigon da.

Wedi cynhyrchu pedair ffilm ar gyllideb fechan a mynd â nhw o gwmpas theatrau a neuaddau pentref, roedd y bwrdd ar fin profi tro ar fyd. Roedd ei brosiect nesaf yn aruthrol o uchelgeisiol wedi iddo dderbyn comisiwn i gynhyrchu ffilm fawr ar gyfer arlwy Nadolig cyntaf erioed y sianel Gymraeg. Gyda dyfodol y bwrdd wedi ei rwymo'n anorfod wrth y sianel, byddai llwyddiant yn medru arwain at fwy o gomisiynau a dyfodol llewyrchus yn ei sgil. Byddai *Madam Wen* felly'n brawf pendant o'i allu i ymaddasu i hinsawdd gyfryngol gwbl wahanol.

Nodiadau

[1] Jim Davies, 'Y bwrdd ffilmiau yn cynhyrchu: ffilmiau Cymraeg cystal ag unrhyw wlad', *Yr Herald Gymraeg*, 26 Mai 1981, 1.

[2] Ibid.

[3] Ibid.

[4] Jim Davies, 'Film makers planning a busy year', *Liverpool Daily Post*, 19 Mai 1981, 9.

[5] *Idem*, 'Y bwrdd ffilmiau yn cynhyrchu: ffilmiau Cymraeg cystal ag unrhyw wlad', 1.

[6] Llyfrgell Genedlaethol Cymru [LlGC], casgliad y Bwrdd Ffilmiau Cymraeg, 1/2, ynghlwm wrth gofnodion 18 Mawrth 1981.

[7] LlGC, casgliad y Bwrdd Ffilmiau Cymraeg, 21/5/1, llythyr at Gwilym Owen oddi wrth Gruffudd Parry, 20 Mawrth 1981.

[8] LlGC, casgliad y Bwrdd Ffilmiau Cymraeg, 1/2, cofnodion cyfarfod 25 Mehefin 1981.

9 Ymddangosodd y cymeriad Dr Shady yn ddiweddarach mewn cyfres deledu o eiddo Wil Sam a John Pierce Jones o'r enw *Diar Diar Doctor* (Ffilmiau'r Tŷ Gwyn, 1982).

10 Clive Betts, '"Explicit" film starts tour', *Western Mail*, 19 Hydref 1981, 9.

11 Ibid.

12 LlGC, casgliad y Bwrdd Ffilmiau Cymraeg, 29/5/1, llythyr at Jennie Eirian Davies oddi wrth Gwilym Owen, 18 Mawrth 1980.

13 'Hyder y bwrdd ffilmiau', *Y Faner*, 23 Hydref 1981, 3.

14 Ibid.

15 Ibid.

16 Ibid.

17 Glyn Evans, 'Ffilmiau i greu ffydd yn nyfodol y bedwaredd sianel', *Y Cymro*, 27 Hydref 1981, 10.

18 Ibid.

19 Iorwerth Roberts, 'Screen test', *Liverpool Daily Post*, 19 Hydref 1981, 1.

20 'Hyder y bwrdd ffilmiau', 3.

21 Ibid.

22 Evans, 'Ffilmiau i greu ffydd yn nyfodol y bedwaredd sianel', 10.

23 Ibid.

24 Ann Llwyd, 'Ffilmiau', *Pais*, Rhagfyr 1981, 25.

25 Tony Roberts a Huw Roberts, 'Ansawdd y ffilmiau', *Y Faner*, 30 Hydref 1981, 4.

26 Ibid.

27 Ibid. Mae'r pwyslais yn y llythyr gwreiddiol.

28 Gwilym Owen, 'Amddiffyn y ddwy ffilm', *Y Faner*, 6 Tachwedd 1981, 7.

29 Ibid.

30 Ibid.

31 Ibid.

32 'Siomedig' (llythyrwyr dienw), 'Ymateb annheilwng Gwilym Owen', *Y Faner*, 13 Tachwedd 1981, 5.

33 Ibid.

34 Ibid.

35 Ibid.

36 Ibid.

37 Gwilym Owen, 'Y dienw', *Y Faner*, 20 Tachwedd 1981, 5.

38 'Dal yn siomedig' (llythyrwr dienw), 'Gorfodaeth y dienw', *Y Faner*, 27 Tachwedd 1981, 20.

39 Ibid.

40 'Hyder y bwrdd ffilmiau', 3.

41 Ibid.

42 Evans, 'Ffilmiau i greu ffydd yn nyfodol y bedwaredd sianel', 10.

43 'Hyder y bwrdd ffilmiau', 3.

44 Ibid.; Evans, 'Ffilmiau i greu ffydd yn nyfodol y bedwaredd sianel', 10.

45 Roberts, 'Screen test', 1.

46 Evans, 'Ffilmiau i greu ffydd yn nyfodol y bedwaredd sianel', 10.

47 Ceir dadleuon dirifedi ynglŷn â statws *A Clockwork Orange* a *The Shining* fel ffilmiau Prydeinig, yn bennaf oherwydd mai Americanwr oedd y

cyfarwyddwr, Stanley Kubrick. Fodd bynnag, saethwyd y ddwy yn Lloegr, a chydnabyddir yn gyffredinol eu bod yn perthyn i 'gyfnod Prydeinig' Kubrick.

[48] Norman J. Warren, 'Foreword', yn Harvey Fenton a David Flint (goln), *Ten Years of Terror: British Horror Films of the 1970s* (Surrey: FAB Press, 2001), t. 7.
[49] Evans, 'Ffilmiau i greu ffydd yn nyfodol y bedwaredd sianel', 10.
[50] Ibid.
[51] Roberts, 'Screen test', 1.
[52] 'Hyder y bwrdd ffilmiau', 3.
[53] Llwyd, 'Ffilmiau', 21.
[54] 'Siomedig', 'Ymateb annheilwng Gwilym Owen', 5.
[55] Ibid.
[56] Ibid.
[57] Ibid.
[58] Roberts a Roberts, 'Ansawdd y ffilmiau', 4.
[59] Ibid.
[60] Ibid.
[61] Ithel Davies, 'Ni welais erioed ffilmiau mor anghelfydd eu gwead', toriad o lythyr heb ffynhonnell yn LlGC, casgliad y Bwrdd Ffilmiau Cymraeg, 29/5/2.
[62] Ibid.
[63] Ibid.
[64] Llwyd, 'Ffilmiau', 21.
[65] 'Hyder y bwrdd ffilmiau', 3.
[66] Llwyd, 'Ffilmiau', 21.
[67] Evans, 'Ffilmiau i greu ffydd yn nyfodol y bedwaredd sianel', 10.
[68] Roberts a Roberts, 'Ansawdd y ffilmiau', 4.
[69] Evans, 'Ffilmiau i greu ffydd yn nyfodol y bedwaredd sianel', 10.
[70] Owen, 'Amddiffyn y ddwy ffilm', 7.
[71] Ibid.
[72] Ibid.
[73] Ibid.
[74] 'Dychryn y plant', *Y Cymro*, 17 Tachwedd 1981, 1; 'Heads' anger at "unsuitable" film', *Liverpool Daily Post*, 23 Tachwedd 1981, 9.
[75] LlGC, casgliad y Bwrdd Ffilmiau Cymraeg, 22/1, llythyr at Gwilym Owen oddi wrth rieni Ysgol y Gelli, Caernarfon, 24 Tachwedd 1981.
[76] 'Heads' anger at "unsuitable" film', 9.
[77] Ivor Wynne Jones, 'Day to day in Wales: modern values', *Liverpool Daily Post*, 28 Tachwedd 1981, 1.
[78] Cyfweliad yr awdur â Wil Aaron, 15 Medi 2008.

7

Madam Wen *(1982)*, *S4C a* Ty'd Yma Tomi! *(1983)*

Mae hanes cynnar S4C a hanes *Madam Wen* wedi eu cydblethu'n anorfod. Bu hanes cynhyrchu'r ffilm yn bennod ysgytwol ac allweddol yn hanes y Bwrdd Ffilmiau Cymraeg (BFfC). Nid dyfodol y bwrdd yn unig a ddibynnai ar y ffilm hon, ond roedd canfyddiad y gwylwyr o'r sianel Gymraeg a oedd newydd ei sefydlu hefyd o dan y chwyddwydr. Yn yr ymdrech i greu'r ffilm fawr gyntaf ar gyfer S4C, daeth uchelgais wyneb yn wyneb â diffyg profiad, a thalwyd yn ddrud am effeithiau'r gwrthdrawiad hwnnw. Cyfrannodd gwleidyddiaeth y cyfnod, a sensitifrwydd S4C i feirniadaeth, at fethiant costus a effeithiodd yn andwyol ar hygrededd a dyfodol y BFfC, a gellir dadlau mai'r ffilm hon a arwyddai ddechrau'r diwedd i'r bwrdd.

Madam Wen *a sefydlu S4C*

Fel y crybwyllwyd eisoes, roedd y penderfyniad i sefydlu sianel Gymraeg newydd yn un ac iddo effaith bellgyrhaeddol i'r bwrdd. Trawsnewidiwyd y tirlun cyfryngol yng Nghymru gan sefydlu nifer helaeth o gwmnïau annibynnol newydd a fyddai'n cystadlu â'r bwrdd am bersonél a chomisiynau. Rhaid hefyd oedd wynebu'r sefyllfa na fyddai angen o reidrwydd fynd ati i greu ffilmiau i'w teithio o gwmpas Cymru pe bai'r cyhoedd yn cael eu digoni yn eu cartrefi gan allbwn S4C. Roedd y bwrdd felly'n eiddgar i gynnig ei wasanaeth fel uned gynhyrchu i S4C trwy barhau â'i amcanion sylfaenol, sef cynhyrchu a theithio ffilmiau ledled Cymru.[1] Llwyddwyd i sicrhau comisiwn i gynhyrchu ffilm gyntaf S4C y bwriadwyd ei darlledu fel ffilm Nadolig. Roedd swyddogion S4C yn awyddus i gynhyrchu *blockbuster* teuluol ar gyfer yr arlwy tymhorol ac am ddenu cyfarwyddwr Cymraeg ar ei chyfer a oedd wedi ennill ei blwyf yn Lloegr. Byddai gweithred arwyddocaol o'r fath yn tystio'n gyhoeddus fod S4C yn medru denu mawrion Cymreig a oedd yn gweithio y tu hwnt i Glawdd Offa yn ôl i Gymru. Wedi cychwyn ar y trafodaethau am destun y ffilm, dewis cyntaf Gwilym Owen oedd addasu *Helynt Coed y Gell*, stori smyglo gan G. Wynn Griffith a fu'n fuddugol yn y gystadleuaeth nofel antur i blant yn Eisteddfod Genedlaethol Caergybi ym 1927. Lleolwyd y naratif oddi ar arfordir gogledd-ddwyrain Môn, a chymharol fychan fyddai nifer yr actor-ion a'r lleoliadau.[2] Fodd bynnag, barnwyd y byddai'r golygfeydd morwrol yn broblematig a phenderfynwyd yn y pen draw ddefnyddio chwedl *Madam Wen*, lleidr dirgel o'r ail ganrif ar bymtheg. Cyhoedd-wyd y nofel hon gan W. D. Owen ym 1925, ond ymddangosodd gyntaf fel cyfres yn *Y Genedl Gymraeg* ym 1914. Yn wreiddiol, ceisiwyd penodi Geraint Morris, y cyfarwyddwr teledu profiadol, yn gyfarwyddwr, ond roedd ef ar y pryd yn yr Alban yn ffilmio cyfres rwydwaith ar gyfer y BBC. Gofynnwyd felly i Pennant Roberts, gŵr a oedd wedi cyfarwyddo penodau o gyfresi adnabyddus *Doctor Who*, *The Onedin Line*, *Juliet Bravo* a *Tenko* i ymgymryd â'r gwaith.

Ymddengys i Pennant Roberts fod yn llwyr ymwybodol o'r pwysau a oedd ar ei ysgwyddau wrth ymgymryd â chyfarwyddo *Madam Wen*, ac o arwyddocâd y ffilm fel y ffilm nodwedd Gymraeg gyntaf o'i bath. Dywedodd yn y *Western Mail*: 'It is a responsibility to ensure that that [*sic*] channel's audiences are given the same standard of enjoyment as are the audiences of other channels,' ac aeth ymlaen i ddweud: 'All the best available resources must be used. We cannot afford to allow the channel to fail, and tell ourselves we should have done so and so, when it's too late.'[3] Ar 30 Dachwedd 1981, cyfarfu Pennant Roberts, Gwilym Owen a Llion Williams, ysgrifennydd y bwrdd, ag Euryn Ogwen Williams, pennaeth rhag-lenni S4C, i drafod y cynhyrchiad a'r gyllideb. Amcangyfrif gwreiddiol y bwrdd – a hynny heb dderbyn y sgript orffenedig – oedd oddeutu £450,000. Tociwyd y ffigwr a chytunwyd i symud ymlaen ar y sail mai cyllideb y ffilm fyddai £300,000 ynghyd â 10 y cant wrth gefn.[4] Ni wnaed cytundeb ffurfiol gydag S4C gan nad oedd y cytundeb a oedd ar gael ar y pryd yn dderbyniol i'r naill ochr na'r llall. Wrth benodi Pennant Roberts, roedd yn rhaid derbyn disgwyliadau gŵr a oedd wedi arfer gweithio ar gynyrchiadau rhwydwaith. Cytunwyd i'w dalu £750 yr wythnos am gyfnod o 26 wythnos, sef cyflog o £19,500. Gyda sêl bendith S4C, aethpwyd ati i gyflogi criw sylweddol o Lundain, gan gynnwys rheolwr i'r cynhyrchiad, rheolwr gwisgoedd, rheolwraig a chynorthwyydd coluro, cyfarwyddwr artistig, cyfarwyddwr artistig cynorthwyol, prynwr eiddo, prynwr y cynhyrchiad, cyd-gysylltydd styntiau, ail gynorthwyydd cyfarwyddo, cynllunydd gwisgoedd, goruchwyliwr wardrob, person styntiau a bron i gant o actorion cynorthwyol. Llogwyd degau o geffylau a'u hyfforddwyr am dros £7,000, yn ogystal â gwartheg, ieir a chŵn. Huriwyd cannoedd ar gannoedd o bropiau hanesyddol yr olwg oddi wrth Keely Hire yn Hoddeston, Hertfordshire, gan gynnwys offer cegin, tancardiau, degau o bowlenni, jariau seidr a chwrw, casgenni jin a rỳm, cyllyll a ffyrc, ac offer amaethyddol gan gynnwys picffyrch a rhawiau. Gwariwyd dros £3,500 ar logi paentiadau olew am wyth wythnos. Gwnaed ymholiadau am ddefnyddio'r cwch yr *Asgard II*, llong brigantîn hyffordd cenedlaethol Iwerddon ar gyfer un saethiad. Ymwelwyd â degau o leoliadau yn Ynys Môn a thu hwnt a defnyddiwyd nifer ohonynt ar gyfer ffilmio, gan gynnwys Gadfa Bach a Neuadd Presaddfed ym Modedern, Plas Berw ym Mhentre Berw, Neuadd Bodysgallen ger Llandudno, Henblas, Bodorgan, Plasty a Fferm Tŷ Fry, Pentraeth, Pandy Llywenan a Choleg Dewi Sant, Llandudno, a thraeth Porth Swtan. Oherwydd baich y llwyth gwaith newydd, bu'n rhaid i'r bwrdd logi ystafell ychwanegol yn y Coleg Normal yn arbennig ar gyfer ymdrin â graddfa'r cynhyrchiad newydd. Roedd Pennant Roberts ei hun yn gyfrifol am gastio'r holl actorion hefyd, ac yn ôl Gwilym Owen, tynnwyd unrhyw rym oddi wrth y BFfC yn sgil ei benodiadau a'i ddewis yntau o leoliadau ffilmio a hyd yn oed ei ddewis o gwmni arlwyo.[5]

Cynhaliwyd gwrandawiadau yng Nghaerdydd ac ym Mangor, a rhoddwyd y prif rannau i Marged Esli a John Pierce Jones, dau actor a oedd eisoes wedi ymddangos mewn ffilmiau eraill o eiddo'r bwrdd, sef *Teisennau Mair* ac *O.G.* Mae'r cyflogau a dalwyd yn amlygu graddfa enfawr *Madam Wen* o gymharu â'r ffilmiau eraill. Am ei rôl yn *Teisennau Mair*, talwyd £180 yr wythnos i Marged Esli tra derbyniodd £300 yr wythnos am chwe wythnos o waith ar *Madam Wen*. Derbyniodd Iwan Meical Jones £250 am sgript *Teisennau Mair* o gymharu â'r £3,000 a dderbyniodd Dafydd Huw Williams am sgript *Madam Wen*. Mae'r ffigyrau hyn yn amlygu'r tro ar fyd a fu i'r bwrdd a'r swyddogion.

Cychwynnodd y gwaith ffilmio ar 25 Chwefror 1982, a saethwyd y cyfan o fewn chwe wythnos ac yn unol â'r amserlen, gan ddirwyn i ben ar 7 Ebrill. Yng nghyfarfod y bwrdd ar 18 Mawrth, cofnodwyd bod y ffilm o fewn ei chyllideb. Fodd bynnag, roedd arwyddion amheus yn dechrau brigo i'r wyneb. Llogwyd offer drudfawr am y chwe wythnos gyfan o ffilmio, a bu'n rhaid i'r criw cyfan fod wrth law (neu ar *stand-by*) trwy gydol y cyfnod hefyd. Bu hyd yn oed y gŵr styntiau wrth law am saith wythnos. Yn fuan iawn wedi cwblhau'r ffilmio, derbyniodd Llion Williams nifer o alwadau gan unigolion a chwmnïau ynglŷn â thâl am wasanaeth nad oedd anfonebau ar gael ar eu cyfer yn y swyddfa.[6] Ar 6 Mai, rhoddodd Gwilym Owen sicrwydd i Emyr Byron Hughes, cyfreithiwr a swyddog cytundebau S4C, a Llion Williams, na fyddai'r gorwariant yn uwch nag oddeutu £39,300. Trefnwyd cyfarfodydd rhwng Gwilym Owen a swyddogion S4C yn ystod mis Mai, er mwyn iddo roi manylion a rhesymau dros y gorwario, ond ar fwy nag un achlysur, methodd Gwilym Owen â bod yn bresennol oherwydd 'clamp o broblem . . . a'i gwnâi yn amhosib [iddo] gychwyn mewn pryd'.[7] Mewn llythyr at Llion Williams yn esbonio ei absenoldeb, ceisiodd Gwilym Owen amddiffyn y gorwario a fu. Dywedodd yn y llythyr mai'r penodiadau a wnaed gan Pennant Roberts a arweiniodd y cynhyrchiad i drybini, gan gyfeirio'n arbennig at yr adran gynllunio:

Laweroedd o weithiau bum [*sic*] i a David Istance [rheolwr y cynhyrchiad] yn holi'n fanwl am wariant yr adran hon gan fynegi pryder i Judi Steele fel Pennaeth yr Adran a Pennant fel Cyfarwyddwr ond heb gael dim atebion pendant gan y naill oni bai ei bod o fewn ei chyllideb na chefnogaeth gan y llall a ddywedai mai cadw'r tîm yn hapus oedd y peth pwysig a bod ganddo bob hyder yn y bobl a ddewisodd.[8]

Dadlenna'r llythyr y modd yr oedd y cynhyrchiad yn gweithredu. Nodir, er enghraifft, i Pennant Roberts drefnu'r gyllideb cyn gweld y sgript orffenedig. Ond yn dilyn absenoldeb Gwilym Owen yn y cyfarfodydd ag S4C, gwnaed ymchwiliad manwl i'r sefyllfa gyllidol gan archwilwyr y sianel. Ffigwr y gorwariant, yng ngoleuni'r dyledion a'r arian roedd ei angen i gwblhau'r ffilm, oedd £113,512 – dros dair gwaith y £39,300 y soniwyd amdano yn wreiddiol fel maint y ddyled.[9]

Roedd hon yn sefyllfa argyfyngus i S4C a'r dechrau gwaethaf posibl i sianel a oedd ar dair blynedd o brawf dan amodau'r ddeddf a'i sefydlodd. Yn wyneb y gorwariant hwn, gofynnwyd cwestiynau caled ynglŷn â gallu'r bwrdd i gwblhau'r ffilm ac i ysgwyddo baich y gorwariant. Yn amlwg, nid oedd y bwrdd mewn sefyllfa i gwblhau'r ffilm am y pris a gytunwyd. Câi'r bwrdd arian cyhoeddus o'r Swyddfa Gymreig ac roedd yn amhosibl i'w aelodau a'i swydd-ogion gyffwrdd â hwnnw er mwyn clirio dyledion. O ganlyniad, roedd y bwrdd ar drugaredd S4C yn llwyr gan mai'r unig opsiwn oedd gofyn i S4C am fwy o arian er mwyn cwblhau'r ffilm. Prin oedd yr hyn a oedd gan y bwrdd i'w gynnig i S4C yn gyfnewid am yr arian ychwanegol, gan ei bod eisoes wedi gwerthu'r stoc o ffilmiau a gynhyrchwyd ganddynt, sef *Teisennau Mair, Newid Gêr, O.G.* ac *O'r Ddaear Hen,* i'r sianel am £23,000. Er mwyn cynnig rhywfaint i S4C, cytunwyd i ildio holl hawliau'r ffilmiau hynny i S4C a chynigiwyd yn ogystal holl hawliau unrhyw ffilmiau eraill yn y catalog; arfaethwyd hefyd holl hawliau unrhyw ffilmiau a fyddai'n cael eu cynhyrchu yn ystod 1982/3 a hyd yn oed yn ystod 1983/4, sef ffilmiau nad oeddent eto wedi eu trafod heb sôn am eu cynhyrchu. Cyfaddefodd Llion Williams: 'Ni allaf ragweld unrhyw gwrs arall y gellid ei ddilyn oherwydd ein bod wedi cael ein camarwain ganenbydus [*sic*] gan y Cynhyrchydd.'[10] Cafodd y gorwariant sylw mawr yn y wasg a gorfodwyd Llion Williams i amddiffyn y bwrdd. Dywedodd yn *Yr Herald Gymraeg* fod y gorwario wedi bod yn siomedig, ond roedd yn argyhoeddedig bod y ffilm yn 'dda, safonol' a'i bod yn 'cystadlu gyda ffilmiau o bob rhan o'r byd'.[11] Er gwaethaf ffydd Llion Williams, roedd amheuon swyddogion S4C mor ddifrifol fel eu bod yn cwestiynu priodoldeb parhau â'r ffilm o gwbl. Mewn erthygl yn y *Western Mail* dan y teitl 'Overspent film epic may be scrapped', roedd tynged Gwilym Owen yn cael ei drafod ar lwyfan cyhoeddus. Dywedodd Owen Edwards, prif weithredwr S4C:

> If the film goes ahead it must be agreed between the authority and the film-makers that in view of the overspending, which was not drawn to our attention, and because the producer has control of the spending, then it will go ahead with a different producer.[12]

Yn yr un erthygl, dadleuodd Jim Davies fod S4C ar ei hennill o safbwynt cael gwerth am ei harian, gan mai comisiwn ar gyfer ffilm awr a hanner a gafwyd, 'but we have produced up to two hours which would have cost the authority more if they had had it made in England'.[13]

Penderfynodd S4C fwrw ymlaen â'r ffilm, ond roedd yr amodau'n llym a digyfaddawd. Yn gyntaf, trefnwyd i Muiris MacConghail, pennaeth Bwrdd Ffilmiau Iwerddon a phennaeth rhaglenni RTÉ, a oedd yn medru'r Gymraeg, wneud asesiad annibynnol o werth masnachol y ffilm. Mynnwyd hefyd fod golygydd y ffilm, Hugh Griffiths, yn parhau â'i waith, a bod Pennant Roberts yn parhau fel cyfarwyddwr yn ôl y galw. Ond yr amod mwyaf poenus i'r bwrdd oedd '[n]ad oedd Gwilym Owen i ymwneud â dim a'r [sic] gwaith cynhyrchu o hyn ymlaen er y bydd ei gyfraniad fel cynhyrchydd yn cael ei gydnabod ar ddiwedd y ffilm'.[14] Dymuniad S4C oedd bod Dafydd Huw Williams, awdur y sgript, yn cymryd ei le. Er i Gwilym Owen obeithio cael pleidlais o ffydd a hyder gan y BFfC, nid oedd gan aelodau'r bwrdd unrhyw ddewis ond derbyn a chydymffurfio ag amodau S4C. Ymateb Gwilym Owen i'w ddiorseddiad fel cynhyrchydd oedd: 'Derbyniaf innau y ffaith mai cwblhau y ffilm yw'r peth pwysicaf ar hyn o bryd ac os mai barn Awdurdod y Sianel yw fod yn rhaid imi symud i'r naill ochr cyn y gellir caniatáu hynny yna does dim amdani ond imi wneud hynny'.[15]

Daeth gwaith Gwilym Owen gyda'r BFfC i ben ar 30 Mehefin, ond nid oedd am ymgilio'n dawel. Datganodd ei fwriad i fynd â'r bwrdd ac S4C i dribiwnlys diwydiannol ac ar ei ddiwrnod olaf yn y swydd, trefnodd gynhadledd i'r wasg a gollwng adroddiad cyfrinachol am sefyllfa'r ffilm i'w dwylo. Amlinella'r adroddiad (a gylchredwyd i'r bwrdd cyn 30 Mehefin) hanes y cynhyrchiad o safbwynt Gwilym Owen, ond datgelodd hefyd gyflog Pennant Roberts a'r criw o Lundain. Yn yr adroddiad, amddiffynnodd Gwilym Owen ei hun yn daer wrth fynnu ei fod yn 'gwbl amhosib' iddo arolygu holl gost y ffilm gan fod peth o'r gwariant, megis prynu propiau a setiau, yn digwydd yn Llundain.[16] Honnai iddo dynnu sylw'r cyfarwyddwr ar amrywiol achlysuron at ei bryder ynglŷn â'r gwario, yn enwedig yn yr adran gynllunio a setiau, ond mai ateb Pennant Roberts yn ddi-ffael oedd bod ganddo bob ffydd yn yr adran a'r staff:

> Y dewis oedd gennyf oedd naill ai creu clamp o stŵr a rhoi stop ar y ffilmio gyda'r oblygiadau cytundebol neu dderbyn gair y cyfarwyddwr a'i Benaethiaid hunan benodedig fod popeth yn iawn ac o fewn ffiniau ariannol. Mae'n rhaid dweud mai'r ail ddewis a gymerais i, a hynny er llwyddiant y fenter yn fy marn i.[17]

Yn *Y Cymro*, roedd Glyn Evans yn llawn cydymdeimlad.[18] Dadleuodd nad anallu un dyn oedd wrth wraidd y gorwariant, ond diffyg profiad cyffredinol o fewn y maes: 'Os oes rhywbeth i'w ddysgu oddi wrth yr helynt ynglŷn â'r ffilm "Madam Wen" y wers yw mai newyddion ydym ni'r Cymry yn y maes hwn, a bod gennym lawer i'w ddysgu ynglŷn â rheoli mentrau ffilmio mawrion, sydd y tu allan i'n profiad ar hyn o bryd.'[19] Dywedodd hefyd mai 'cam diangen' ar ran S4C oedd diswyddo Gwilym Owen a oedd erbyn hyn yn gweld ei fod yn fwch dihangol gwleidyddol.[20] Hawliodd Gwilym Owen mai sefyllfa wleidyddol a sensitifrwydd S4C i feirniadaeth a'i gyrrodd i'w ddiswyddo:

Y mae S4C – yn berffaith deg – efallai – yn defnyddio hyn i brofi i bawb ei gallu i bastynu os oes angen. Mewn sefyllfa wleidyddol fel hon y mae'n rhaid cael bwch dihangol i brofi nad yw'r syniad o 'Gravy train' yn un cywir. Yn anffodus fy nhro i yw hi i gael y chwip ar fy nghefn y tro hwn.[21]

Dadleuodd Gwilym Owen iddo orfod gweithio dan amgylchiadau anodd, gyda diffyg cefnogaeth weinyddol a dim ond dau swyddog rhan-amser yn gweithio ar y cynhyrchiad. Dywedodd Glyn Evans y byddai adroddiad MacConghail yn cyfiawnhau ei weithredoedd:

Er mai cyfrinachol yw'r adroddiad deallaf fod Mr MacConghail yn ychwanegu y gellir [*sic*] bod wedi gwneud ffilm am y pris a roddodd S4C hefyd er na fyddai cystal yn dechnegol. Bydd hyn yn cyfiawnhau, nid yn unig feirniadaeth S4C ar y gorwario ond hefyd yn cyfiawnhau talu'r arian ychwanegol hefyd ac yn lles i enaid Mr Owen.[22]

Gyda'i optimistiaeth arferol mynnai Glyn Evans fod £100,000 wedi prynu awr yn fwy o ffilm, a bod ei safonau technegol nawr yn uwch. Rhagwelodd y byddai nifer o wledydd yn ymddiddori yn y ffilm oherwydd ei safon dechnegol arbennig, ac y byddai diddordeb ymhlith cynulleidfaoedd Cymru hefyd oherwydd ei drwg-enwogrwydd: 'go brin y bydd Cymry na fydd yn llygadu dros y Nadolig y ffilm gyntaf i achosi helynt yn hanes S4C'.[23]

Derbyniodd S4C adroddiad gan Muiris MacConghail ar 2 Orffennaf. Gwnaeth y rhannau o'r ffilm a welodd argraff ffafriol arno a theimlodd fod safon uchel y ffilm yn cyfiawnhau'r buddsoddiad a wnaed. Er hynny, nid oedd S4C yn fodlon derbyn bod hynny'n cyfiawnhau'r gorwario, a chyhoeddodd Owen Edwards na allai

'Awdurdod S4C dderbyn y gall unrhyw gynhyrchydd Annibynnol, ar ei fympwy ei hun, godi safon a newid natur cynhyrchiad o'r hyn a gytunwyd wrth bennu'r gyllideb, heb ymgynghori â S4C.'[24] Roedd Euryn Ogwen Williams yn anfodlon iawn ailymweld â'r 'sgrap gyhoeddus' yn nhudalennau'r *Cymro*, ond aeth yntau ati i gyfiawn-hau diswyddiad Gwilym Owen trwy ddweud yn ddiflewyn-ar-dafod: 'Y gwir amdani yw, fe fu yna orwario, does neb yn gwadu hynny. Mr Owen oedd y cynhyrchydd, ef felly oedd yn gyfrifol am wneud yn siŵr fod pethau'n rhedeg yn iawn ac os na oeddynt [*sic*], ef, yn anffodus, sy'n gorfod derbyn y cyfrifoldeb.'[25]

Ceisiwyd mynd â'r maen i'r wal a datrys y dyledion tra'n cwblhau'r ffilm yr un pryd. Rhwng Mehefin a diwedd y flwyddyn daliai gwerth bron £40,000 o anfonebau heb eu talu i gyrraedd swyddfa'r bwrdd, a hynny ar gyfer yr adrannau setiau, coluro a stynts. Datgelwyd hefyd nad oedd y 14 o artistiaid stynt wedi derbyn cytundebau a bod rhaid talu yswiriant cenedlaethol gwerth £4,500 i'r holl actorion. Recordiwyd y gerddoriaeth, a gyfansoddwyd gan Gareth Glyn, yn stiwdio enwog Abbey Road yn Llundain mewn ychydig ddiwrnodau yn Nhachwedd, a chostiodd hynny ddwy-waith y swm a glustnodwyd yn wreiddiol. At hyn oll, roedd un olygfa bwysig nad oedd eto wedi ei ffilmio, sef yr olygfa o gwch yn hwylio ar y môr. Fel yr awgrymwyd eisoes, ymholwyd ynghylch defnyddio'r *Asgard II*, llong brigantîn hyfforddi cenedlaethol Iwerddon, ond gyda'r esgid fach yn gwasgu'n dynnach nag erioed, penderfynwyd saethu'r olygfa gan ddefnyddio model bach o gwch mewn bath, a saethwyd y cyfan yn Bray Studios, Windsor ar 4–5 Hydref.

Darlledwyd y ffilm ar 26 Rhagfyr rhwng 7.35 a 10.20 yr hwyr, fel prif arf S4C ar gyfer denu cynulleidfaoedd dros yr ŵyl, gyda'r rhifyn cyntaf o *Wil Cwac Cwac* a'r ail rifyn o *SuperTed* hefyd yn rhan o'r arlwy. Yn nyddiau teledu analog a phedair prif sianel, darlledwyd y ffilm *Airport* gan BBC1 a rhaglen Harry Secombe oedd y gystadleuaeth ar ITV. Yn gyffredinol, beirniadwyd y ffilm yn hallt. Ar raglen *Arolwg* ar S4C 'tynnwyd *Madam Wen* yn garrai' a pharhaodd helynt ei chreu i fod yn gysgod drosti.[26] Dadlennai llinell gyntaf adolygiad Iorwerth Roberts y farn hon: 'Settling down to watch Madam Wen on S4C on Sunday, the history of the project and the overspending that blighted it was uppermost in one's mind.'[27] Yr un oedd y gwendidau y soniwyd amdanynt dro ar ôl tro mewn adolygiadau. Siomwyd Glyn Evans, a fu mor gefnogol i waith y bwrdd, gan berfformiad John Pierce Jones o Morus Cymunod a oedd yn 'ddigynnig, swrth a difflach'.[28] Ym marn Iorwerth Roberts, cafodd yr actor 'difficulty with the duality of the role'.[29] Nid oedd Bedwyr Lewis Jones ychwaith wedi ei argyhoeddi gan berfformiad John Pierce Jones yn un o'r prif rannau: 'Rhoddodd John Pierce Jones a Marged Esli gynnig teg ar gyflwyno'r ddau, er fy mod i'n amau y buasai John yn hapusach yn un o arweinwyr y fintai nag yn rhan sgweier gwlad.'[30]

Ar wahân i'r perfformiad canolog gwan, roedd ffactorau eraill yn cyfrannu at fethiant y ffilm. Dywedodd Myfi Cosslett yn y *Western Mail* ei bod yn 'overlong and flagged when there was insufficient action or story to sustain it'.[31] Cytunodd Bedwyr Lewis Jones â'r sylw bod y ffilm yn rhy hir: 'Petai hanner awr yn fyrrach, petai'n ddilyniant symlach o anturiaethau rhyw fymryn mwy cyffrous, buasai'n llwyddiant llwyr. Fel y cawsom hi, taro un ar ddeg, ac nid deuddeg, a wnaeth'.[32] At hynny, ychwanegodd: 'Araf oedd y cychwyn. Rhy araf oedd y tempo drwodd a thro. Buasai'r ffilm gyfan ar ei hennill petai hanner awr yn llai. Ac fe ddylsai rhai o'r golygfeydd cyffro fod yn fwy cyffrous.'[33] Trafododd un o brif wendidau drwg-enwog y ffilm, sef ymddangosiad model bach o long mewn bath a oedd i fod i gyfleu cwch yn hwylio ar donnau'r môr gan ei alw'n 'fethiant':[34] 'Roedd yn rhy amlwg mai model ydoedd mewn twb a sicion sebon. Pam, yn enw popeth, na allesid benthyg ychydig eiliadau o ffilm o long hwyliau go iawn ar gyfer golygfa fer fel hon yn lle chwalu'r rhith yr oeddid yn ei greu?'[35]

Ond er gwaetha'r feirniadaeth, ni chondemniwyd y ffilm yn ddiarbed. Dywedodd Edward Morgan yn *Y Faner* fod yna 'frychau annisgwyl fel y cipolwg o'r Wennol yn hwylio mewn rhyw fath o dwba, a doedd Morus fawr mwy o farchog nag oedd o ddawnsiwr! Ond roedd yna elfennau cofiadwy iawn a buaswn yn fodlon maddau llawer, dim ond er mwyn gweld yr olygfa yn y gors ac yn enwedig y cip ar wyneb Twm (John Ogwen).'[36] Er gwaethaf beirniadaeth Myfi Cosslett ystyriai'r ffilm yn 'worthwhile effort and we must have more like it'.[37] Amlygodd Bedwyr Lewis Jones hefyd yr hyn a ystyriai yn rhinweddau a llwyddiannau: roedd ynddi 'olygfeydd da' a theimlai fod y sgript yn 'gyhyrog a gafaelgar' a bod yr 'actio drwodd a thro yn hen ddigon da'.[38] Er gwaethaf methiannau niferus y ffilm, roedd yr adolygwyr yn parhau i ganmol y fenter ei hun, ac yn canmol yr ychydig rinweddau i'r cymylau. Barnodd Edward Morgan mai uchafbwynt y ffilm oedd campwaith cerddorol Gareth Glyn, a oedd yn 'haeddu medal yn unig am sgwennu sgôr o ddwy awr a hanner ond mae'n haeddu llond drôr am gyfansoddi miwsig cynhyrfus oedd yn addas trwy gydol yr amser'.[39] Credodd i'r bwrdd lwyddo yn ysgubol yn y nod o greu ffilm a oedd yn ddiddanwch teuluol a thymhorol. Pwysodd a mesur Iorwerth Roberts lwyddiant y ffilm yng nghyd-destun yr helynt ariannol trwy ddweud: 'Bearing in mind that we shall probably see this particular work half-a-dozen times or more in the next three years, the final price does not seem so astronomical as it did last summer when news of the overspending first broke.'[40] Roedd ei adolygiad yn un caredig, a dywedodd: 'It is to the credit of the Welsh language's first major TV epic that it took no more than three or four minutes, including the title sequence, for all such thoughts to disappear.'[41]

Wrth i orwariant y ffilm barhau yn stori, barnodd Arfon Wyn ab Eurig 'y dylid bod wedi gwario llawer mwy arni nag a wneuthpwyd!'[42] Dywedodd fod yna nifer o gamgymeriadau anfwriadol a wnâi'r ffilm yn chwerthinllyd, ac a oedd yn dilorni ac yn diraddio ei rhinweddau, ac yn ei farn ef, '[ni] all ffilm fel Madam Wen wneud cyfraniad Cymreig i fyd y ffilmiau yn Ewrop'.[43] Ond roedd Glyn Evans yn dal i hawlio bod gan waith y bwrdd y potensial i arwain at lwyddiant pellach. Roedd o'r farn y gallesid seilio cyfres deledu ar yr un cymeriadau, a dadleuodd fod y '[g]arfan a'r cefndir yno a'r tir wedi ei fraenaru gan Wilym Owen a'r gweddill. Byddai'n drueni colli'r cyfle hwn o greu arwr(es) na fu'r tebyg ar deledu Cymraeg o'r blaen.'[44] O ystyried y gorwariant a methiant y ffilm, roedd yr adolygiadau'n hael iawn. Mae'r rhesymau sydd i gyfrif am hyn yn ddigon amlwg, fel y dangosodd Gwyn Erfyl mewn erthygl yn *Y Faner* wrth drafod S4C: 'Mae gormod o lawer ohonon ni a [*sic*] "vested interest" gwleidyddol neu emosiynol yn y pethau a'r bobl a ymdriniwn a [*sic*] nhw.'[45] Plediodd am feirniadaeth deg ar S4C: 'lle bo gwendid yn S4C, lle bo rhagoriaeth, dyweder hynny'.[46] Wedi'r helynt cythryblus a chyhoeddus iawn – y diswyddo, y saga ariannol, a'r cyfan yn cael ei lwyfannu trwy gyfrwng y wasg – prin iawn, mewn gwirionedd, oedd yr ymateb i'r ffilm wedi ei dangosiad ar 26 Rhagfyr 1982. Prin iawn oedd yr effaith a gafodd ar y cyhoedd a'r beirniaid wedi'r holl helynt a fu yn sgil ei chreu.

Fisoedd ar ôl darlledu'r ffilm, roedd y gorwariant yn parhau i fod yn faen melin am wddf y bwrdd. Yn Ebrill 1983 ysgrifennodd Llion Williams at Owen Edwards gan ofidio bod yna ddyledion a oedd heb eu talu, a phoenai y byddai achos llys o ganlyniad a fyddai'n arwain eto at saga gyhoeddus. Ar 3 Mehefin 1983, cynhaliwyd cyfarfod rhwng Owen Edwards, Pennant Roberts, Llion Williams, Norman Williams a Jim Davies er mwyn ceisio cau pen y mwdwl ar y mater. Cyflwynodd Llion Williams fantolen a amcangyfrifai mai £543,980 oedd cost derfynol y ffilm, a bod S4C eisoes wedi talu £520,637 o'r swm, yn uniongyrchol neu'n anuniongyrchol. Cytunodd S4C i dalu'r £23,343 a oedd yn weddill, ar ôl derbyn sicrwydd na fyddai gofyn iddynt dalu unrhyw fil ychwanegol a fyddai'n ymddangos ac y rhoddid yr hawl iddynt ddangos y ffilmiau *Yr Hen Dynnwr Lluniau* a *Capeli*. Cytunwyd hefyd y câi S4C hawliau'r ffilm y bwriadodd y bwrdd eu cynhyrchu yn 1983/4.[47]

Wedi'r holl feirniadaeth, nid y gorwariant oedd yr ergyd fwyaf arwyddocaol mewn gwirionedd. Trawodd Iorwerth Roberts yr hoelen ar ei phen pan ddywedodd: 'The blow to the confidence of Bwrdd Ffilmiau Cymraeg may be the worst aspect of the whole affair. Will such an ambitious project be attempted again, and if so, under what financial conditions?'[48] Bellach, gyda'r hanes yn staen ar ei waith a'r siawns o ennill mwy o gomisiynau gan S4C yn annhebygol, daeth yr awr y bu'r bwrdd yn ei hosgoi, a bu'n rhaid ystyried o ddifrif a oedd ganddo rôl yn yr hinsawdd gyfryngol newydd a oedd ohoni.

Ty'd Yma Tomi! *a ffilmiau cynnar S4C*

Bu hanes cynhyrchu *Madam Wen* yn ergyd ysgytwol i'r bwrdd, a hynny o fewn cyd-destun diwydiannol a diwylliannol a oedd yn prysur newid. Am flynyddoedd, y bwrdd oedd yr unig uned gynhyrchu annibynnol y tu allan i sefydliadau cyfryngol y BBC a HTV yng Nghymru, ond erbyn dyfodiad S4C, roedd dros ugain o gwmnïau annibynnol yn darparu rhaglenni ar ei chyfer. Canlyniad y datblygiad oedd i'r bwrdd orfod cystadlu'n fasnachol am wasanaeth arbenigwyr ac offer ac, o ganlyniad, bu cynnydd sylweddol yng nghost cynhyrchu ffilmiau gwreiddiol. At hynny, roedd datblygiadau technolegol chwim yn golygu y byddai, mewn ychydig flynyddoedd, ddewis eang o adloniant ar gael o fewn y cartref trwy'r teledu. Yn y cyd-destun hwn, felly, roedd hi'n briodol i'r bwrdd ystyried a oedd bellach gyfiawnhad i'w weithgareddau. Roedd Iorwerth Roberts yn llygad ei le wrth iddo nodi y byddai helynt *Madam Wen* yn effeithio'n andwyol ar hyder y bwrdd a'i allu i gynhyrchu ffilmiau, ac roedd y cyd-destun ehangach yn dwysáu'r ymdeimlad o ansicrwydd. Holwyd nifer o gwestiynau pellgyrhaeddol mewn papur trafod ar ddyfodol y bwrdd:

> A oes angen darparu ffilmiau yn bennaf i'w harddangos mewn theatrau a neuaddau a ellid wedyn hwyrach eu dangos ar y cyfryngau? A oes angen Bwrdd Cynhyrchu fydd yn canolbwyntio ar ffilm fel celfyddyd trwy gyfrwng y Gymraeg, neu a fydd y Cymry yn hapus ar ddarpar- iaeth S4C, 4C [*sic*], ag ati, ynghyd a [*sic*] datblygiad deledu 'cable' sydd ar y gorwel, h.y. a fydd yn y dyfodol gynulleidfaoedd fydd â diddordeb i ymgynnull i wylio ffilmiau yn 'gymdeithasol', neu a fydd dewis o, dweder, ddeuddeg neu fwy o sianelau yn y cartref yn dileu ymgynnull cymdeithasol?[49]

Wrth ofni bod ei *raison d'être* wedi diflannu gyda dyfodiad S4C, ceisiodd aelodau'r bwrdd edrych tuag at feysydd eraill er mwyn ehangu ei weithgareddau. Yn ogystal â pharhau i greu ffilmiau, roeddent yn awyddus i'r bwrdd ddatblygu'n gorff addysgol awdurdodol. Trafodwyd y posibilrwydd o greu gwasanaeth archifo o ddeunydd i'w logi i unigolion a chymdeithasau, ac roeddent hefyd yn awyddus i ddatblygu cyrsiau, annog sgriptwyr ifanc a chodi safon beirniadaeth ac adolygiadau. Yn ogystal, gwelsant y posibil- rwydd o gynhyrchu ffilmiau nodwedd arbrofol yn gwbl annibynnol ar S4C. Gobeithient hefyd ddatblygu'n gorff gwrthrychol a fyddai'n medru ateb anghenion y diwydiant wrth ddatblygu cynlluniau hyfforddi a gweithio'n glòs gyda chyrff amrywiol megis y cwmnïau teledu annibynnol, S4C, Cyngor Celfyddydau Cymru (CCC), y British Film Institute (BFI) a'r undebau perthnasol.

Pwysleisiwyd arwahanrwydd a arbenigedd y BFfC wrth gynhyrchu ffilmiau gogyfer â sinemâu ac adeiladau cyhoeddus yn y ddogfen 'Polisi i'r dyfodol' a ysgrifennwyd gan Llion Williams yn Hydref 1982. Nid oedd cwmni arall a wnâi hynny trwy gyfrwng y Gymraeg ac felly barnwyd na ddylai dyfodiad y sianel amharu dim ar ei genadwri a'i weithgareddau. Ond nid oedd amheuaeth bod y bwrdd yn mentro i dir cwbl newydd gyda'r rhan fwyaf o'i gynlluniau addysgol. At hynny, nid oedd y Swyddfa Gymreig wedi ei hargyhoeddi gan ei gynlluniau arfaethedig. Dywedodd Wyn Roberts, Is-ysgrifennydd Gwladol Cymru, y dylai'r bwrdd 'gefnogi datblygiadau felly trwy gyfrwng asiantau sy'n bod eisoes yn hytrach nag ymgymryd â'r gwaith ei hun'.[50] Yn ogystal, dywedodd fod rhaid i'r Swyddfa Gymreig fod yn ofalus wrth ddyfarnu arian gogyfer â gweithgareddau newydd: 'Ni ellir cyfiawnhau defnyddio arian y cyhoedd i ddarparu'r un math o waith ag a wneir gan bersonau eraill.'[51] Roedd anallu'r bwrdd i reoli cyllideb *Madam Wen* wedi arwain yn anorfod at anesmwythyd ymhlith y cyrff cyllido. Roedd Wyn Roberts yn gryf o'r farn bod angen i'r bwrdd ymsefydlogi ar ôl cyfnod pur gythryblus. Barnodd y dylid cynhyrchu un ffilm nodwedd yn unig ym 1983/4 er mwyn rhoi cyfle i'r bwrdd a'i aelodau ystyried yn ofalus ei gyd-destun newydd. Cytunodd y bwrdd blinedig â'r asesiad o'i sefyllfa. Aethpwyd ati i roi trefn derfynol ar *Madam Wen* yn dilyn trafodaethau helaeth gydag S4C, a chliriwyd yr holl daliadau a oedd yn ddyledus mewn ymgais i greu llechen lân.

Tra oedd y bwrdd yn ceisio ymsefydlogi ac ymgynefino â'r cyd-destun newydd, roedd S4C yn profi llwyddiant wrth werthu ei chynnyrch dramor. Erbyn 1983/4, roedd nifer o ddramâu unigol megis *Aderyn Papur* (Stephen Bayly, Red Rooster), *Y Wers Nofio* (Pennant Roberts, Ffilmiau Eryri) ac *Ŵyn i'r Lladdfa* (Siôn Humphreys, Bryngwyn) ymhlith y gwerthwyr mwyaf poblogaidd. Ym Mai 1985, roedd *Y Cymro* yn adrodd sut y gwerthodd S4C, trwy ei is-gwmni masnachol, Mentrau, chwech o ddramâu Cymraeg i sawl gwlad yn Ewrop ym marchnad deledu fwyaf y byd a gynhaliwyd yn Cannes. Yno roedd gwledydd megis Sweden, Gwlad Belg, yr Iseldiroedd, Norwy, Denmarc, y Ffindir, Ffrainc, yr Almaen a Hwngari yn awyddus i brynu dramâu fel *Yr Alcoholig Llon* (Karl Francis, Cine Cymru), *Joni Jones* (Stephen Bayly, Red Rooster), *Wil 6* (Paul Turner, Teliesyn) *Aderyn Papur*, *Nid ar Redeg* (Emlyn Williams, HTV) ac *Y Wers Nofio*. Cadarnhâi hyn yr enw da yr oedd S4C yn ei ddatblygu trwy'r byd ym maes animeiddio wedi iddi lwyddo i werthu *SuperTed* i 41 o wledydd a *Wil Cwac Cwac* i dros 20 o wledydd. Edrychai fel pe bai S4C yn llwyddo o ddifrif ym maes drama ryngwladol, a nodwyd yn adroddiad blynyddol S4C ym 1984/5: 'Bu'r datblygiad mewn dramâu Cymraeg o safon uchel ar ffilm yn destun balchder yn ystod y flwyddyn.'[52]

Ac S4C yn camu i lwyfan rhyngwladol byd y ddrama, roedd y bwrdd yn paratoi i gynhyrchu ei ffilm nesaf. Penderfynwyd mai *Ty'd Yma Tomi!* gan Siwan Jones fyddai'r ffilm newydd, sef sgript fuddugol Eisteddfod Genedlaethol Llangefni 1983, gyda Gareth Wynn Jones yn gyfarwyddwr a Norman Williams, gweinyddwr newydd y bwrdd, yn gynhyrchydd. Beirniad y gystadleuaeth oedd Pennant

Roberts, cyfarwyddwr *Madam Wen*, ac fe ddisgrifiodd y sgript fel un '[l]lawn dirgelwch a'r wasgfa gyfoes yn ddigon pendant i danio dychymyg y cyfarwyddwr a'r gwyliwr'.[53]

Canola'r ffilm ar Elin Mair Evans (Gwen Ellis), actores 28 oed sydd yn y broses o wahanu oddi wrth ei gŵr ac sydd wedi symud i fyw i fwthyn a fu gynt yn dŷ haf i'r pâr priod. Dwyseir ei hunigrwydd a'i hemosiynau bregus gan y bobl leol sy'n ddigroeso ac yn fygythiol. I ganol y pair daw dau ddieithryn rhyfedd sy'n cynnig cysur iddi, y Tad Tomos (John Ogwen), Tad Catholig lleol, a Cathryn Williams (Iola Gregory), cynhyrchydd gyda chwmni teledu annibynnol. Gyda chyllideb o £70,000 gwnaethpwyd y gwaith ffilmio ym mis Tachwedd 1983, a chwblhawyd y ffilm ddechrau 1984. Gyda helynt *Madam Wen* yn parhau'n fyw yn y cof, penodwyd cyfrifydd, D. R. Jones, i oruchwylio'r gyllideb ac arolygu'r gwariant, ac er mawr ryddhad i'r bwrdd, llwyddwyd i gwblhau'r ffilm am gost derfynol o £63,205.

Dywedodd Siwan Jones mewn erthygl a hyrwyddai'r ffilm yn *Y Cymro* mai ffilm yn nhraddodiad *Tales of the Unexpected* oedd *Ty'd Yma Tomi!* Cyfres boblogaidd oedd honno o stabl Anglia Television yng ngorllewin Lloegr a oedd yn gymysgfa o densiwn, arswyd a chomedi tywyll. Sgriptiwyd y cyfresi cynnar gan Roald Dahl, ac roedd tro yng nghynffon pob stori unigol. Profodd boblogrwydd ysgubol, cynhyrchwyd 113 o rifynnau ac ymddangosodd ar y sgrin o 1 Mawrth 1979 hyd 1 Ebrill 1988. Awgrymwyd felly fod i *Ty'd yma Tomi!* dipyn o ias. Arbrofwyd gyda'r *genre* ynghynt, gydag *O'r Ddaear Hen* yn hawlio'r teitl fel y ffilm arswyd gyntaf yn y Gymraeg. Ond tra enynnodd *O'r Ddaear Hen* ymateb eithafol ar brydiau, gan adolygwyr a llythyrwyr fel ei gilydd, yr hyn sy'n drawiadol am ffilm olaf y bwrdd yw'r diffyg sylw a'r diffyg ymateb iddi. Fe'i dangoswyd yn gyhoeddus am y tro cyntaf yn yr Ŵyl Ffilm Geltaidd yng Nghaerdydd, ar 10 Ebrill 1984 yn Theatr y Sherman, Caerdydd, ac er i raglen gelfyddydol *Arolwg* (HTV Cymru i S4C) adolygu'r ŵyl, ni chyfeiriwyd o gwbl at *Ty'd Yma Tomi!* Bu'r ffilm hefyd yn brif atyniad y sinema deithiol a deithiodd trwy Gymru benbaladr o Hydref 1984 hyd Chwefror 1985. Prin yw'r sylw a roddwyd iddi hefyd pan y'i darlledwyd fel ffilm Gŵyl Ddewi S4C ar 1 Mawrth 1985, a hynny mewn slot a ragflaenai ddangosiad cyntaf y fideo gerddorol nodedig *Dwylo Dros y Môr*. Yn wir, prin iawn yw'r sylw a roddwyd i'r bwrdd o gwbl wedi helynt *Madam Wen*, gyda'r cyfryngau yn troi i roi sylw i ddatblygiad y sianel newydd, a oedd wedi llwyddo i gipio'r awenau oddi arno. A chynulleidfaoedd yn cael mynediad at oriau bwy'i gilydd o gynnyrch yn eu cartrefi, ni pherthynai'r un arbenigrwydd mwyach i gynnyrch gweledol trwy gyfrwng y Gymraeg.

Ffilm anghofiedig yw *Ty'd yma Tomi!* felly, ond gellir edrych arni fel ymgais olaf y BFfC i gynhyrchu ffilm tra'n brwydro yn erbyn y llanw a oedd wedi hen droi yn ei erbyn. O ganlyniad i fuddsoddiad S4C ym maes drama, mae modd cymharu am y tro cyntaf un o ffilmiau'r BFfC gyda ffilmiau Cymraeg eraill a gynhyrchwyd yn ystod yr un flwyddyn, er mwyn ceisio deall pam yr aeth *Ty'd Yma Tomi!* i ddifancoll.

Yn ystod ei blynyddoedd cynnar, wynebodd S4C feirniadaeth gyson fod ei dramâu a'i dramâu dogfen wedi eu lleoli yn y gorffennol neu yng nghefn gwlad Cymru. Mewn erthygl yn *Sight and Sound* ym 1983, dywedodd Stephen Bayly: 'Emphasis tends to be on safe aspects of traditional culture and history, by definition bucolic and folkloric, as opposed to the concerns of industrial, working-class Wales – of which there is a rich history.'[54] Dywedodd David Berry hefyd am ddechreuadau S4C: 'Certainly, S4C could no longer justify the early dominance of material from north and mid Wales when most of the industrial turmoil, political dramas and employment problems (affecting the bulk of the population) were taking place further south.'[55] I raddau, bu'r bwrdd hefyd yn euog o'r un bai, gyda *Teisennau Mair, O'r Ddaear Hen* a *Madam Wen* yn ddibynnol ar hanes a chwedlau'r gorffennol mewn rhyw fodd. Er y lleolwyd *O.G.* a *Newid Gêr* yn llwyr yn y presennol, nid yw pynciau na themâu'r ffilmiau yn flaengar nac yn arloesol. Yn nyddiau cynnar S4C, ymddengys i'r dramâu unigol ddilyn ôl traed y bwrdd. Er gwaethaf llu o fethiannau *Madam Wen*, esgorwyd ar nifer o ffilmiau hanesyddol neu rai wedi eu seilio ar chwedlau megis *Owain Glyndŵr* (1983), *Macsen* (1983) a'r *Mabinogi* (1984). Ond dechreuodd y llanw droi wrth i gyfarwyddwyr fynd ati i geisio taflunio Cymru gyfoes ar y sgrin fach. Mewn cyfweliad ym 1988, dywedodd Euryn Ogwen Williams, rheolwr rhaglenni S4C, mai'r ffilmiau mwyaf nodedig a wnaed gan gwmnïau annibynnol ar gyfer S4C oedd pedair ffilm drawiadol o gyfoes, sef *Aderyn Papur* (Stephen Bayly, 1984), *Yr Alcoholig Llon* (Karl Francis, 1984), *Ysglyfaeth* (Gareth Wynn Jones, 1984) ac *Y Gosb* (Siôn Humphreys, 1982).[56] Mae ei ddewis yn arwyddocaol, yn enwedig â thair o'r pedair ffilm wedi eu cynhyrchu yn yr un flwyddyn â *Ty'd Yma Tomi!*, ac felly mae modd gweld cyd-destun ehangach y gwylio ar y pryd. Darperir gan ei ddewis arolwg o sefyllfa'r ffilm Gymraeg yng Nghymru, yn ogystal ag awgrym o gyfeiriad ffilmiau Cymraeg yn ystod y degawd a mwy a oedd i ddod. Mae'r dewis hefyd yn awgrymu fel yr ymbellhawyd oddi wrth gynnyrch y bwrdd a golygon S4C yn prysur droi tu hwnt i ffiniau Cymru.

Wrth ystyried tarddiad y pedair ffilm a grybwyllir gan Euryn Ogwen Williams, dau o'r pedwar cyfarwyddwr a oedd yn medru'r Gymraeg, sef Siôn Humphreys a Gareth Wynn Jones. *Y Gosb* oedd y gyntaf o nifer helaeth o ffilmiau a gyfarwyddwyd gan Siôn Humphreys i S4C. Roedd yn dalp o egni a ffresni yn ystod y dyddiau cynnar iawn, fel ag yr oedd *Ysglyfaeth*, ffilm Gareth Wynn Jones, hefyd. Ond daeth y llwyddiannau masnachol cynnar o du'r cyfarwyddwyr di-Gymraeg. Roedd Stephen Bayly, cyfarwyddwr *Aderyn Papur*, yn gyn-fyfyriwr o'r National Film School ac yn gyn-bensaer o Baltimore. Daeth i amlygrwydd wrth gydweithio â'i bartner, Linda James, a hanai o Abertawe, a chyfarwyddo pum ffilm 33 munud o'r enw *Joni Jones*, a addaswyd o straeon byrion *Gwared y Gwirion* (1966) gan R. Gerallt Jones. Llwyddodd y gyfres boblogaidd i drosgynnu ffiniau ieithyddol trwy gael ei dangos ar BBC2 gydag is-deitlau ym 1986 – y gyfres Gymraeg gyntaf erioed i gael ei dangos ar y sianel honno. Gwerthwyd y gyfres i gwmnïau mawrion byd-eang hefyd megis Miramax a Disney. Darluniai *Aderyn Papur* gymuned chwarel-yddol ôl-ddiwydiannol ar ei gliniau wedi i Thatcheriaeth greithio'r ardal yn andwyol. Cyflwynir y ffilm o bersbectif Alun, bachgen 11 oed, sy'n 'hen iawn yn ifanc iawn' o ganlyniad i'w sefyllfa deuluol a sefyllfa fregus y gymuned o'i gwmpas. Gyda'i dad yn ddi-waith, a'i fam wedi gadael y teulu i fynd i Lerpwl, daw gobaith i Alun wrth iddo gredu bod dau ymwelydd â'r ardal o Siapan ar fin adfywio'r pentref trwy greu diwydiant yno. Di-waith hefyd yw brawd Alun, Idris, a sonia am fynd i wasanaethu yn y fyddin, ond mae Alun yn argyhoeddedig y bydd y chwarel lechi yn ffynnu eto – am fod angen llechi i greu byrddau snwcer. Mae dyfodol y pentref, a dyfodol ei deulu, yn y fantol felly, ac er gwaetha'r dieithrwch ieithyddol rhyng-ddynt, mae'n mynd ati i geisio 'gwerthu' y pentref i'r twristiaid o Siapan. Trwy gyfuniad o anwyldeb Alun, a'r gefnlen o wasgfa economaidd, dioddefaint a chwerwder, crëwyd ffilm gwbl gyfoes a oedd yn berthnasol i gymunedau chwarelyddol y gogledd yn ogystal â chymunedau glofaol y de.

Cymro di-Gymraeg o Fedwas oedd cyfarwyddwr *Yr Alcoholig Llon*, ffilm ffyrnig o gyfoes. Karl Francis oedd un o leisiau cryfaf ffilm yng Nghymru, a defnyddiai fywyd trefol, diwydiannol fel ffordd o archwilio'r problemau cymdeithasol, gwleidyddol ac economaidd a wynebai Cymru ar y pryd. A hithau'n ddrama ddogfen wedi ei lleoli yn y cymoedd glofaol, mae'r ffilm yn ymdrin â themâu sy'n trafod Cymru, iaith a'r syniad o berthyn. Ffilm amrwd yw *Yr Alcoholig Llon*, wrth i Francis ddadlennu dyfnderoedd duon canlyniadau alcohol ar y corff ac ar y meddwl. Daw Cymru gyfoes dan y lach wrth i Alun, y prif gymeriad, ymosod ar y sefydliad Cymraeg, gan weld nifer o eiconau Cymraeg – 'Calon lân, yr Eisteddfod, Llewelyn' – yn llwyr amherthnasol i fywyd yn y cymoedd. Gyda'r ffilm hon, sicrhaodd Karl Francis fod gerwinder bywyd ôl-ddiwydiannol cymoedd de Cymru yn cael lle ar S4C.

Aeth Stephen Bayly a Karl Francis ymlaen i gyfarwyddo dwy ffilm a nododd garreg filltir bwysig i S4C. Ym 1987, dangoswyd *Rhosyn a Rhith* (Bayly) a *Milwr Bychan* (Francis) yn sinemâu y West End yn Llundain, y tro cyntaf ar gyfer digwyddiad o'i fath. Dangoswyd *Rhosyn a Rhith* mewn gwyliau ffilm yn Llundain, Chicago, Seattle a Cannes, lle y cafwyd ymateb gwresog, gydag adolygwyr yn galw'r ffilm yn 'indictment of Thatcherism'.[57] Erbyn 1987/8 dosberthid *Rhosyn a Rhith* i sinemâu Prydain a'r Unol Daleithiau, ac enillodd wobrau yng ngwyliau ffilm Chicago, Cannes a Vevey yn y Swistir. Dosberthid *Milwr Bychan* i sinemâu Prydain a'r Undeb Sofietaidd, ac enillodd dair gwobr yng ngŵyl ffilmiau Mannheim yn yr Almaen. Synnwyd S4C gan lwyddiant y ffilmiau; ys dywedodd Euryn Ogwen Williams am *Rhosyn a Rhith*: 'Its success was totally unexpected . . . We envisioned it strictly as a television film. This is the first all-Welsh-language cinema film ever made, even if it was by accident.'[58] Amlygir y llwyddiant annisgwyl gan y ffaith bod y ddwy ffilm wedi eu comisiynu fel rhai 16mm, a bu'n rhaid eu chwyddo i 35mm i'w dangos mewn sinemâu. O ganlyniad i'r llwyddiant gyda'r ddwy ffilm, gwnaeth S4C benderfyniad bwriadol i gomisiynu ffilmiau 35mm, gan gychwyn gyda *Stormydd Awst* (Endaf Emlyn, 1988), sef y ffilm Gymraeg gyntaf erioed i gael ei saethu ar 35mm. Crëwyd strategaeth i geisio sicrhau cytundebau cyd-gynhyrchu gyda chwmnïau Ewropeaidd ac Americanaidd, a bwriedid rhyddhau'r ffilmiau yn theatraidd hefyd.

Ochr yn ochr â'r ffilmiau newydd hyn o eiddo S4C, mae golwg flinedig o amaturaidd a thlawd ar *Ty'd Yma Tomi!* Er ei bod yn ffilm 'gyfoes', mae'n ymdrin â'r deunydd mewn dull hen-ffasiwn, heb ddim o'r cynildeb, y cynhesrwydd na'r beiddgarwch a berthyn i'r pedair ffilm a gynhyrchwyd i S4C. Roedd S4C a'i ffilmiau wedi esblygu ac wedi aeddfedu'n gyflym iawn, ac wedi medru bodloni'r disgwyliadau uchelgeisiol yr oedd rhai yn eu mynnu. Gyda chymorth cyfarwyddwyr profiadol di-Gymraeg, llwyddwyd i ymgymryd â deunydd heriol a oedd yn berthnasol i'w chynulleidfa trwy Gymru benbaladr. At hynny, llwyddwyd i gynhyrchu gwaith a apeliai at gynulleidfaoedd Ewropeaidd eang a oedd yn cynnig cyfleoedd masnachol sylweddol. Bellach, roedd S4C hefyd yn bwriadu teithio ei ffilmiau ledled Cymru. Wedi cipio ei *raison d'être* yn llwyr oddi wrtho, carlamodd S4C ymlaen i dir heriol ffilmiau rhyngwladol, gan adael y bwrdd i ddihoeni ar ei hôl.

Dyddiau olaf y Bwrdd Ffilmiau Cymraeg, 1984–6

Er cwblhau *Ty'd Yma Tomi!* o fewn ei hamserlen a'i chyllideb, roedd *Madam Wen* yn dal i gael effaith bellgyrhaeddol ar y berthynas rhwng y bwrdd a'r cyrff ariannu. Roedd ffydd nifer yng ngallu'r bwrdd i oruchwylio cynyrchiadau wedi ei dryllio, ac roedd y cyrff cyllido yn edrych ar y bwrdd ag amheuaeth ddofn. Tra oedd y Swyddfa Gymreig yn croesawu'r ffaith bod y bwrdd bellach ar dir cadarnach, ac wedi gweithredu'n effeithiol o safbwynt gweinyddol a chyllidol, nid oedd yr is-weinidog, Wyn Roberts, yn argyhoeddedig fod y bwrdd wedi datgan yn glir ei swyddogaeth a'i athroniaeth gogyfer â'r dyfodol. Yn ôl Wyn Roberts: 'Gwelwyd tuedd i neidio o gynllun i gynllun, gan fabwysiadu syniadau heb unrhyw feddwl clir ymlaen llaw . . . Gall y datganiad fod yn eang ei natur; mae'n bosibl na ellir gweithredu'r holl amcanion, ond o leiaf bydd yna fframwaith cyffredinol wedyn i ni allu ystyried cynlluniau unigol o'i fewn – a goblygiadau eu gweithredu.'[59] Barnai fod cynlluniau'r bwrdd yn dueddol o fod 'yn ddigyswllt' a bod angen 'sail gadarn . . . i lansio rhaglen weithgarwch wedi'i chydgysylltu a'i chydbwyso'.[60] Cyn trafod unrhyw gynlluniau pellach, mynnodd y Swyddfa Gymreig dderbyn datganiad clir o bolisi'r bwrdd yn wyneb bodolaeth S4C, gwybodaeth am raglen arfaethedig, athroniaeth y bwrdd am ddatblygiad fideo, yn ogystal ag amcan-bris ar gyfer ei gynlluniau. Ar 1 Mawrth 1984, cytunodd y Swyddfa Gymreig i ddyfarnu £84,000 i gynhyrchu un ffilm, ar yr amod y derbynnid 'datganiad diffiniol o ddibenion ac amcanion y Bwrdd Ffilmiau Cymraeg yn y dyfodol agos'.[61]

Cafwyd nifer o newidiadau sylfaenol yng ngweinyddiaeth y bwrdd ym 1984/5. Rhoddodd Norman Williams y gorau i'w swydd fel gweinyddydd ym mis Medi 1984 er mwyn canolbwyntio ar ei waith yn cynhyrchu ffilmiau ar gyfer S4C, a phenodwyd Rhiannon Thomas i'r swydd ym mis Hydref.[62] Wedi 20 mlynedd o ymroddiad, ac wedi rhoi trefn ar y llanast ariannol a grëwyd gan *Madam Wen*, ymddiswyddodd Jim Davies o'r gadair yn Chwefror 1985. Etholwyd Gareth Wynn Jones i gymryd ei le, gŵr a wnaeth gyfraniad helaeth i'r bwrdd trwy gyfarwyddo nifer o'i ffilmiau megis *Teisennau Mair*, *O.G.* a *Ty'd Yma Tomi!* Ymddiswyddodd Llion Williams fel ysgrifennydd y bwrdd ac etholwyd Rhiannon Thomas i gymryd y rôl honno hefyd.

Bwriad y bwrdd oedd comisiynu nifer o awduron ifanc i ysgrifennu crynodebau ar gyfer ffilmiau arfaethedig, gyda'r bwriad o ddewis y ddwy neu'r tair orau i'w cynhyrchu. Fodd bynnag, nid oedd y gwaith a dderbyniwyd yn arddangos digon o addewid ac felly gwahoddwyd Siôn Humphreys i gyfarwyddo'r prosiect nesaf. Ar 1 Awst, cyflwynodd Humphreys ei syniad i'r bwrdd, sef cynhyrchu tair ffilm a fyddai'n delio ag un testun ond o safbwyntiau gwahanol, ac fe'i derbyniwyd. Ond datblygodd y syniad, a phenderfynwyd yn y pen draw gynhyrchu un ffilm, a gwahodd sgriptwyr, myfyrwyr a disgyblion ysgol i fynychu'r saethu a'r golygu gan sicrhau elfen addysgol i'r prosiect. Ar 1 Hydref danfonwyd yr amcangyfrif i'r Swyddfa Gymreig ac esboniwyd y bras gynlluniau i wahodd gwahanol grwpiau draw i'r saethu a'r golygu. Tra oedd y bwrdd yn gweld y newid fel esblygiad naturiol o syniad Humphreys, yr hyn a welai'r Swyddfa Gymreig oedd bod y gyllideb yn codi wrth i nifer y ffilmiau y bwriadwyd eu cynhyrchu ostwng. Y cynllun gwreiddiol oedd cynhyrchu dwy neu dair ffilm fer am £5,000 yr un, ond bellach y ffigwr oedd £84,000 am un ffilm. Barnwyd bod y cynlluniau yn 'ymddangos yn llac heb nod pendant wedi ei ddiffinio. Does dim sicrwydd o lwyddiant, ac nid oes unrhyw arwydd o gyd-ddealltwriaeth o angen.'[63] O ganlyniad, nid oedd Wyn Roberts yn credu y gellid cyfiawnhau grant i wneud ffilm am nad oedd gan y bwrdd seiliau digon cadarn. Amlinellodd John Walter Jones o'r Swyddfa Gymreig ei bryderon:

Pwysleisiodd fwy nag unwaith yr angen am fframwaith pendant i'r Bwrdd weithredu o'i fewn gyda gweledigaeth bendant i'r dyfodol. Nid yw'n teimlo fod yr hyn a gynigiwyd yn dderbyniol. Mae'r cynnydd a fu yng nghostau'r ffilm yn peri gofid o beth allai ddigwydd ar ddiwedd y dydd pe aed ymlaen a'r [sic] prosiect – o gofio profiadau'r gorffennol.[64]

O ganlyniad, o'r cynnig gwreiddiol o £84,000, cynigiwyd dim ond £7,000 i'r bwrdd, a hynny er mwyn parhau â'r sinema deithiol.[65]

Tra oedd ffydd y Swyddfa Gymreig yn y bwrdd yn dechrau simsanu, roedd cefnogaeth CCC yn edwino hefyd. Cyhoeddwyd *Gweithredu'r Blaenoriaethau* (1984), dogfen bolisi i'r dyfodol a oedd yn argymell torri grant y bwrdd yn gyfan gwbl. Bellach, roedd polisi ffilm CCC wedi troi tuag at ddatblygu gweithdai ffilm a fideo yng ngogledd Cymru ar batrwm tebyg i'r hyn a ddigwyddai yng nghanolfan y Chapter yng Nghaerdydd. Yn *Gweithredu'r Blaenoriaethau*, wrth ddal y fwyell uwchben y bwrdd, pwysleisiwyd ymrwymiad CCC wrth yr iaith Gymraeg:

> Y mae'r Cyngor wedi cefnogi'r fath weithgareddau, hyd yn oed pan fyddai'r rheini'n baglu a phallu, ar draul y Celfyddydau yn gyffredinol. Bydd y Cyngor yn dal i gynnig eu harbenigrwydd sylweddol yn y celfyddydau trwy weinyddu grantiau priodol er budd yr iaith. Ond pe bai unrhyw weithgarwch Cymraeg yn methu â chwrdd â safonau rhagoriaeth artistig ni fydd ar y Cyngor ddyletswyddau i'w gefnogi mwyach. Bydd yn dda gan y Cyngor ddal i roi eu cefnogaeth i weithgareddau celfyddydol dilys.[66]

Y gwir amdani oedd bod y pwyllgor ffilm wedi bod yn pwyso ar y bwrdd i newid cyfeiriad ei weithgareddau ers tro. Cyn gynhared â Rhagfyr 1982 fe'i rhybuddiwyd bod angen datblygu ei weithgarwch er mwyn parhau i dderbyn nawdd. Byrdwn neges y pwyllgor ffilm yn y cyfarfod hwnnw oedd y dylid canolbwyntio ar ddatblygu canolfan yn y gogledd a fyddai'n darparu offer ffilm gogyfer â gweithdai, a rhoi cyfle i wneuthurwyr ffilm ddysgu ac arbrofi. Yn wir, roedd siawns y cynyddid y grant pe dilynid argymhelliad y pwyllgor. Roedd aelodau'r bwrdd yn ansicr ynglŷn â'r datblygiad, yn enwedig gan mai pwrpas y grant a dderbyniai oddi wrth y Swyddfa Gymreig ar y pryd oedd hybu gweithgarwch ffilm trwy gyfrwng y Gymraeg. Yn ogystal, roedd syniadaeth CCC yn mynd â hwy yn bell oddi wrth eu hamcanion gwreiddiol, sef darparu ffilmiau Cymraeg eu hiaith. A hwythau wedi dewis peidio ag ildio i bwysau CCC, ac wedi parhau i gynllunio i gynhyrchu ffilmiau, roeddent yn awr yn cael eu cosbi gan nad oedd eu blaenoriaethau yn cyd-fynd â rhai'r cyngor.

Er gwaethaf argymhellion cryf CCC dros gyfnod o flynyddoedd, roedd *Gweithredu'r Blaenoriaethau* yn sioc ddifrifol. Gorfodwyd aelodau'r bwrdd i edrych ar eu sefyllfa o ddifrif, a thrafodwyd eu gallu i barhau. Penderfynwyd y dylid ceisio parhau, a rhyddhawyd datganiad gonest i'r wasg a ddywedodd:

> Pan sefydlwyd y Bwrdd ar ddechrau'r saithdegau, roedd mawr angen corff i gynhyrchu ffilmiau Cymraeg ac i annog Cymry Cymraeg i fentro i mewn i'r diwydiant ffilm . . . Fodd bynnag . . . a oedd angen gwirioneddol bellach am Fwrdd Ffilmiau Cymraeg yn y sefyllfa sy'n bodoli?[67]

Nodwyd eu bwriadau, sef cynhyrchu un ffilm yn ystod y flwyddyn, ailafael unwaith yn rhagor yn y sinema deithiol, a cheisio cyd-weithio gyda'r bwriad o sefydlu cynllun fideo cymunedol yng Nghaernarfon. Mynegodd y swyddogion eu llid a'u dicter â CCC mewn dogfen a oedd yn ymateb i'r argymhelliad yn *Gweithredu'r Blaenoriaethau* i derfynu ei nawdd: 'One wonders whether this irrationality and inconsistency are indeed nothing more than a thick layer of mist, concealing the arbitrary decision which the Council's report purports to be so keen to avoid.'[68]

Roedd yr ieithwedd a ddefnyddiwyd yn ymateb greddfol i'r argyfwng a oedd ohoni, ond roedd y bwrdd bellach yn brwydro yn erbyn y llif. Roedd yr ymosodiadau ar CCC yn annoeth ac yn dadlennu'r ymdeimlad o banig llwyr. Cyhuddwyd y cyngor o fod yn wrth-Gymraeg, a dadleuwyd bod y ddogfen ei hun yn arddangos agwedd nawddoglyd tuag at yr iaith.[69] Galwyd y ddogfen yn 'irrational' a'i hagwedd at y Gymraeg yn 'scornful'.[70] Yn ei ymdrech i amddiffyn ei hun rhag ffaith ddiymwad bodolaeth S4C, mynnai'r bwrdd nad oedd dimensiynau celfyddydol ffilm yn gallu cael eu diwallu gan sianel deledu: 'There are all sorts of differences between a television film and a "cinema" film; by and large, the artistic is lost as a result of the needs of a television channel.'[71] Bradychwyd anallu'r bwrdd i ymaddasu i'r hinsawdd gyfryngol newydd gan gyfeiriadau cyson at S4C. Yn ogystal, holwyd cwestiwn cwbl seithug: 'what would be the situation if S4C did not exist?' Yn hytrach na chyflwyno ei achos yn glir, ymosodwyd yn hallt ar y pwyllgor ffilm, CCC a chanolfan y Chapter. Roedd yr ymosodiad mor filain fel ei fod yn cyhuddo CCC o dwyll:

It appears that the Council is afraid of being caught facing the wrong way; what better way to avoid this than to confuse everyone about the direction in which it is aimed? And what better way to deceive everyone regarding that direction than through emphasising the care and reasonable consideration which have been employed in preparing this review?[72]

Yn rhagweladwy, ni wnaeth y cyngor ildio. I'r gwrthwyneb, fe'i cythruddwyd gan ymosodiadau'r bwrdd:

The Committee then discussed the status of its recommendation and the possibility of 'leaving the door open' to Bwrdd Ffilmiau Cymraeg. Members regretted that the submitted response was far less convincing than information about the organisation's plans received from other sources. It was agreed that the Committee's recommendation to withdraw funding from Bwrdd Ffilmiau Cymraeg was not irrevocable being the result of dissatisfaction with the organisation's current policies and practices and the wish to develop other, more innovative practices.[73]

Roedd y dyfodol yn edrych yn ddu. Heb gefnogaeth CCC, roedd disgwyl nawdd oddi wrth y Swyddfa Gymreig yn annhebygol. Hynny yw, byddai'n annirnadwy i adran o'r llywodraeth ariannu corff celfyddydol nad oedd yn derbyn cefnogaeth oddi wrth Gyngor y Celfyddydau – y sefydliad a arbenigai yn y maes, wedi'r cyfan – ac felly roedd y bwrdd ar ei thrugaredd yn llwyr. Bellach, £7,000 yn unig a dderbyniai oddi wrth y Swyddfa Gymreig ar gyfer y sinema deithiol, ac roedd yn ymddangos bod CCC yn mynd i roi'r gorau i'w noddi yn gyfan gwbl. Ond yn rhyfeddol, yn ystod yr awr dywyllaf, cafwyd, o bosibl, y llwyddiant mwyaf yn hanes y bwrdd.

Bu ailsefydlu'r sinema deithiol, o ddiwedd Hydref 1985 hyd Fawrth 1986, yn un o lwyddiannau mawr y bwrdd, ac mae'r llwyddiant yn rhyfeddach fyth o ystyried ei fod mewn cyfnod pur ansefydlog. Er gwaethaf rhwystrau niferus y daith – canslwyd tair sioe oherwydd y tywydd, ac un arall am i do canolfan syrthio cyn dangos y ffilmiau – cynhaliwyd 46 o sioeau erbyn y diwedd, i gyfanswm o 2,525 o bobl, a chyfartaledd o 55 ym mhob sioe. Yn hytrach na chanoli'r daith yn llwyr ar y theatrau mawrion, aed â'r ffilmiau i ysgolion a neuaddau pentref hefyd. Cafwyd ymateb gwresog mewn ysgolion, yn enwedig gan fod yna gartŵn newydd, *Carol Nadolig*, i'w ddangos. Cafwyd ymateb da mewn neuaddau pentref hefyd, a chynulleidfaoedd cyson (a chyfartaledd o 48).[74] Roedd gan y trefnwyr yr hawl i ddewis y ffilmiau roeddent am eu gwylio, ac er i nifer ddewis ffilm newydd sbon y bwrdd, *Ty'd Yma Tomi!*, roedd nifer fawr yn dal i ddewis ffilmiau megis *Gwaed ar y Sêr* a *Scersli Bilîf*, a oedd erbyn hynny dros ddeng mlwydd oed. Yn wir, dangoswyd *Gwaed ar y Sêr* bron cymaint â'r ffilm newydd. Dosbarthwyd holiaduron i gynulleidfaoedd yn ystod y daith, ac yn yr ymatebion dadlennir yn glir y rheswm am boblogrwydd *Gwaed ar y Sêr*. Mewn ymateb i'r cwestiwn 'Pa fath o ffilmiau hoffech chi eu gweld?', yr ymateb ysgubol oedd comedïau, ffilmiau rhamantus a ffilmiau antur.[75] Roedd yn drawiadol nad oedd y bwrdd wedi llwyr gofleidio'r un o'r *genres* hynny.

Serch poblogrwydd y daith, taflwyd cysgod drosti, a thros y bwrdd yn gyffredinol, gan yr angen cyson a chynyddol i gyf-iawnhau'r sinema deithiol i'r cyfryngau ac i'r cyhoedd. Nododd Rhiannon Thomas mewn un adroddiad mai'r adborth cyffredinol i'r daith oedd y croesawid yr atgyfodiad, ond gan holi a oedd ei angen yn dilyn dyfodiad S4C. Ymateb y bwrdd oedd cydnabod bod S4C yn cyflawni'r angen am wasanaeth teledu Cymraeg yn y cartref, ond nad oedd yn cyflawni swyddogaethau gwylio torfol:

> Credwn bod darpariaeth S4C o raglenni a ffilmiau Cymraeg wedi rhoi hwb mawr i boblogrwydd ffilm a'r diwylliant gweledol yng Nghymru. Erbyn hyn, mae pobl yn derbyn y cyfrwng fel rhan o ddiwylliant ac adloniant naturiol Cymraeg, a thybiwn (o'r ymateb i'r Sinema) eu bod yn fwy na pharod i gynnwys ffilmiau fel rhan o'u gweithgareddau cymdeithasol.[76]

Ceisiwyd tynnu cymhariaeth rhwng perthynas y bwrdd ac S4C a'r berthynas rhwng Cwmni Theatr Bara Caws a Chwmni Theatr Cymru, gyda'r bwrdd a Bara Caws yn adeiladu cynulleidfaoedd trwy ymweld â neuaddau bychain a chymdeithasau ledled y wlad. Heb os nac oni bai, yn y neuaddau pentref y cafwyd llwyddiannau'r sinema deithiol, tra oedd y nifer a aeth i ddangosiadau o *Ty'd Yma Tomi!* yn y theatrau mawr yn siomedig. Cafwyd cynulleidfaoedd mwy eu maint yn Neuadd Byddin yr Iachawdwriaeth yng Nghas-newydd (32) nag a gafwyd yn Theatr Gwynedd (27), a mwy yn Neuadd Lisburne Llanafan (79) nag yn Theatr y Werin, Aberystwyth (12). Yn wir, roedd y niferoedd a aeth i'r neuaddau a'r festrïoedd yn gyson uwch o lawer na'r cynulleidfaoedd a aeth i'r canolfannau mawrion a adeiladwyd yn ystod y 1970au. Amlygir atyniad rhyfeddol

y nosweithiau mewn canolfannau bychain gan ystadegau cynull-
eidfa neuadd bentref Garndolbenmaen. Ar nos Iau, 28 Chwefror
1985, dewisodd 215 o bobl fentro allan a thalu i weld *Ty'd Yma Tomi!*
yn y neuadd, er gwaetha'r ffaith ei bod yn cael ei darlledu ar S4C
y noson ganlynol.[77] Er gwaethaf yr ystadegyn hwnnw, nid oedd y
bwrdd yn llawn sylweddoli ei fod yn brwydro yn erbyn llif arferion
cymdeithasol. At ddiwedd y 1980au, roedd gweithgareddau cym-
deithasol cymunedol yn dirwyn i ben, a thrwy gyfrwng teledu cebl a
pheiriannau fideo roedd adloniant yn symud i'r sffêr ddomestig.
Amlygir hyn gan yr holiadur sy'n dangos nad oedd gan 80 y cant o'r
rhai a ymatebodd beiriant fideo yn eu cartrefi, ond bod nifer
ohonynt yn holi am argaeledd y ffilmiau ar fideo. Roedd y cyfuniad
o'r newid cymdeithasol a'r ffaith nad oedd yr un arbenigrwydd prin
yn perthyn i ffilmiau Cymraeg eu hiaith ag a oedd yn y 1970au yn
her i'r bwrdd. Derbyniodd y bwrdd fod S4C wedi codi disgwyl-
iadau'r gynulleidfa; yng ngeiriau Rhiannon Thomas ei hun: 'Erbyn
hyn, mae'r gynulleidfa rhyw gymaint yn fwy soffistigedig, ac yn
chwilio am ragor na dim ond "ffilm yn y Gymraeg".'[78]

Er gwaetha'r ergyd o doriad sylweddol yn ei grant o'r Swyddfa
Gymreig, roedd y bwrdd yn awyddus i sicrhau ei fod yn derbyn
grant uwch o lawer ar gyfer y flwyddyn ddilynol, a hynny er mwyn
ailafael mewn cynhyrchu ffilmiau. Ar 22 Tachwedd, aethpwyd i
gyfarfod ag Wyn Roberts yn Nhŷ Gwydir yn Whitehall er mwyn
trafod dyfodol y bwrdd. Penderfynwyd bod gan y bwrdd gyfraniad
i'w wneud yn y dyfodol, ond tra oedd y bwrdd yn awyddus i ailafael
mewn cynhyrchu ffilmiau gwreiddiol, roedd y Swyddfa Gymreig yn
awyddus iddo ganoli ar y sinema deithiol a meithrin rôl addysgol
wrth hyfforddi technegwyr ar gyfer y diwydiant. Cytunwyd ar
bwysigrwydd y sinema deithiol ac ar yr egwyddor o sefydlu cynllun
hyfforddi technegwyr ffilm a fideo Cymraeg eu hiaith.

Wedi'r cyfarfod aeth y bwrdd ati i lunio cynllun 10 mlynedd o
dan y teitl 'Polisïau a chynlluniau', ac fe'i hanfonwyd i'r Swyddfa
Gymreig gyda chais am grant o £88,200 ddiwedd Mawrth 1985.
Rhoddwyd blaenoriaeth yn y ddogfen i'r sinema deithiol, darparu
ffilmiau a hyfforddiant, gyda gweithdai, a chynlluniau fideo cymun-
edol yn bethau y gellid eu datblygu dros gyfnod o flynyddoedd. Yn
anffodus i'r bwrdd, anfonwyd y ddogfen i'r Swyddfa Gymreig
ym mis Mawrth, bedwar mis ar ôl y cyfarfod gwreiddiol ag
Wyn Roberts. Cyrhaeddodd y llythyr ddiwrnodau'n unig cyn i Wyn
Roberts gyhoeddi'r grantiau ar gyfer y flwyddyn honno, a oedd yn

golygu nad oedd arian sylweddol ar gael iddynt gynhyrchu ffilm ym 1985/6. Dywedodd Wyn Roberts: 'oherwydd yr amser oddi ar ein cyfarfod a diffyg gwybodaeth nid oedd gennyf fanylion am gynlluniau'r bwrdd. Mae'r arian a gynigir ar gyfer 1985–6 wedi'u dosrannu.'[79] O ganlyniad, yr unig arian a oedd ganddynt ar gyfer y flwyddyn honno oedd £5,000 oddi wrth CCC, a hynny fel rhybudd o golli eu nawdd.

Gwrthododd y Swyddfa Gymreig drafod 'Polisïau a chynlluniau' gyda'r bwrdd, gan fod eu swyddogion ym Mharc Cathays yn aros am farn CCC ar y ddogfen, er mwyn derbyn cyngor oddi wrtho fel arbenigwr celfyddydol. Nid oedd pethau'n argoeli'n dda, felly, gan fod y Swyddfa Gymreig yn aros i glywed barn ar y ddogfen gan gorff a oedd eisoes wedi penderfynu rhoi'r gorau i noddi'r bwrdd. Ar 28 Awst 1985, cyfarfu'r pwyllgor ffilm i drafod 'Polisïau a chynlluniau'. Barnwyd y gellid, mewn egwyddor, gefnogi rhai o argymhellion y bwrdd yn y dyfodol, megis y sinema deithiol, a gwaith addysg, archifo a chynyrchiadau amgen, ond yr anhawster mwyaf i'r pwyllgor oedd nad oedd ei flaenoriaeth strategol ei hun, sef gweithdai ffilm a fideo, yn flaenoriaeth gan y bwrdd. Y neges a aeth yn ôl i'r Swyddfa Gymreig felly oedd hyn: 'although it was unlikely that the Welsh Arts Council would be prepared to give financial assistance towards the administrative costs of Bwrdd Ffilmiau Cymraeg in future years, some support might be available for particular areas of activity'.[80]

Wrth aros i glywed dedfryd CCC, dioddefodd 'Polisïau a chynlluniau' ergyd arall. Roedd rhan helaeth o'r ddogfen wedi ei neilltuo i'r elfen o hyfforddiant yn y cyfryngau, er mwyn dangos bod y bwrdd yn ymateb i fodolaeth S4C. Ond yn anffodus, tanseiliwyd bwriadau'r bwrdd wrth i asiantaeth hyfforddi Cyfle gael ei sefydlu gan S4C, ACTT a TAC. Gorfu iddo felly ddileu'r adran ar hyfforddi o'i ddogfen, a chyda'r Swyddfa Gymreig yn gwrthod rhoi nawdd iddo ar gyfer cynhyrchu ffilm, y sinema deithiol oedd yr unig elfen a oedd ar ôl i'r bwrdd ei chynnig.

Ym Mawrth 1986, bron i flwyddyn ar ôl iddo gyflwyno 'Polisïau a chynlluniau' i'r Swyddfa Gymreig, derbyniodd y bwrdd lythyr yn ei hysbysu nad oedd y Swyddfa Gymreig yn barod i gynnig grant i'r sinema deithiol. Dywedodd John Walter Jones yn ei lythyr fod yr 'ansicrwydd sydd wedi parhau i amgylchynu'r Bwrdd yn ffactor a'n harweiniodd i roi'r flaenoriaeth o safbwynt cymorth ariannol i gynlluniau cyrff eraill mwy sefydlog'.[81] Mewn gwirionedd, pan benderfynodd CCC beidio â'i gefnogi, roedd yn anodd, ac yn afrealistig, i'r Swyddfa Gymreig ddyfarnu arian i sefydliad celfyddydol nad oedd yn derbyn cefnogaeth oddi wrth y cyngor. Yn ogystal, bu'r bwrdd yn ceisio ers blynyddoedd, heb lawer o frwdfrydedd, ddatblygu ei waith mewn meysydd eraill er mwyn sicrhau bod ei grantiau yn parhau, a hynny dan bwysau o du'r ddau gorff ariannu. Roedd strategaeth CCC wedi ymbellhau oddi wrth gynhyrchu ffilmiau, a dyna, mewn gwirionedd, oedd prif ddiddordeb y bwrdd. Nid gweithgareddau creadigol ond rhai ymylol a ddeilliodd o'r ffilmiau newydd a gynrychiolid gan logi ffilmiau a'r sinema deithiol.

Wrth ymateb i lythyr John Walter Jones, amlygodd Rhiannon Thomas y frwydr barhaus a fu wrth galon hanes y BFfC pan ddywedodd: 'Teimlwn mai eironig ac annheg yw cyflwyno [ansicrwydd ariannol y bwrdd] fel dadl dros beidio a [sic] chefnogi'r Sinema, o ystyried mai'r ansicrwydd ynglŷn ag agwedd y Swyddfa Gymreig ei hunan tuag at y Bwrdd fu'r ffactor fwyaf i'n herbyn yn y trafodaethau y buom ynglŷn â hwy, gyda chyrff eraill, yn ystod y flwyddyn a aeth heibio.'[82]

Bellach, roedd rhai aelodau yn argyhoeddedig nad oedd gan y bwrdd bellach ran i'w chwarae na chyfraniad i'w wneud. O ganlyniad, nid oedd dewis ond edrych yn ddigyfaddawd ar ei ddyfodol. Bu'r blynyddoedd a fu yn llawn ymdrechion blinderus wrth geisio cyfiawnhau bodolaeth y bwrdd i'r cyrff ariannu. Ni lwyddwyd i gynhyrchu ffilm mewn dwy flynedd, ac ni lwyddwyd i symud ymlaen nac esblygu mewn modd adeiladol. Nid oedd cynhyrchu ffilmiau Cymraeg yn flaenoriaeth i CCC nac i'r Swyddfa Gymreig ychwaith, ac ers blynyddoedd bu'r bwrdd dan bwysau i ddatblygu ei waith mewn meysydd eraill ac ymbellhau oddi wrth ei fwriadau gwreiddiol. Gyda'r trawsnewid aruthrol a fu ym myd y cyfryngau Cymraeg, roedd bellach nifer o gyrff yn gwneud y gwaith a wneid gan y bwrdd yn y gorffennol. Roedd tri dewis ar gael i'r bwrdd: gellid parhau ar raddfa fechan iawn a cheisio arian oddi wrth CCC i deithio yn unig; gellid parhau mewn enw yn unig a thrwyddedu hawliau ar y sinema deithiol a chadw hawliau ar y ffilmiau fel ased; neu ddiddymu'r bwrdd yn gyfan gwbl.

Ar 2 Gorffennaf 1986, mewn cyfarfod yn Neuadd Ardudwy yn y Coleg Normal, derbyniodd gweinyddwr y bwrdd, Rhiannon Thomas, gyfarwyddyd oddi wrth yr aelodau i wneud y trefniadau priodol i gychwyn y broses o ddiddymu'r cwmni 'Bwrdd Ffilmiau Cymraeg

Cyf.' yn llwyr. Yn eironig, cynigiwyd y weithred gan John Roberts Williams, cynhyrchydd y ffilm *Yr Etifeddiaeth*, ac un o'r arloeswyr cynharaf yn hanes y ffilm Gymraeg. Pasiwyd y cynnig yn unfrydol.[83] At hynny, yn arwyddocaol, caeodd y bwrdd ei ddrysau am y tro olaf ar yr union ddiwrnod yr agorodd S4C ei swyddfa newydd sbon yng Nghaernarfon.

Nodiadau

1 Llyfrgell Genedlaethol Cymru [LlGC], casgliad y Bwrdd Ffilmiau Cymraeg, 1/2, cofnodion cyfarfod 25 Mehefin 1981.
2 David Berry, *Wales and Cinema* (Cardiff: University of Wales Press, 1994), t. 323.
3 'Only the best for channel four', *Western Mail*, 21 Hydref 1981, 3.
4 LlGC, casgliad y Bwrdd Ffilmiau Cymraeg, 19/3, llythyr at Gwilym Owen oddi wrth Euryn Ogwen Williams, 18 Rhagfyr 1981.
5 Gwilym Owen, *Crych Dros Dro* (Caernarfon: Gwasg Gwynedd, 2003), tt. 184–5.
6 LlGC, casgliad y Bwrdd Ffilmiau Cymraeg, 1/2, cofnodion cyfarfod 18 Mawrth 1982.
7 LlGC, casgliad y Bwrdd Ffilmiau Cymraeg, 19/3, llythyr at Llion Williams oddi wrth Gwilym Owen, 29 Mai 1982.
8 Ibid.
9 LlGC, casgliad y Bwrdd Ffilmiau Cymraeg, 1/2, adroddiad cyfrinachol yr ysgrifennydd ar y ffilm *Madam Wen*.
10 LlGC, casgliad y Bwrdd Ffilmiau Cymraeg, 19/3, llythyr at Jim Davies oddi wrth Llion Williams, 14 Mehefin 1982.
11 'Fe fu gorwario ar Fadam Wen', *Yr Herald Gymraeg*, 29 Mehefin 1982, 16.
12 'Overspent film epic may be scrapped', *Western Mail*, 1 Gorffennaf 1982, 1.
13 Ibid.
14 LlGC, casgliad y Bwrdd Ffilmiau Cymraeg, 19/3, llythyr at Jim Davies oddi wrth Owen Edwards, 17 Mehefin 1982.
15 LlGC, casgliad y Bwrdd Ffilmiau Cymraeg, 19/3, llythyr at Jim Davies oddi wrth Gwilym Owen, 22 Mehefin 1982.
16 LlGC, casgliad y Bwrdd Ffilmiau Cymraeg, adroddiad y cynhyrchydd ar ffilmio *Madam Wen*.
17 Ibid.
18 Glyn Evans, 'Bwch-dihangol y trên gravy?', *Y Cymro*, 6 Gorffennaf 1982, 5–6.
19 Ibid., 5.
20 Ibid.
21 Ibid.
22 Ibid.

23 Ibid.
24 LlGC, casgliad y Bwrdd Ffilmiau Cymraeg, 19/3, llythyr at Jim Davies oddi wrth Owen Edwards, 2 Gorffennaf 1982.
25 Glyn Evans, 'Madam Wen: gwerth y pres?', *Y Cymro*, 4 Ionawr 1983, 6.
26 Edward Morgan, 'Sbec ar Bedwar C', *Y Faner*, 14 Ionawr 1983, 20.
27 Iorwerth Roberts, 'This may yet be good value', *Daily Post*, 28 Rhagfyr 1982, 3.
28 Evans, 'Madam Wen: gwerth y pres?', 4.
29 Roberts, 'This may yet be good value', 3.
30 Bedwyr Lewis Jones, 'Saga fawr Madam Wen', *Y Faner*, 7 Ionawr 1983, 15.
31 Myfi Cosslett, 'Two weeks of S4C', *New Year Review*, yn *Western Mail*, 31 December 1982, 6.
32 Lewis Jones, 'Saga fawr Madam Wen', 15.
33 Ibid.
34 Ibid.
35 Ibid.
36 Morgan, 'Sbec ar Bedwar C', 20.
37 Cosslett, 'Two weeks of S4C', 6.
38 Lewis Jones, 'Saga fawr Madam Wen', 15.
39 Morgan, 'Sbec ar Bedwar C', 20.
40 Roberts, 'This may yet be good value', 3.
41 Ibid.
42 Arfon Wyn ab Eurig, 'Madam Wen – ffilm rad', *Y Faner*, 11 Chwefror 1983, 19.
43 Ibid.
44 Evans, 'Madam Wen: gwerth y pres?', 4.
45 Gwyn Erfyl, 'S4C – apêl i farnu'n deg', *Y Faner*, 21 Ionawr 1983, 10.
46 Ibid.
47 LlGC, casgliad y Bwrdd Ffilmiau Cymraeg, 19/3, llythyr at Jim Davies oddi wrth Owen Edwards, 3 Mehefin 1983.
48 Roberts, 'This may yet be good value', 3.
49 LlGC, casgliad y Bwrdd Ffilmiau Cymraeg, 1/2, cofnodion cyfarfod 14 Hydref 1982.
50 LlGC, casgliad y Bwrdd Ffilmiau Cymraeg, 1/2, llythyr at Jim Davies oddi wrth Wyn Roberts, 27 Ebrill 1983.
51 Ibid.
52 S4C, *Adroddiad Blynyddol S4C 1984/5* (Caerdydd: S4C, 1985), t. 8.
53 Pennant Roberts, 'Sgript ffilm ddramatig', yn Thomas Myrfyn Bassett (gol.), *Cyfansoddiadau a Beirniadaethau Eisteddfod Genedlaethol Frenhinol Cymru Ynys Môn* (Gwasg Gomer dros Lys yr Eisteddfod: Llandysul, 1983), tt. 183–4. Ennill y wobr hon oedd llwyddiant cyntaf Siwan Jones ym maes sgriptio. Ers hynny, mae wedi sefydlu enw iddi hi ei hun fel un o'r sgriptwyr mwyaf blaenllaw ac arloesol yng Nghymru, wedi llwyddiannau megis *Tair Chwaer*, *Con Passionate* ac *Alys*. Gwobrwywyd Siwan Jones am ei gwaith droeon, gan gynnwys nifer o wobrwyon BAFTA Cymru a'r Rose d'Or.

[54] Stephen Bayly, 'Sianel Pedwar Cymru – the Welsh perspective', *Sight and Sound*, 53, 4 (1983), 246.

[55] Berry, *Wales and Cinema*, t. 334.

[56] Dyfynnir yn ibid., t. 537.

[57] Myra Forsberg, 'An American director offers a quirky lament', *The New York Times*, 30 Awst 1987, *http://query.nytimes.com/gst/fullpage.html?res=9 B0DE0DC1539F933A0575BC0A961948260* (cyrchwyd ar 4 Gorffennaf 2008).

[58] Ibid.

[59] LlGC, casgliad y Bwrdd Ffilmiau Cymraeg, 33/4/1, llythyr at Dafydd Elis-Thomas oddi wrth Wyn Roberts, 27 Chwefror 1984.

[60] LlGC, casgliad y Bwrdd Ffilmiau Cymraeg, 33/4/1, llythyr at Dafydd Wigley oddi wrth Wyn Roberts, 6 Mawrth 1984.

[61] LlGC, casgliad y Bwrdd Ffilmiau Cymraeg, 33/4/1, llythyr at Norman Williams oddi wrth John Walter Jones, 1 Mawrth 1984.

[62] Roedd Rhiannon Thomas hefyd yn gantores adnabyddus gyda'r grŵp roc poblogaidd a elwid yn Rhiannon Tomos a'r Band.

[63] LlGC, casgliad y Bwrdd Ffilmiau Cymraeg, 33/4/1, llythyr at Llion Williams oddi wrth John Walter Jones, 22 Hydref 1984. Y bwriad oedd i Siôn Humphreys gyfarwyddo'r ffilmiau hyn. Roedd elfen o hyfforddiant i fod ynghlwm wrth y prosiect, gydag Iola Gregory ac Aled Evans yn gyfarwyddwyr dan hyfforddiant.

[64] Ibid.

[65] LlGC, casgliad y Bwrdd Ffilmiau Cymraeg, 33/4/1, llythyr at Llion Williams oddi wrth John Walter Jones, 22 Hydref 1984.

[66] Cyngor Celfyddydau Cymru, *Gweithredu'r Blaenoriaethau* (Caerdydd: CCC, 1984), 2.6.

[67] LlGC, casgliad y Bwrdd Ffilmiau Cymraeg, 1/2, datganiad i'r wasg, 21 Mehefin 1984.

[68] LlGC, casgliad y Bwrdd Ffilmiau Cymraeg, 1/3, ymateb y bwrdd i ddogfen CCC, *Gweithredu'r Blaenoriaethau*.

[69] Ibid.

[70] Ibid.

[71] Ibid.

[72] Ibid.

[73] LlGC, casgliad y Bwrdd Ffilmiau Cymraeg, 1/3, llythyr i'r bwrdd oddi wrth Martyn Howells, 13 Chwefror 1985.

[74] LlGC, casgliad y Bwrdd Ffilmiau Cymraeg, 2/1, adroddiad y gweinyddwr ar y sinema deithiol.

[75] Ibid.

[76] Ibid.

[77] Dangoswyd y ffilm ar S4C Ddydd Gŵyl Dewi 1985.

[78] LlGC, casgliad y Bwrdd Ffilmiau Cymraeg, 2/1, adroddiad y gweinyddwr ar y sinema deithiol.

[79] LlGC, casgliad y Bwrdd Ffilmiau Cymraeg, 33/4/1, llythyr at Gareth Wynn Jones oddi wrth Wyn Roberts, 31 Mawrth 1985.

[80] LlGC, casgliad y Bwrdd Ffilmiau Cymraeg, 9/1/4, ymateb y pwyllgor ffilm i 'Polisïau a chynlluniau', 28 Awst 1985.

[81] LlGC, casgliad y Bwrdd Ffilmiau Cymraeg, 33/4/1, llythyr at Rhiannon Thomas oddi wrth John Walter Jones, 13 Mawrth 1986.

[82] LlGC, casgliad y Bwrdd Ffilmiau Cymraeg, 33/4/1, llythyr Rhiannon Thomas at John Walter Jones, 27 Mawrth 1986.

[83] Yr aelodau a oedd yn bresennol yn y cyfarfod oedd Wil Aaron, Gwyn Erfyl, R. Alun Evans, R. Geraint Gruffydd, Siôn Humpheys, J. O. Jones, Gareth Wynn Jones, John Roberts Williams, Gwyn Thomas, Ned Thomas, Dafydd Huw Williams a D. Llion Williams.

Cloriannu

Hanes tymhestlog fu i'r Bwrdd Ffilmiau Cymraeg (BFfC). Fe'i sefydlwyd er mwyn bodloni angen penodol iawn, a hynny am resymau diwylliannol arbennig. Go brin y rhagwelodd y criw o bobl addysgol a chreadigol a ymgasglodd ym Mangor yn Nhachwedd 1970 y fath frwydr a'u hwynebai wrth ymdrechu i greu ffilmiau gwreiddiol yn yr iaith Gymraeg, nac fel y byddai'r frwydr honno yn arwain i 10 Stryd Downing.

Bu'r frwydr gyda'r British Film Institute (BFI) yn un ffyrnig, a gododd nifer o gwestiynau ynglŷn ag imperialaeth ddiwylliannol a rôl Cymru a'r Gymraeg o fewn Prydain, a hynny yng nghysgod y refferendwm ar ddatganoli a'r bleidlais yn erbyn datganoli pwerau San Steffan. Ofer fu'r frwydr honno, gyda'r BFI yn llwyddo i gynnal ei hegemoni wrth reoli'r sector ffilm yng Nghymru. Ffrwynwyd gobeithion wrth amddifadu'r cyfrwng o unrhyw nawdd ystyrlon. Perthynas gymhleth a gafwyd rhwng y bwrdd a Chyngor Celfyddydau Cymru (CCC). Er i'r sefydliadau gydweithio er mwyn ceisio gwasgu arian o groen y BFI, buan y dadlennwyd deinameg grym y berthynas wrth i'r pwyllgor ffilm geisio ei lwgu, a hynny o ganlyniad i dlodi'r maes oherwydd diffyg buddsoddiad y BFI. Er i fwrdd y cyngor achub y BFfC, ymhen ychydig flynyddoedd penderfynodd y cyngor roi blaenoriaeth i weithgareddau ffilm amgen a ganolai ar weithdai ffilm yn hytrach na chynhyrchu ffilmiau. Rhoddwyd pwysau aruthrol ar y bwrdd i ddatblygu gweithgareddau i adlewyrchu diddordeb a strategaeth newydd CCC. Gyda'r bwrdd yn mynnu glynu at ei weledigaeth wreiddiol, gweithredodd y CCC ei gosb banoptaidd, sef torri ei nawdd yn gyfan gwbl.

Wrth dderbyn nawdd o'r Swyddfa Gymreig, a hynny'r un pryd â sefydlu S4C, roedd gan y bwrdd fwy byth o amodau i gydymffurfio â hwy. Bodlonwyd y Swyddfa Gymreig gan waith y bwrdd am gyfnod, ond cyn gynted ag y cymerodd y bwrdd gam gwag, fe'i cosbwyd. Yn hynny o beth, ni ellir gorbwysleisio pwysigrwydd a goblygiadau andwyol *Madam Wen* i wanychiad y bwrdd. A hwnnw'n brosiect ffôl o uchelgeisiol, siglwyd ffydd CCC a'r Swyddfa Gymreig wedi'r llanast hynod gyhoeddus hwnnw. Gyda'r bwrdd wedi'i ysgwyd gan y sgandal a chan ddyfodiad S4C, methwyd â datblygu rôl ystyrlon y tu hwnt i'r bwriad gwreiddiol i gynhyrchu ffilmiau Cymraeg. Ond erbyn canol y 1980au, roedd Cymru, a'r hyn a oedd ar gael yn y Gymraeg, wedi'u trawsffurfio ers yr ysgol lenyddol arwyddocaol honno yng Ngregynog ym 1970.

Yn amlach na pheidio, ymateb cymysg a ddenodd ffilmiau'r bwrdd, ac roedd yr adolygiadau gorau fel arfer yn mynegi barn gymysg. At hynny, roedd y grefft o adolygu ffilmiau yn Gymraeg yn amaturaidd ac yn datblygu'n betrus ochr yn ochr â'r bwrdd. Roedd yr unigolion hynny a roddodd o'u hamser yn wirfoddol, a hynny heb unrhyw arbenigedd yn y maes, yn argyhoeddedig o werth a phwysigrwydd sicrhau cyfryngau cyfoes ac amrywiol yn yr iaith Gymraeg. Gweithiodd nifer o'r cyfarwyddwyr a'r sgriptwyr – megis Wil Aaron, Gwyn Thomas a Dafydd Huw Williams, ymhlith eraill – am lawer iawn llai o arian nag a gaent yn arferol, gan eu bod yn ymhyfrydu yn y rhyddid a oedd ar gael iddynt gan y bwrdd ac yn ei genadwri ddiwylliannol. Roedd yr unigolion hynny, yn ogystal ag aelodau'r bwrdd a'r gweinyddwyr, megis Jim Davies, Glyn Tegai Hughes, Gwilym Owen a Llion Williams, yn arloeswyr gwirioneddol. Mewn amgylchiadau hynod o lwm a llawn trafferthion, o ystyried agwedd banoptig y BFI a'r CCC, mae'n wyrthiol ac yn rhyfeddol, ar ryw olwg, i'r bwrdd lwyddo i gynhyrchu unrhyw beth o gwbl. O ganlyniad i'w ffilmiau a'i weledigaeth, nid troednodyn tila yn hanes y cyfryngau yng Nghymru mo'r BFfC, ond menter arloesol a frwydrodd yn galed i sicrhau bod ffilmiau ar gael yn yr iaith Gymraeg.

Gwaddol y Bwrdd Ffilmiau Cymraeg

Wedi i'r BFfC gau ei ddrysau am y tro olaf, dywedodd Derec Llwyd Morgan ei fod 'fel petai wedi cyflawni ei bwrpas'.[1] Yr hyn a olygid ganddo oedd i'r bwrdd gyflawni swyddogaeth arbennig, dros dro, cyn dyfodiad S4C, ac i'r swyddogaeth honno ddirwyn i ben yn sgil dyfodiad y sianel. Ganed y bwrdd i fyd lle'r oedd rhaglenni teledu Cymraeg yn brin a ffilmiau Cymraeg yn brinnach fyth. Ymweld ag un o'r sinemâu teithiol, neu logi ffilmiau'r bwrdd oedd yr unig ffordd i weld ffilmiau Cymraeg yn ystod y 1970au a'r 1980au cynnar. Daeth tro ar fyd gyda dyfodiad S4C, wrth i'r oriau brig lenwi gydag arlwy Gymraeg, ac ystyriai nifer fod yr angen am fwrdd ffilmiau wedi diflannu. Ar ôl dirwyn y bwrdd i ben, sefydlwyd nifer o fentrau amrywiol er mwyn cynhyrchu neu gefnogi ffilmiau yn y ddwy iaith. Fodd bynnag, fel y gwelir, ar y cyfan pur aflwyddiannus fu'r mentrau hyn, tra bu hanes S4C o gynhyrchu ffilmiau yn un o lanw a thrai.

Bu nifer y cyrff a sefydlwyd i hyrwyddo ffilm yng Nghymru cyn cael eu cymhathu neu eu cau ychydig flynyddoedd yn ddiwedd-arach yn drawiadol. Er gwaethaf methiant y bwrdd, parhaodd yr awydd am sefydliad a fyddai'n galluogi ffilm i ffynnu yng Nghymru. Ym 1989, cwta dair blynedd wedi i'r bwrdd ddirwyn i ben, daeth S4C a'r BBC ynghyd i sefydlu Ffilm Cymru, corff ac iddo'r nod o gynhyrchu ffilmiau nodwedd rhad er mwyn eu rhyddhau yn y theatrau. Pan lansiwyd Ffilm Cymru, ystyrid bod iddo rôl allweddol, a'r gobaith oedd y byddai'n gatalydd i ddatblygu diwydiant ffilm sefydlog yng Nghymru. Dan arweinyddiaeth John Hefin a secondiwyd fel pennaeth adran ddrama BBC Cymru, gobeithid cyd-ariannu ffilmiau gydag asiantaethau o Awstralia ac Ewrop, a soniwyd am y posibilrwydd o ddenu'r actor byd-enwog Anthony Hopkins i gyfarwyddo ffilm. Er gwaetha'r cynlluniau mawr, a'r ffaith bod nifer o ffilmiau yn yr arfaeth, dim ond dwy ffilm a gynhyrchwyd, sef *O.M.* (Emlyn Williams, 1990) ac *Un Nos Ola' Leuad* (Endaf Emlyn, 1991) a gipiodd nifer o wobrau ac a ddangoswyd mewn nifer o wyliau ffilm rhyngwladol. Ond o fewn pedair blynedd i'w sefydlu, cymhathwyd Ffilm Cymru o fewn Cyngor Ffilm Cymru, a sefydlwyd gan CCC (gydag arian y BFI) ac S4C ym 1993. Y bwriad y tro hwn oedd creu corff ymbarél a fyddai'n cydlynu diddordebau ym maes ffilm. Fodd bynnag, unwaith eto, roedd yr esgid fach yn gwasgu'n dynn, a'r cyllid a oedd ar gael yn bitw. Mewn dogfen bolisi ym 1994, cyhoeddodd Cyngor Ffilm Cymru grantiau cynhyrchu o £65,000 a grantiau unigol o £15,000.[2] Flynyddoedd ar ôl cau'r bwrdd, daliai'r BFI i dangyllido ffilm yng Nghymru.

Ffilm yng Nghymru ar ôl datganoli

Ym 1997, cychwynnwyd ar daith datganoli yng Nghymru gyda buddugoliaeth y Blaid Lafur yn yr etholiad cyffredinol y flwyddyn honno. Ym mis Mai 1999, cynhaliwyd cyngerdd awyr agored ym

Mae Caerdydd i nodi trosglwyddo'r pwerau yn swyddogol, ac roedd delweddau'r noson honno – draig goch yn wenfflam uwch-ben Bae Caerdydd, Shirley Bassey yn gwisgo'r faner genedlaethol – fel symbolau o genedl ifanc, hyderus yn dod i oed.[3] Yn ôl John Osmond, gwir ystyr datganoli oedd newid y berthynas rhwng Cymru a Phrydain: 'Britain has changed and continues to change. It no longer provides the essential lens through which Wales and what it means to be Welsh has been viewed . . . Welsh identity is no longer to be nationalized within Britain.'[4] Ond y cwestiwn allweddol oedd, a fyddai'r newid sylfaenol hwn i'r genedl yn cael ei adlewyrchu mewn meysydd y tu hwnt i wleidyddiaeth.

Ym 1997, rhyddhawyd tair ffilm wahanol iawn a awgrymai fod diwylliant ffilm newydd ar droed yng Nghymru. Ymddangosai fod *Twin Town* (Kevin Allen), *House of America* (Marc Evans) a *Dark-lands* (Julian Richards) gyda'u lleoliadau Cymreig a'u hymwneud â chysyniadau o Gymreictod yn esgor ar gyfnod newydd o ffilmiau o Gymru. Sicrhaodd hyder a choegni *Twin Town* fod ffilm am Gymru gyfoes yn y sinemâu mawrion am y tro cyntaf ers degawdau. Roedd ei hysbyslun, a gychwynnodd â'r geiriau 'Rugby. Tom Jones. Male Voice Choirs. Shirley Bassey', yn gorffen gyda'r datganiad heriol, 'If that's your idea of thousands of years of Welsh culture, you can't blame us for trying to liven the place up a little, can you?', yn honni'n hyderus y byddai'r ffilm yn cyflwyno delwedd newydd, flaengar o Gymru. Datganodd Ed Thomas, awdur y fersiynau llwyfan a ffilm o *House of America*, a fu hefyd mor amlwg yn yr ymgyrch dros ddatganoli, ar dudalennau'r *Observer*: 'Old Wales is dead and new Wales is already a possibility, an eclectic self-defined Wales with attitude.'[5] Ond er gwaetha'r datganiadau mawr ynglŷn ag oes newydd i'r ffilm Gymreig, roedd y tair ffilm hyn, yn eu holl asbri tanseiliol, yn dibynnu'n helaeth ar ystrydebau roeddent yn dymuno eu dryllio. Yn wreiddiol, honnodd Marc Evans, cyfarwyddwr *House of America*, fod ei ffilm ymhlith y gyntaf o don newydd o ffilmiau am Gymru, ond yn hwyrach dywedodd: 'I thought we were making something very modern, if not post-modern, whereas we were having an argument about the past.'[6] At hynny, er y lleolwyd y ffilmiau yng Nghymru, nid arian o Gymru a'u cyllidodd. Ariannwyd *Twin Town* gan Polygram, ac er i *Darklands* a *House of America* dderbyn symiau bychan o arian loteri drwy CCC, cyllidwyd *Darklands* i raddau helaeth gan Metrodome, a *House of America* gan British Screen a Bwrdd Ffilmiau'r Iseldiroedd. Yr her i'r Gymru ôl-ddatganoledig ymddangosol hyderus, felly, oedd datblygu a chynnal diwylliant ffilm, a ddarparai'r strwythur a'r cyfleoedd i greu ffilmiau a fydd-ai'n medru trafod holl gymhlethdodau hunaniaeth genedlaethol gyfoes.

Ym 1997, blwyddyn fawr datganoli, unwyd Cyngor Ffilm Cymru, bedair blynedd wedi ei sefydlu, gydag Archif Ffilm a Theledu Cymru a Screen Wales, i ffurfio Sgrîn: Asiantaeth Cyfryngau Cymru (Sgrîn Cymru Wales yn hwyrach). Dan arweinyddiaeth Berwyn Rowlands, bwriad Sgrîn oedd bod yn brif gorff ar gyfer ffilm, teledu a'r cyfryngau newydd yng Nghymru, ac roedd yn gyfrifol am 'lunio strategaeth ar gyfer datblygiad economaidd a diwylliannol y diwydiant ffilm, teledu a chyfryngau newydd'.[7] Ond pum mlynedd ar ôl ei sefydlu, ymosododd yr actor Rhys Ifans ar Lywodraeth Cynulliad Cymru, trwy ei chyhuddo o yrru talent tros Glawdd Offa ac o amddifadu'r sector o arian.[8] Deufis yn ddiweddarach, yn ystod Gŵyl Ffilmiau Rhyngwladol Cymru, datganodd Berwyn Rowlands: 'Our Film industry has never been in better shape.'[9] Ar yr olwg gyntaf, ymddangosai'r dyfodol yn bur ddisglair. Ddyddiau ynghynt, cyhoeddodd y Gweinidog dros Ddiwylliant, Chwaraeon a'r Gymraeg, y Democrat Rhyddfrydol Jenny Randerson AC, fod y llywodraeth wrthi'n sefydlu cronfa ffilm, teledu a chyfryngau newydd, a gobeithid cyhoeddi'r manylion llawn yn y gwanwyn.[10] Eisoes roedd Sgrîn yn gyfrifol, mewn enw, am ddosbarthu £1 miliwn o gyllid Loteri a ddosbarthwyd yn y gorffennol gan CCC. Yr un pryd roedd Pierce Brosnan a Halle Berry yn ffilmio golygfa olaf y ffilm James Bond, *Die Another Day*, ar draeth Penbryn, yng Ngheredigion, tra oedd Angelina Jolie yn ffilmio *Tomb Raider II* yn Eryri. Cafwyd datganiad gan Richard Attenborough ei fod yntau, fel cadeirydd Dragon International, yn cynllunio canolfan ffilm enfawr gwerth £330 miliwn ar safle hen waith glo yn Llanilid, ger Pen-y-bont ar Ogwr. Yn answyddogol, bedyddiwyd y datblygiad yn 'Valleywood', a'r bwriad oedd gwneud de Cymru yn ganolbwynt i'r diwydiant ffilm Prydeinig.[11] Ond byrhoedlog fu'r math o optimistiaeth a fynegwyd gan Berwyn Rowlands. Erbyn 2003 rhoddwyd y gorau i gynlluniau'r llywodraeth ar gyfer y gronfa ffilm; erbyn 2006, roedd drysau Sgrîn wedi eu cau, ac erbyn 2008, galwyd y gweinyddwyr i Dragon Studios.

Yn dilyn y don newydd o gefnogaeth i'r Blaid Lafur yn ail etholiad Cynulliad Cenedlaethol Cymru yn 2003, apwyntiwyd Alun Pugh, AC Llafur, yn Weinidog Diwylliant, y Gymraeg a Chwaraeon, a phenderfynodd beidio â pharhau â'r gronfa ffilm y cytunwyd i'w sefydlu gan ei ragflaenydd, Jenny Randerson. Y rhesymau a roddwyd oedd 'other priorities' a'i fod yn 'too risky'.[12] Galwodd y cyfarwyddwr Marc Evans y penderfyniad yn 'depressing and baffling', a dywedodd 'as it stands, that [film] industry is as invisible as many others in Wales and Welsh films are as scarce as pithead wheels'.[13] Y bwriad gwreiddiol oedd i'r gronfa fod yn garreg sylfaen i weledigaeth ehangach; byddai'r buddsoddiad o £3 miliwn wedi denu £14 miliwn o arian o'r Undeb Ewropeaidd a buddsoddwyr preifat a chyhoeddus eraill. Roedd penderfyniad Alun Pugh yn ergyd ddifrifol i Sgrîn, a oedd wedi disgwyl arwain y fenter ar y cyd â Chyllid Cymru (is-gwmni Llywodraeth Cynulliad Cymru) ac Awdurdod Datblygu Cymru, ond yn fuan, byddai nifer o adroddiadau beirniadol yn effeithio'n andwyol ar ddyfodol Sgrîn. Cododd yr adroddiad cyntaf, a gomisiynwyd gan Sgrîn eu hun, amheuon ynglŷn ag effeithiolrwydd rheolaeth y corff, a beirniadwyd y strwythur rheoli mewnol, diffyg ffocws a diffyg strategaethau. Nododd hefyd fod nifer yn ystyried Sgrîn fel corff a oedd yn ymylol i'r diwydiant.[14] Comisiynwyd yr ail adroddiad gan Lywodraeth Cynulliad Cymru a ddatganodd fod rôl Sgrîn 'as both a cultural and economic development agency, as well as its New Media remit, had resulted in a lack of clarity in its relationship with the sector', a dywedwyd nad oedd ei weithgareddau yn diwallu anghenion busnesau creadigol.[15]

Yn ystod 2005, comisiynodd CCC adroddiad ar yr asiantaeth gan ymgynghorwyr allanol, a beirniadwyd agweddau o waith Sgrîn yn hallt.[16] Nodwyd bod yna 'ddiffyg crebwyll o'r diwydiant' yn nhîm Sgrîn, a bod prinder prosiectau a ariannwyd gan Sgrîn 'wedi eu cwblhau [sic]'.[17] Cynhyrchwyd dros 200 o ffilmiau byrion, ond o'r 27 ffilm nodwedd a dderbyniodd arian trwy CCC a Sgrîn rhwng 1995 a 2005, dim ond 14 a gwblhawyd, a dim ond dwy – A Way of Life (2004) gan Amma Asante a Very Annie-Mary (2001) gan Sara Sugarman – a ddosbarthwyd yn eang. Fe ymddangosodd yr adroddiad mewn cyfnod sensitif iawn i Sgrîn, gan fod Llywodraeth Cynulliad Cymru yn cynnal adolygiad o waith y corff fel rhan o adolygiad ehangach o weithgareddau a gefnogai'r diwydiant ffilm. Caeodd Sgrîn ei ddrysau ym Mawrth 2006.

Yn ei archwiliad o'r berthynas rhwng economeg a diwylliant ffilm yn yr Alban, roedd Duncan Petrie yn llygad ei le wrth honni bod i gynhyrchu ffilm 'more than questions of economics', a bod angen asesu i ba raddau y mae gweithdrefnau yn cysylltu ag anghenion diwylliannol.[18] Gellid dadlau i Lywodraeth Cynulliad Cymru ymdrin â ffilm fel cysyniad economaidd, fel nwydd yn hytrach na ffurf gelfyddydol ac iddi ogwydd, ystyriaethau a gwerth diwylliannol. Y prif ddatblygiad a ddaeth yn sgil datganoli oedd lansio un corff cenedlaethol yn Nhachwedd 2002 i hyrwyddo Cymru fel lleoliad ffilmio deniadol a chystadleuol. Sefydlwyd Comisiwn Sgrîn Cymru er mwyn hyrwyddo'r adnoddau a'r lleoliadau yng Nghymru i'r diwydiant ffilm rhyngwladol. Yn hwyrach, amlygodd strategaeth gyntaf y llywodraeth ar gyfer y diwydiannau creadigol yng Nghymru – *Llwyddiant Creadigol* (2004) – yr ymagweddiad masnachol tuag at ddiwylliant. Anelwyd y strategaeth at 'fusnesau creadigol masnachol sy'n cystadlu'n fyd-eang yn y "sector gwasanaethau masnachadwy" yr economi fyd-eang' a nod y strategaeth oedd 'cefnogi ac annog y busnesau creadigol hynny yng Nghymru sy'n gallu cyfrannu'n sylweddol at economi Cymru'.[19] Prif ffocws yr adroddiad oedd eiddo deallusol, ac roedd yn cwmpasu'r sectorau ffilm, cerddoriaeth, cyfryngau newydd a theledu, oherwydd y teimlid bod angen dybryd i ddatblygu atebion. Er i'r strategaeth gydnabod bod 'gwreiddiau Cymru o ddawn greadigol a thechnegol wedi'i [*sic*] ffurfio gan nodweddion diwylliannol unigryw ei phobl, wedi gwella gan ei hiaith a'i chelfyddyd', ac y ceid cydnabyddiaeth o'r 'rhyng-gysylltiadau rhwng diwylliant a'r diwydiannau creadigol', mae'r ffocws yn glir ar fusnes masnachol yn hytrach na'r sector a oedd yn derbyn cymhorthdal.[20]

Prif fenter y strategaeth oedd cronfa eiddo deallusol creadigol gwerth £7 miliwn er mwyn ceisio hybu'r sector, ac mae'n ddadlennol mai'r Gweinidog Menter, Arloesi a Rhwydweithiau, Andrew Davies AC, a lansiodd y gronfa. Wedi ei reoli gan Gyllid Cymru, nod y gronfa a ddaeth yn weithredol yn Ebrill 2005 oedd llanw tyllau cyllido mewn prosiectau a oedd hefyd yn medru denu buddsoddiad o'r sector breifat. Roedd y gronfa ar agor i unrhyw fusnes creadigol a oedd am fuddsoddi mewn prosiectau yng Nghymru, a gellid buddsoddi rhwng £50,000 a £700,000 mewn eiddo deallusol creadigol yn gyfnewid am gyfran o ffrydiau breindal y dyfodol.[21]

Y ffilm nodwedd gyntaf i dderbyn arian o'r gronfa oedd *Big Nothing* (2006) gyda'r actor Americanaidd David Schwimmer a'r Sais Simon Pegg. Buddsoddwyd £300,000 yn y ffilm yn gyfnewid am arian swyddfa docynnau ac fe'i ffilmiwyd yn rhannol yn y Barri. Ymysg y ffilmiau eraill i dderbyn nawdd oedd *Hunger* (2008) gan Steve McQueen, a dderbyniodd £120,000 a wariwyd yn y ganolfan ôl-gynhyrchu Dragon DI ger Pen-y-bont ar Ogwr. Buddsoddwyd £360,000 yn *Mr Nice*, addasiad o hunangofiant Howard Marks, gyda Rhys Ifans yn y brif ran. Honnwyd i'r cwmni cynhyrchu dreulio mis yn ffilmio yng Nghaerdydd a Bro Morgannwg, gan ddod â budd economaidd i'r ardal o tua £600,000.[22] Gan gyfeirio at adran 43 o'r Ddeddf Rhyddid Gwybodaeth, mae'r gronfa wedi gwrthod datgelu faint o arian mae wedi'i wneud o'i buddsoddiadau. Ond erbyn Mawrth 2010 buddsoddwyd £10 miliwn mewn 26 o brosiectau, gan gynnwys buddsoddiad o £700,000 mewn ffilm am Dylan Thomas, *The Edge of Love*, a wnaeth dim ond £70,000 o elw i'r gronfa ar ôl i asiant gwerthu'r ffilm fynd yn fethdalwr.[23] Yn ôl un adroddiad, roedd yr adenillion yn gyfystyr â 21 y cant o'r symiau a fuddsoddwyd, ac felly'n bell oddi wrth fwriadau cychwynnol y llywodraeth y byddai'r gronfa yn troi yn un hunangynhaliol.[24]

Yn yr ail arolwg a gafwyd o'r diwydiannau creadigol, *Calon Cymru Ddigidol* (a arweiniwyd gan Ian Hargreaves ac a gyhoeddwyd ym Mawrth 2010), argymhellwyd y dylid ad-drefnu cymorth ar gyfer y diwydiant ffilmiau 'mewn ffordd sy'n cynyddu ei effaith economaidd a'i effeithlonrwydd'.[25] Argymhellwyd disodli'r gronfa eiddo deallusol creadigol gyda chronfa diwydiannau creadigol newydd a fyddai'n meddu ar gylch gwaith ehangach. Fodd bynnag, mae buddion tymor hir y fath gronfa yn aneglur, yn enwedig o ystyried y ceir prinder cwmnïau yng Nghymru sy'n addas ar gyfer y fath fentrau cyllidol. Canolbwyntio ar fuddsoddiadau tymor byr mewn prosiectau unigol a wnaeth y gronfa eiddo deallusol, gan mai'r meini prawf ar gyfer dosrannu'r arian oedd sicrhau y gwariwyd yr arian yng Nghymru mewn dull nad oedd yn mynnu bod y ffilmiau eu hunain yn defnyddio cwmnïau neu dalent o Gymru.

O lwch Sgrîn, cododd Asiantaeth Ffilm Cymru, a sefydlwyd yng Ngorffennaf 2006 fel y brif asiantaeth ar gyfer ffilm yng Nghymru, ac mae ganddi gyfrifoldeb i sicrhau bod agweddau economaidd, diwylliannol ac addysgol ffilm wedi eu cynrychioli'n effeithiol yng Nghymru, y Deyrnas Unedig a thu hwnt. Ariennir ffilmiau ganddi sy'n defnyddio sgriptwyr, cyfarwyddwyr neu gynhyrchwyr Cymreig, ac mae ffocws tynn ei gwaith yn gwrthgyferbynnu'n drawiadol ag ymwneud Sgrîn â darlledu, cyfryngau newydd, archifau ffilm a theledu, marchnata rhyngwladol a nifer fawr o brosiectau ffilmiau byrion. Mewn cyfnod cymharol fyr, mae Asiantaeth Ffilm Cymru wedi chwarae rôl allweddol mewn nifer o lwyddiannau, gan gynnwys *Submarine* (Richard Ayoade, 2010) a *Sleep Furiously* (Gideon

Koppel, 2008). Erbyn Chwefror 2010 roedd wedi cydariannu 22 o ffilmiau nodwedd ac wedi darparu arian datblygu ar gyfer 59. Ond mae'r swm blynyddol o £600,000 o arian loteri sydd ar gael i gefnogi datblygu a chynhyrchu yn cymharu'n drawiadol â £10 miliwn y gronfa eiddo deallusol (gyda rhan helaeth wedi'i gwario ar ffilm). O ganlyniad, does dim grym ariannol gan Asiantaeth Ffilm Cymru fel y cyfryw. Gellid dadlau bod angen ailystyried y cydbwysedd ariannol er mwyn hybu cynhyrchu ffilmiau gwreiddiol o Gymru. Er gwaethaf llwyddiant Asiantaeth Ffilm Cymru, nid yw wedi cyfrannu dim at ffilmiau Cymraeg eu hiaith tan yn gymharol ddiweddar.

Gwelwyd sefydlu pedair asiantaeth wahanol i hyrwyddo a chynhyrchu ffilmiau yng Nghymru mewn llai nag ugain mlynedd, felly, ac mae'r hanes yn un o gymhathu, uno a methu. Yr unig elfen o gysondeb a gafwyd yw S4C, sef y corff a fu'n llwyr gyfrifol am bob ffilm iaith Gymraeg a gynhyrchwyd yn ystod y 26 diwethaf.

Datblygiad ffilmiau S4C

Wedi llwyddiant *Milwr Bychan* (Karl Francis, 1984) a *Rhosyn a Rhith* (Stephen Bayly, 1986), buddsoddodd S4C mewn ffilmiau yn gyson. Cynhyrchwyd nifer o ffilmiau gefn-wrth-gefn yn Saesneg a Chymraeg er mwyn denu arian ychwanegol oddi wrth Channel 4 ac arianwyr eraill. Fodd bynnag, roedd i'r math yma o gynhyrchu broblemau sylfaenol, gyda pherfformiadau anwastad o ganlyniad i anawsterau ieithyddol yn y ddwy iaith. Ond er gwaetha'r problemau, profwyd tipyn o lwyddiant ac felly parhawyd i fuddsoddi'n helaeth mewn ffilmiau nodwedd yn ystod blynyddoedd olaf y 1980au a blynyddoedd cynnar y 1990au. Profodd *Un Nos Ola' Leuad* (Endaf Emlyn, 1991) a *Gadael Lenin* (Endaf Emlyn, 1993) lwyddiant beirniadol wrth ennill gwobrau mewn gwyliau tramor. Ond yn ddi-os, y ffilm fwyaf llwyddiannus oedd *Hedd Wyn* (Paul Turner, 1992) a enwebwyd ar gyfer y wobr ffilm orau mewn iaith dramor yng ngwobrwyon yr Academi 1994. Dyma binacl pum mlynedd o weithgarwch aruthrol (1989–94) pan gynhyrchwyd dros ugain o ffilmiau. Ni welwyd cyfnod mor llewyrchus i'r ffilm Gymraeg ers hynny. Er gwaethaf llwyddiant *Hedd Wyn*, roedd y ffaith na sicrhawyd cytundeb dosbarthu theatraidd o fewn y Deyrnas Unedig yn amlygu'r rhwystredigaethau wrth geisio ymestyn cyrhaeddiad y ffilm iaith Gymraeg trwy ddosbarthu eang. Ers *Hedd Wyn*, cafwyd llwyddiannau pellach, megis *Solomon a Gaenor* (Paul Morrisson, 1999), a enwebwyd eto am Oscar. Amlygwyd yn ogystal dalentau newydd trwy gyfrwng ffilmiau llai costus, megis *Ymadawiad Arthur* (Marc Evans, 1994), *Diwrnod Hollol Mindblowing Heddiw* (Euros Lyn, 2000) a *Dafydd* (Ceri Sherlock, 1993). Ond y gwir amdani yw bod lleihad sylweddol wedi bod yn nifer y ffilmiau Cymraeg a gynhyrchwyd yn ystod y blynyddoedd diwethaf, yn ogystal â lleihad yn y cyfleoedd i wylio ffilmiau Cymraeg ar y sgrin fawr. Gellir tadogi hyn ar y newid mewn polisi, gyda buddsoddi bellach yn cael ei gyfeirio at gynhyrchu cyfresi drama safonol, megis *Fondue, Rhyw a Deinosors, Tair Chwaer, Con Passionate* ac *Y Pris*. O ganlyniad, yn hytrach na ffilm fawr y Nadolig fel a gafwyd mewn blynyddoedd a fu, gwelwyd rhifynnau arbennig o raglenni poblogaidd, megis yn 2004 pan gafwyd y ffilm *C'mon Midffild a Rasbrijam* a seiliwyd ar y gyfres boblogaidd *C'mon Midffild*. Gyda'r darparwr traddodiadol felly yn rhoi'r gorau i gynhyrchu ffilmiau er mwyn canolbwyntio ar gyfresi, teg yw gofyn o ble y daw ffilmiau Cymraeg y dyfodol. Yn hyn o beth, rhaid ystyried geiriau Wil Aaron ar ddechrau'r gyfrol hon, pan honnodd fod y ffilm yn gyfrwng 'rhwystredig' yng Nghymru.[26] Ceir llygedyn o obaith gydag un ffilm ddiweddar. Wrth drafod *Patagonia*, y ffilm gyntaf i gael ei hariannu ar y cyd rhwng S4C ac Asiantaeth Ffilm Cymru, soniodd y cyfarwyddwr, Marc Evans, am y rhwystrau a geir wrth gynhyrchu ffilmiau mewn ieithoedd ar wahân i'r Saesneg. Ond soniodd hefyd am y cyfleoedd, wrth i'r iaith Gymraeg alluogi Cymru i

> symud oddi wrth ormes y system Eingl-Americanaidd, ac yn ein caniatáu i chwarae ar y cyrion . . . Mae gosod yr iaith Gymraeg ochr yn ochr â'r iaith Sbaeneg, sydd yn cael ei siarad drwy'r byd i gyd, yn golygu gallwn ddarganfod ffordd arall o weithio, ac i archwilio map arall yng nghyd-destun cynulleidfa a marchnadoedd.[27]

Er gwaetha'r datblygiad diweddar hwn, ni ellir osgoi'r ffaith mai bychan bob amser fu'r cymhelliad dros ddarparu cyfryngau torfol yn y Gymraeg. Fel y dywedodd Grahame Davies, heb gatalydd na sbardun masnachol ar gyfer datblygu technoleg mewn ieithoedd lleiafrifol, daeth y datblygiadau – y llyfr, y cyfnodolyn, y papur newydd, y ffilm, y sianel deledu, gwefannau a'r blogiau – o ganlyniad i ysfa caredigion yr iaith i sicrhau na fyddai'r Gymraeg yn cael ei gadael ar ôl.[28] Hanes un ymdrech, un 'cleddyf ym mrwydr yr iaith', a geir yn y gyfrol hon.[29]

Nodiadau

1   *Arolwg*, S4C, 6 Hydref 1986.
2   David Berry, *Wales and Cinema* (Cardiff: University of Wales Press, 1994), t. 430.
3   Jane Aaron a Chris Williams (goln), *Postcolonial Wales* (Cardiff: University of Wales Press, 2005), t. xv.
4   John Osmond, 'Devolution in Wales: nation building and the national assembly', yn John Coakley, Brigid Laffan a Jennifer Todd, *Renovation or Revolution? New Territorial Politics in Ireland and the United Kingdom* (Dublin: University College Dublin Press, 2005), t. 54.
5   Ed Thomas, 'The Welsh: a land fit for heroes (Max Boyce excluded)', *Observer*, 20 Gorffennaf 1997, 18
6   Marc Evans, 'Looking forwards, looking back', yn Ed Thomas, *Selected Work '95–'98* (Cardigan: Parthian, 2002), t. 259.
7   Gwybodaeth o *www.sgrin.co.uk* a archifwyd ar wefan Llyfrgell Genedlaethol Cymru, *www.llgc.org.uk* (cyrchwyd ar 23 Gorffennaf 2008).
8   Dienw, 'Actor wants to tell assembly pay up', *Western Mail*, 9 Medi 2002, 3.
9   Berwyn Rowlands, 'Our film industry has never been in better shape', *Western Mail*, 29 Tachwedd 2002, 14.
10 Robin Roberts, 'Single body to promote Wales as film location', *Western Mail*, 21 Tachwedd 2002, 9.
11 James Pritchard, 'Attenborough chases his crowning glory', *Western Mail*, 7 Rhagfyr 2002, 15.
12 Marc Evans, 'Popcorn, parties and premieres', *Western Mail*, 14 Tachwedd 2003, 8.
13 Ibid.
14 Gw. *http://www.walesonline.co.uk/business-in-wales/business-news/content_ objectid =13527838_method=full_siteid=50082_headline=-Relevance-of-Sgrin-to-media-industry-questioned-name_page.html* (cyrchwyd ar 23 Gorffennaf 2008).
15 Llywodraeth Cynulliad Cymru [LlCC], *Llwyddiant Creadigol: Strategaeth ar gyfer y Diwydiannau Creadigol yng Nghymru* (Caerdydd: Llywodraeth Cynulliad Cymru, 2004), t. 23.
16 Roedd CCC yn cyfrannu £300,000 y flwyddyn i Sgrîn.
17 Gw. *http://news.bbc.co.uk/welsh/hi/newsid_4560000/newsid_4569200/4569267.stm* (cyrchwyd ar 23 Gorffennaf 2008).
18 Duncan Petrie, 'The new Scottish cinema', yn Mette Hjort a Scott Mackenzie (goln), *Cinema and Nation* (London: Routledge, 2000), tt. 153–69, gw. t. 162.
19 LlCC, *Llwyddiant Creadigol*, tt. 23–4.
20 Ibid., t. 16.
21 Ibid., t. 7
22 Aled Blake, 'Fund hopes for a Nice return as it takes a stake in new film', *Western Mail*, 8 Ebrill 2009, 8.
23 LlCC, *Calon Cymru Ddigidol: Adolygiad o'r Diwydiannau Creadigol ar gyfer Llywodraeth Cynulliad Cymru* (Caerdydd: LlCC, 2010), t. 16.

[24] Ibid., t. 15.
[25] Ibid., t. 41.
[26] Wil Aaron, 'Ffilm', yn Meic Stephens (gol.), *Y Celfyddydau yng Nghymru 1950–1975* (Caerdydd: CCC, 1979), t. 313.
[27] Gw. *http://www.filmagencywales.com/c_news-2008-06-23-on-the-road-from-the-edge-of-love-to-patagonia.php* (cyrchwyd ar 23 Gorffennaf 2008).
[28] Grahame Davies, 'Dechreuadau: y Gymraeg a'r cyfryngau newydd', *Cyfrwng*, 1 (2004), 26–41.
[29] Wil Aaron, dyfynnwyd yn Berry, *Wales and Cinema*, t. 314.

Atodiad: Ffilmyddiaeth

Ffilmiau a gomisiynwyd gan y Bwrdd Ffilmiau Cymraeg

Yr Hen Dynnwr Lluniau (Wil Aaron, 1973)
Arlunydd wrth ei Waith (Wil Aaron, 1974)
Capeli (Harley Jones, 1974)
Ifan ar Ffo (Keith Mervyn Griffiths, 1974)
Scersli Bilîf (Wil Aaron, 1974)
Gwaed ar y Sêr (Wil Aaron, 1976)
Y Dieithryn (Emlyn Williams, 1977)

Ffilmiau'r Bwrdd Ffilmiau Cymraeg fel uned gynhyrchu annibynnol

Teisennau Mair (Gareth Wynn Jones, 1979)
Newid Gêr (Alan Clayton, 1980)
O.G. (Gareth Wynn Jones, 1981)
O'r Ddaear Hen (Wil Aaron, 1981)
Madam Wen (Pennant Roberts, 1982)
Ty'd Yma Tomi! (Gareth Wynn Jones, 1983)

Ffilmiau gwreiddiol i blant

Crochendy Syr Wynff a Mici (Emlyn Williams, 1979)
Garej Syr Wynff a Mici (Emlyn Williams, 1979)
Teliffant (Emlyn Williams, 1979)

Ffilmiau a brynwyd

CYNYRCHIADAU BBC:
Bugail Cwm Prysor (BBC)
Cynan (BBC)

Ffarwel Roc (BBC)
O'r Gors i'r Gofod (BBC)
Syr Thomas Parry-Williams (BBC)

CYNYRCHIADAU HTV CYMRU:
Bywyd a Gwaith Dr Kate Roberts (HTV Cymru)
Dudh Khosi (HTV Cymru)
Edward H. Dafis (HTV Cymru)

FFILMIAU CYMRAEG GAN GWMNÏAU ERAILL:
Noson Lawen (Mudiad Cynilion Cenedlaethol)
Yr Afon (Aelwyd Llandwrog)
Yr Etifeddiaeth (John Roberts Williams a Geoff Charles)

FFILMIAU A DROSLEISIWYD GAN Y BWRDD FFILMIAU CYMRAEG:
Crefftwyr Dinorwig (United Motion Pictures)
Dyfodol Disglair (Alwminiwm Môn/Kaiser Aluminium)
Pont Britannia (Bwrdd Ffilmiau'r Rheilffordd Brydeinig)
Richard Wilson (Harley Jones a Clive Ashwin)

FFILMIAU A CHARTWNAU A DROSLEISIWYD I BLANT:
Carol y Nadolig (RPTA Air Programmes International)
Mr Eppynt a Klara'r Fuwch (Theatr Caricature)
Twm y Drwm (Weston Woods)
Y Tylluanod Hapus (Weston Woods)
Ynys y Trysor (Air Programmes International)

Mynegai